COSMETOLOGÍA ESTÁNDAR DE MILADY

Guía de estudio:

Un complemento indispensable

COSMETOLOGÍA ESTÁNDAR DE MILADY

Guía de estudio:

Un complemento indispensable

Autor de la edición 2012

Letha Barnes

CENGAGE
Learning™

Australia • Brasil • Japón • Corea • México • Singapur • España • Reino Unido • Estados Unidos

CENGAGE
Learning™

La Guía de estudio de Cosmetología Estándar de Milady: Un complemento indispensable
Letha Barnes

Presidente de Milady: Dawn Gerrain

Editora de Adquisiciones: Martine Edwards

Editor de adquisiciones asociado: Philip Mandl

Asistente editorial: Maria K. Hebert

Directora de Relaciones con la industria
de la belleza:
  Sandra Bruce

Gerente ejecutivo de Comercialización:
  Gerard McAvey

Gerente asociado de marketing:
  Matthew McGuire

Directora de Producción: Wendy Troeger

Gerente ejecutivo de Proyectos de contenido:
  Angela Sheehan

Director de arte: Benj Gleeksman

Composición y diseño de texto: Silver Editions

Fotografía de la portada:
  ©Adrianna Williams/Corbis

Para obtener información sobre los productos y asistencia tecnológica, póngase en contacto con nosotros en **Servicio al Cliente de Professional & Career Group al 1-800-648-7450**

Si desea obtener una autorización para usar este material, envíe todas las solicitudes mediante nuestro sitio en Internet: **cengage.com/permissions**.
Cualquier otra pregunta referente a autorizaciones se puede enviar por correo electrónico a **permissionrequest@cengage.com**.

Número de control de la Biblioteca del Congreso: 2010903896

ISBN -13: 978-1-4390-5913-5

ISBN -10: 1-4390-5913-6

Milady
5 Maxwell Drive
Clifton Park, NY 12065-2919
Estados Unidos

Los productos de Cengage Learning están representados en Canadá por Nelson Education, Ltd.

Para soluciones de aprendizaje permanente, visite **milady.cengage.com**

Visite nuestro sitio web corporativo en **cengage.com**

Aviso al lector
La editorial no garantiza ni avala ninguno de los productos descritos en el presente, ni realiza análisis independiente alguno en relación con ningún tipo de información sobre los productos contenidos en el presente. La editorial no asume ningún tipo de obligación de obtener ni incluir información ajena a la brindada por el fabricante y renuncia expresamente a ella. Se aconseja expresamente al lector tener en cuenta y adoptar todas las medidas de seguridad que se indican en las actividades descritas en el presente y evitar posibles peligros. El lector asume voluntariamente todos los riesgos relacionados con las instrucciones aquí mencionadas. La editorial no ofrece declaraciones ni garantías de ningún tipo, tales como, entre otras, la garantía de que los bienes son idóneos para los fines específicos o condiciones aptas para la venta. Dichas declaraciones tampoco se infieren respecto del material expuesto en el presente. La editorial no se responsabiliza de dicho material. Tampoco es responsable por daños ni perjuicios especiales, indirectos o punitorios, ocasionados en su totalidad o en parte, por el uso o la confianza del lector en el presente material.

Impreso en los Estados Unidos de América
1 2 3 4 5 15 14 13 12 11

Tabla de contenido

6 ANATOMÍA Y FISIOLOGÍA GENERAL / 70

7 ESTRUCTURA, CRECIMIENTO Y NUTRICIÓN DE LA PIEL / 89

8 ENFERMEDADES Y TRASTORNOS DE LA PIEL / 100

9 ESTRUCTURA Y CRECIMIENTO DE LAS UÑAS / 114

10 ENFERMEDADES Y TRASTORNOS DE LAS UÑAS / 123

11 PROPIEDADES DEL CABELLO Y DEL CUERO CABELLUDO / 136

12 CONCEPTOS BÁSICOS DE QUÍMICA / 154

13 CONCEPTOS BÁSICOS DE ELECTRICIDAD / 169

14 PRINCIPIOS DEL DISEÑO DE PEINADOS / 181

15 CUIDADO DEL CUERO CABELLUDO, USO DE CHAMPÚS Y ACONDICIONADORES / 203

16 CORTE DE CABELLO / 220

17 PELUQUERÍA / 251

18 TRENZAS Y EXTENSIONES TRENZADAS / 292

19 PELUCAS Y ADICIONES DE CABELLO / 314

20 SERVICIOS DE TEXTURA QUÍMICA / 324

21 COLORACIÓN DEL CABELLO / 362

22 DEPILACIÓN / 397

23 FACIALES / 414

24 MAQUILLAJE FACIAL / 445

25-26 MANICURA Y PEDICURA / 462

Prefacio

Introducción

¡Felicitaciones! Como estudiante de cosmetología, ahora tiene en sus manos una de las herramientas más indispensables de las que puede disponer para progresar con éxito en sus estudios. Ha decidido embarcarse en una carrera en la cosmetología, lo que puede ser un evento que cambie su vida. Durante este viaje, se merece la mejor educación posible, lo cual se puede lograr mediante las mejores herramientas educativas a su disposición. La *Guía de estudio de Cosmetología Estándar de Milady: Un complemento indispensable,* es precisamente esa herramienta.

Objetivo

El objetivo de *Un complemento indispensable* es servir como guía de estudio que le permita alcanzar las metas de cada lección que presenten sus instructores. Cada capítulo de *Un complemento indispensable* está elaborado para ser un complemento fundamental del capítulo asignado en el libro de texto de *Cosmetología Estándar de Milady*. La guía de estudio está diseñada para hacer énfasis en el aprendizaje conceptual y activo y reforzar su compresión del libro de texto. La información se presenta en un tono informal, lo que permite que la guía de estudio adopte el papel de tutor o guía privado que lo ayudará a convertirse en un experto en el contenido del libro de texto.

Diseño

Cada capítulo de *Un complemento indispensable* se divide en secciones:

Objetivos básicos

Los objetivos establecidos para el capítulo del libro de texto se vuelven a redactar para ayudar a los estudiantes a concentrarse en las metas de la lección.

Tema básico

Esta sección explica brevemente la razón por la que el tema principal contenido en el capítulo es indispensable en la vida de un cosmetólogo exitoso.

Conceptos básicos

Esta sección proporciona un resumen conversacional o una descripción breve del contenido del capítulo.

Experiencias básicas

Esta sección contiene actividades, proyectos y ejercicios elaborados para reforzar el contenido del capítulo en el libro de texto e incrementar la retención del material estudiado. Cada sección de **Experiencia básica** se elaboró para ayudar a los estudiantes a retener información importante de algún tema mediante actividades divertidas e interesantes. Estas actividades incluyen proyectos de investigación personales, mapas didácticos, cuadros, ejercicios de relación de conceptos, crucigramas, sopas de letras, juegos de palabras, dramatizaciones y muchas otras.

Con el fin de ayudarle a comprender algunos de los ejercicios de aprendizaje activo que usará con esta guía, aquí le proporcionamos una explicación breve.

Los **mapas didácticos** se emplean para lograr un método más creativo e innovador en el aprendizaje. Esto simplemente crea un resumen diagramático (libre) con objetos o información. Son fáciles de aprender y, cuando los estudiantes dominen la técnica, podrán organizar todo un proyecto o capítulo en cuestión de minutos. La elaboración de mapas didácticos les permitirá mostrar su creatividad y utilizar ambos hemisferios del cerebro. Esta técnica ha demostrado ser más eficaz que la forma lineal de escribir apuntes de la mayoría de los estudiantes. Con un mapa didáctico, la idea central o principal se define con mayor claridad. El mapa muestra la importancia relativa de cada idea o elemento del tema. Por ejemplo, el material y las ideas más importantes estarán más próximos al centro y los menos importantes se localizarán en los parámetros externos; la proximidad y las conexiones se usan para establecer los vínculos entre los conceptos o ideas clave. El resultado es que el repaso y la memorización de la información ocurrirán de modo más rápido y eficaz. A medida que desarrolle el arte de la realización de mapas didácticos, observará que cada uno adopta una apariencia única, lo cual incrementa su capacidad de recordar los diferentes temas y materias. A continuación, se proporciona un ejemplo de cómo todas las cualidades, destrezas y características de un educador se pueden plasmar en un mapa didáctico.

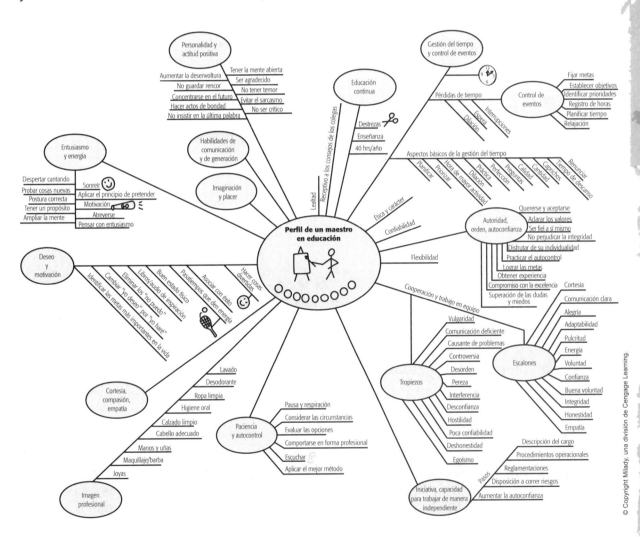

La actividad **Cuadro por cuadro** consiste en transformar manualmente en imágenes los elementos, puntos o pasos clave de una lección plasmándolas en los cuadros o *paneles* de una matriz. Su mente piensa en términos de dibujos o imágenes. Las investigaciones han demostrado que las personas pueden retener en la memoria a corto plazo un promedio de siete unidades de información, con una variación de dos unidades, ya sea de más o de menos. Por tanto, se recomienda que los estudiantes completen los cuadros con un máximo de nueve paneles para un solo tema. Vea el ejemplo siguiente de los cuadros sobre cómo efectuar una resucitación cardiopulmonar (RCP).

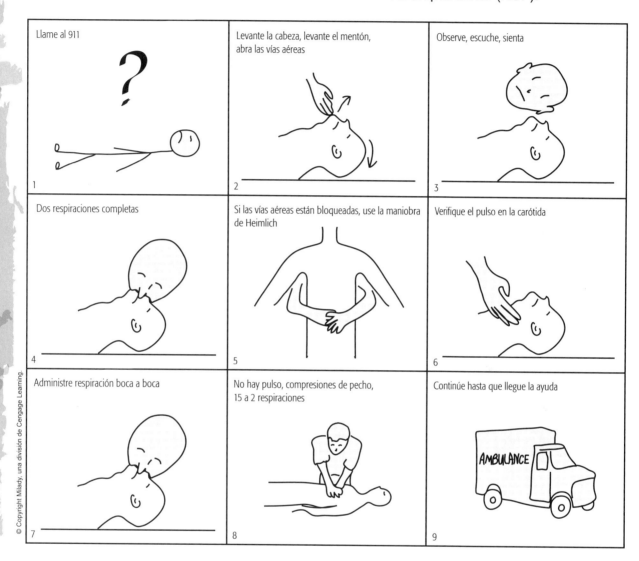

Llame al 911 — 1

Levante la cabeza, levante el mentón, abra las vías aéreas — 2

Observe, escuche, sienta — 3

Dos respiraciones completas — 4

Si las vías aéreas están bloqueadas, use la maniobra de Heimlich — 5

Verifique el pulso en la carótida — 6

Administre respiración boca a boca — 7

No hay pulso, compresiones de pecho, 15 a 2 respiraciones — 8

Continúe hasta que llegue la ayuda — 9

© Copyright Milady, una división de Cengage Learning.

Matrices de valoración básicas

Las matrices de valoración se utilizan en la educación para organizar e interpretar la información reunida a partir de las observaciones del desempeño del estudiante. Es un documento de evaluación claramente desarrollado para diferenciar entre los niveles de desarrollo del desempeño de una destreza específica o conducta. En los capítulos de destrezas prácticas de esta guía de estudio se brinda una matriz de valoración como herramienta de autoevaluación para ayudarlo a desarrollar su comportamiento.

Se le pedirá que califique su desempeño de acuerdo con la siguiente escala:

(1) Oportunidad de desarrollo: Hay poca o nula evidencia de competencia; se necesita ayuda; el desempeño presenta errores múltiples.

(2) Fundamental: Comienza a haber evidencia de competencia; la tarea se realiza de forma individual; el desempeño tiene pocos errores.

(3) Competente: Existe evidencia detallada y consistente de competencia; la tarea se realiza de forma individual; el desempeño tiene muy pocos errores.

(4) Fortaleza: Existe evidencia detallada de competencia altamente creativa, inventiva y desarrollada.

Se proporciona un espacio para hacer comentarios, ayudarlo a mejorar su desempeño y alcanzar una calificación más alta.

Repaso básico

Esta sección contiene un cuestionario, el cual puede incluir preguntas de opción múltiple o que requieren completar la oración, elaboradas para ayudarlo a evaluar su comprensión de los conceptos clave presentados en el capítulo correspondiente del libro de texto.

Conocimientos básicos y logros académicos

Esta sección es el diario personal del estudiante respecto al material estudiado. Se sugiere que los estudiantes escriban notas sobre los conceptos del capítulo que les resultaron más difíciles de comprender o recordar. Se pedirá a los estudiantes que se imaginen a sí mismos en el papel del "maestro" y piensen qué le dirían a sus "estudiantes" para ayudarlos a *descubrir* y comprender esos conceptos difíciles. Se sugiere que los estudiantes compartan su sección de Conocimientos básicos con otros estudiantes de la clase y que determinen si lo que descubrieron también es benéfico para ellos. Como resultado de la retroalimentación de otros estudiantes, podría modificar su diario e incluir algunas de las mejores ideas que reciba de sus compañeros. Luego, deberán anotar en la sección de Logros académicos por lo menos tres cosas que hayan aprendido en relación con los objetivos de su carrera profesional desde la última anotación.

Para los estudiantes puede ser de utilidad leer las secciones **Tema básico** y **Conceptos básicos** en la guía de estudio antes de leer el capítulo del libro de texto. Al terminar el capítulo, deberá leer Experiencias básicas, Repaso básico, así como Conocimientos básicos y Logros académicos.

Al seleccionar una institución que utiliza materiales educativos publicados por Milady, una división de Cengage Learning, la empresa líder en el ramo de la educación y la tecnología de la cosmetología, usted ha dado un paso importante para procurarse una carrera exitosa y gratificante. Estos materiales tienen una efectividad comprobada y una larga duración. Su decisión ha sido fundada e inteligente. Nuestros mejores deseos para que el éxito y la buena suerte lo acompañen en cada paso que avance con *Cosmetología Estándar de Milady* y *Un complemento indispensable*. Estamos seguros de que con las herramientas apropiadas, con su dedicación a la mejor educación disponible y con su entusiasmo por una industria apasionante, usted experimentará todos los placeres y las recompensas posibles en esta excelente carrera.

Capítulos combinados

Por favor, tenga en cuenta que esta edición de la Guía de estudio contiene información y actividades relacionadas con cada capítulo de *Cosmetología Estándar de Milady*, edición 2012. En aras de la eficiencia y la claridad, el Capítulo 25: Manicura y el Capítulo 26: Pedicura, fueron combinados en uno solo en esta Guía de estudio. Además, los capítulos de tratamiento avanzado de uñas (Capítulo 27: Uñas postizas y apliques; Capítulo 28: Realces para uñas de monómero líquido y polímero en polvo y Capítulo 29: Geles UV) también se combinaron en uno solo.

¡Buena suerte y mucho éxito!

Letha Barnes, Maestra en educación y asesora

RECONOCIMIENTOS

Deseo expresar mis agradecimientos a la gran cantidad de educadores y estudiantes a quienes he tenido el privilegio de guiar y de quienes también he aprendido durante mi larga carrera. Cada vez que ingreso a un salón de clases a enseñar, termino recibiendo mucho más de lo que entregué. Gracias a todas aquellas personas que han compartido su sabiduría, sus experiencias y su humor conmigo. Mucho de lo que me han ofrecido se refleja en esta Guía de estudios que le ayudará a alcanzar su máximo potencial.

CAPÍTULO 1

Historia y oportunidades profesionales

Un momento de motivación: "Acepta los riesgos, toda la vida no es sino una oportunidad. El hombre que llega lejos es, generalmente, el que quiere y se atreve a serlo."
—Dale Carnegie

Objetivos básicos

Al terminar este capítulo y las secciones de Un complemento indispensable, usted podrá:

1. Explicar los orígenes del realce de la apariencia.

2. Mencionar los avances realizados en el área de la cosmetología durante los siglos XIX y XX y los primeros años del siglo XXI.

3. Enumerar varias de las oportunidades profesionales disponibles para los profesionales de la belleza con licencia.

Historia básica y oportunidades profesionales

¿Por qué es tan importante el conocimiento de la historia y el avance de la industria para mi desarrollo profesional en la cosmetología y en los campos relacionados?

Los cosmetólogos deben estudiar y comprender bien la historia de la cosmetología y las oportunidades profesionales que tienen a su disposición porque:

- Muchas técnicas antiguas e incluso arcaicas han evolucionado para convertirse en las técnicas que usamos hoy. El estudio del origen de estas técnicas puede servirles para comprender a fondo cómo utilizarlas en la actualidad.

- Saber dónde ha estado su profesión le ayudará a predecir y pronosticar hacia dónde va.

- Apreciará lo mucho que cambiaron las cosas últimamente.

- Al comprender ahora la distintas trayectorias profesionales, se dará cuenta de por qué diversas áreas de estudio merecen su total atención.

Como profesional de la industria, sus conocimientos generales sobre este campo le darán mayor credibilidad con sus clientes y le permitirán ofrecerles un mejor servicio. El estudio de las tendencias a lo largo de la historia le permitirá darse cuenta de que muchas de ellas se repiten, ya sea décadas o incluso siglos después. Por consiguiente, mientras más conozca la historia de la cosmetología, más preparado estará para los cambios de tendencias a lo largo de su carrera profesional.

Hoy en día la sociedad en general goza de acceso a los servicios profesionales para el cabello, la piel y las uñas. Es por esto que para el profesional moderno también es importante conocer las diferentes trayectorias profesionales con la finalidad de determinar cuál es la mejor en su caso.

Conceptos básicos

¿Cuáles son los conceptos sobre la historia de la industria y las oportunidades profesionales disponibles?

Prácticamente todas las sociedades han sentido la necesidad de limitar, cortar o controlar el cabello para mantenerlo a un lado. El ser humano siempre ha tenido el deseo primordial de lucir bien. Como lo demuestra la historia, este deseo por el embellecimiento personal varió en forma desde los rizos extravagantes y las pelucas rubias de las matronas romanas, hasta el cabello liso y ondulado de las mujeres liberales de la década de 1920.

En las sociedades anteriores a la industrialización, el peinado indicaba el estatus social de una persona. Por ejemplo, el hombre primitivo se sujetaba huesos, plumas y otros objetos en el cabello para impresionar a otros de clase inferior y asustar al enemigo con sus símbolos de superioridad y habilidad física. Después de la conquista de la Antigua Galia, César ordenó a la aristocracia cortarse el cabello como gesto de sometimiento. Además, el cabello ha denotado la ocupación de una persona a través de la historia, como las pelucas grises utilizadas por los abogados ingleses y las pelucas negras laqueadas de las geishas japonesas.

El arreglo del cabello también se ha usado para indicar la edad o el estado civil de una persona. Los adolescentes hindúes se rasuraban la cabeza, mientras que en la Antigua Grecia los muchachos sólo se cortaban el cabello. Hasta el siglo XX por lo general sólo la clase alta disfrutaba los peinados de moda. Sin embargo, en la primera mitad del siglo XX prácticamente todas las mujeres de las diferentes clases sociales podían seguir la tendencia que imponían las estrellas de cine como Jean Harlow o Marilyn Monroe.

Gracias al incremento de la riqueza, el avance de la comunicación masiva, un mayor individualismo y una actitud relajada en general, hombres y mujeres de todas las clases sociales pudieron escoger un estilo y color de cabello de acuerdo a sus intereses, necesidades y al deseo de mejorar su imagen. Este cambio de perspectiva incrementó considerablemente la demanda de servicios ofrecidos por profesionales autorizados en la industria cosmetológica.

Línea cronológica

Use la información del libro de texto y otras fuentes disponibles para crear una línea cronológica visualde la historia del arreglo del cabello desde los primeros registros históricos hasta nuestros días. La parte superior de la línea debe señalar el año, la década o el siglo. La parte inferior debe representar dibujos o imágenes (cortadas y pegadas) de los peinados o de las herramientas e implementos que representan esa era.

Use una cartulina grande, marcadores de colores y cualquier otro objeto que pueda recrear la historia del arreglo del cabello de manera colorida e interesante. A continuación se ofrecen los datos históricos. Utilice la Figura 1–9 del libro de texto de Cosmetología estándar de *Milady*® como guía.

Mapa didáctico de las oportunidades profesionales

Al realizar un mapa didáctico simplemente creamos un resumen diagramático (libre) con objetos o información y con el punto clave o principal ubicado en el centro. (Consulte en el Prefacio los detalles sobre cómo crear un mapa didáctico). El punto clave de este mapa didáctico es usted como profesional de la belleza autorizado. Haga un diagrama de las diferentes oportunidades profesionales disponibles para usted al terminar el curso de capacitación. Identifique las diferentes disciplinas y ramas de cada una, incluyendo los puestos que podría ocupar en ese campo. Use palabras, dibujos y símbolos según lo prefiera. El uso de colores reforzará su capacidad de retención. Mantenga su mente abierta y no se preocupe por la ubicación de los trazos ni de las palabras. Verá que el mapa se organiza por sí solo.

Estudio e informe de personalidad

Escoja un personaje de la industria del siglo XXI (como John Paul DeJoria o Nick Arrojo) e investigue su vida y su carrera en cosmetología. Use los recursos de bibliotecas, Internet, revistas especializadas u otras fuentes para obtener información. Explique el impacto que tuvo en la industria y por qué debe o no respetarse. No se limite a escribir un informe. Use su creatividad e incluya ilustraciones, fotos, dibujos, diagramas y colores para embellecerlo y hacerlo más comprensible.

Juego de palabras

Descifre los siguientes términos siguiendo las pistas provistas.

CLAVE:

Juego	Palabra correcta
msiekksoto	_ _ _ _ _ _ _ _ _ _ *Pista:* Vocablo griego.
mnogipste	_ _ _ _ _ _ _ _ _ *Pista:* Hecho de bayas.
zaacaonsepr de taross	_ _ _ _ _ _ _ _ _ _ _ _ _ _ _ *Pista:* Se usan para fabricar implementos.
virnoes ed malanesi	_ _ _ _ _ _ _ _ _ _ _ _ _ _ _ _ *Pista:* Se usan para atar el cabello.
feemprsu	_ _ _ _ _ _ _ _ _ *Pista:* Los griegos lo usaban en sus ritos religiosos.
caibrion	_ _ _ _ _ _ _ _ *Pista:* Sirve para elaborar un pigmento rojo.
evana	_ _ _ _ _ *Pista:* Se usa para elaborar máscaras.
truanlizisiacidón	_ _ _ _ _ _ _ _ _ _ _ _ _ _ _ _ _ *Pista:* Trajo nueva prosperidad.
aapetrclo	_ _ _ _ _ _ _ _ _ *Pista:* Montó una fábrica de cosméticos personal cerca del Mar Muerto.
selarhc noserv	_ _ _ _ _ _ _ _ _ _ _ _ _ *Pista:* Comercializó la laca para uñas.

Repaso básico

Llene los espacios en blanco con las siguientes palabras para repasar el Capítulo 1, Historia y oportunidades profesionales. Puede usar las palabras y los términos más de una vez.

austero	hielo	planchas
barbero	hojas	procesos
bayas	instructores	restringida
catorce	kohl	rizo
cejas afeitadas	la cirugía	rojo
cera de abejas	la piedra	salón integral
clases	la textura	sangrías
color del cabello	labios	spa
compacto	laqueado	tendencias
corteza de árbol	mayor crecimiento	tocados elevados
deseo	negro	trenzado
esteticista	nueces	
extracción de dientes	odontología	

1. Si los negocios son su vocación, descubrirá que las oportunidades administrativas en el ámbito del salón y de los _____ son muy diversas.

2. Los estudios arqueológicos revelan que el corte de cabello y la peluquería de alguna manera ya se practicaban desde los principios de la Edad de _____.

3. Los registros antiguos demuestran que los colorantes para el cabello, la piel y las uñas se fabricaban con minerales, insectos, _____, hierbas y hojas.

4. Las mujeres de la nobleza romana se pintaban el cabello de _____.

5. Durante la Edad de Oro de Grecia, las mujeres se aplicaban preparados de albayalde en el rostro, _____ en los ojos y bermellón en las mejillas y los labios.

6. La clase pobre de la Antigua Roma llevaba el cabello _____.

7. El poste moderno de barbero era originalmente el símbolo del _____ cirujano.

8. Hasta el siglo XIX, la _____ era dominio de los barberos.

9. El poste de barbero tiene sus raíces en procedimientos médicos llamados _____ .

10. En la Edad Media las mujeres usaban _____ .

11. Durante el Renacimiento se pensaba que las _____ daban a las mujeres un aspecto de mayor inteligencia.

12. La Era Victoriana es uno de los períodos más austeros y _____ de la historia.

13. Durante la Dinastía Shang, los aristócratas se frotaban una mezcla con tinte de goma arábiga, gelatina, _____ y clara de huevo en las uñas para pintarlas de color carmesí o ébano.

14. En 1935, Max Factor creó el maquillaje _____ para que la piel de los actores luciera natural en las películas a color.

15. Además de definir su área de experiencia, también debe decidir si desea trabajar en un salón especial, un _____ o un spa de día.

Conocimientos básicos y logros académicos

A continuación escriba en el espacio provisto algunos comentarios sobre los conceptos del capítulo más difíciles de comprender o recordar. Imagine que usted es el maestro y piense en lo que le diría a sus estudiantes sobre estos conceptos. Comparta sus Conocimientos básicos con sus compañeros de clase y pregúnteles si les parecen útiles. Si es necesario revise sus apuntes de clase tomando las ideas de sus compañeros que le parezcan buenas.

Conocimientos básicos:

_____

_____

_____

_____

_____

_____

_____

_____

_____

Anote por lo menos tres cosas que haya aprendido desde que decidió ingresar a la escuela.

Logros académicos:

_____

_____

_____

_____

_____

Destrezas vitales

Un momento de motivación: "El mayor descubrimiento de cualquier generación es que un ser humano puede modificar su vida si modifica su actitud".
—William James

Objetivos básicos

Al terminar este capítulo y las secciones de Un complemento indispensable, usted podrá:

1. Enumerar los principios que favorecen el éxito personal y profesional.

2. Explicar el concepto de autogestión.

3. Crear una declaración de objetivos personales.

4. Explicar cómo se fijan los objetivos a largo y a corto plazo.

5. Debatir las formas más efectivas para administrar el tiempo.

6. Describir buenos hábitos de estudio.

7. Definir *ética*.

8. Enumerar las características de una actitud saludable y positiva.

Destrezas vitales básicas

¿Por qué debo aprender acerca de las destrezas vitales para ser un cosmetólogo exitoso?

Los cosmetólogos deben comprender muy bien las destrezas vitales porque:

- Tener buenas destrezas vitales les permitirá disfrutar de una carrera profesional más satisfactoria y productiva en el ámbito de la belleza.

- Los estilistas trabajan con diversos tipos de clientes. Tener destrezas vitales les permitirá interactuar en forma positiva, independientemente de lo que estén pensando o sintiendo.

- Tener destrezas vitales bien desarrolladas les permitirá tratar con clientes difíciles, con sus compañeros de trabajo e incluso con sus amigos.

- Las destrezas vitales ayudan a tener la autoestima elevada y eso, a la vez, contribuye a alcanzar los objetivos personales.

Las destrezas vitales son importantes para incrementar su eficacia, el éxito profesional y la satisfacción personal tanto en su vida privada como en el trabajo. Usted puede lograr las destrezas técnicas de máxima calidad, pero si no puede administrar el panorama completo de su vida en general, esas destrezas técnicas rendirán poco o ningún resultado.

Por ejemplo, las investigaciones muestran que el estrés ha llegado a proporciones epidémicas en los Estados Unidos y que tiene un impacto negativo en la sociedad, en especial en el lugar de trabajo, incluso en el campo de la cosmetología. El objetivo de este capítulo es brindar las mejores ideas, herramientas y prácticas que pueda utilizar para aumentar su eficacia, mejorar su carrera y sentirse más satisfecho con su vida en general.

Conceptos básicos

¿Qué debo saber acerca de la administración de las destrezas-vitales para ser eficiente como un profesional con licencia?

La administración de las destrezas vitales incluye numerosas cualidades, características y habilidades. Además de todas las destrezas técnicas que necesitará dominar en su nueva carrera, tendrá que practicar los principios generales que constituyen las bases del éxito personal y profesional. Necesitará comprender la motivación personal y qué significa la autogestión.

Desarrollará las destrezas útiles para ampliar su creatividad. El psicólogo de Yale, Robert Sternberg, opina que la inteligencia exitosa va más allá de la inteligencia cognoscitiva para incluir lo que denomina como "inteligencia creativa y práctica."Dice que las personas con inteligencia creativa saben cómo sacar ventaja de su inteligencia cognoscitiva al *aplicar* lo que aprenden de manera *nueva* y *creativa*. En consecuencia, este capítulo presenta algunas de las estrategias que le ayudarán a lograr precisamente eso. La fijación de metas es una parte integral de la carrera de cualquier persona exitosa. Por tanto, usted necesita aprender cómo determinar, controlar y expandir los objetivos durante toda su trayectoria.

Administrará mejor las destrezas vitales si también aprende a manejar los sucesos en su vida. El control de sucesos realmente se refiere a aquello a lo que nos hemos referido como gestión del tiempo. Los consejos de los expertos en la gestión del tiempo serán de gran utilidad para planear su búsqueda personal del éxito.

Ahora está inscrito en un programa de estudio de una carrera profesional. Por tanto, debe asegurarse de que sus destrezas de estudio estén al nivel y sean adecuadas para terminar el curso con éxito. Incluso, necesitará identificar su estilo personal de aprendizaje para optimizar el tiempo que dedica al estudio y a asistir al salón de clases.

Al terminar este capítulo, se dará cuenta de que su personalidad, su actitud, su enfoque de la ética profesional y, posiblemente más que nada, su habilidad para interactuar efectivamente con otros (lo que conocemos como relaciones humanas) afectan otros elementos clave para lograr el éxito. Su futuro se enriquecerá si considera su capacitación como una oportunidad para aprender a administrar su vida de la misma manera que los profesionales exitosos que han logrado muchos de los objetivos a los que usted aspira.

Fijación de metas

Si no lo ha hecho, elabore una tabla con sus objetivos a corto y a largo plazo y escriba en el espacio provisto su plan de acción para lograrlos. Su plan de acción deberá incluir la capacitación que necesita para cumplirlas, y las fechas señaladas para lograrlas. Recuerde que un objetivo es todo aquello que pueda *tener, ser,* o *hacer*. Para la mayoría de las personas, los objetivos se dividen en varias categorías que incluyen: carrera y empleo, salario e ingresos, relaciones personales y familiares, salud y peso, educación y destrezas, conocimiento, tiempo libre, viajes, bienes financieros y materiales, vivienda, transporte, y espiritualidad. (Si necesita más espacio, elabore su propia tabla).

Objetivos a corto plazo: A menos de 1 año	Objetivos a largo plazo: De 1 a 10 años	Plan de acción: Capacitación requerida

Conjunto de objetivos

Es una creencia muy conocida que para lograr los objetivos, es necesario visualizarnos como si ya las hubiéramos alcanzado. Por eso, debemos imaginarnos con el peso que deseamos, o conduciendo el coche deportivo de lujo que nos interesa, o viviendo en la casa tan especial que anhelamos. Con todo eso en mente y retomando los objetivos propuestos en Experiencia básica 1, realice un collage que ilustre el hecho de haber alcanzado ese éxito. Por ejemplo, si ha visualizado una casa muy especial en su futuro, recorte una imagen que represente ese anhelo y péguela en una cartulina grande. Si uno de sus objetivos es conducir un Porsche, encuentre en una revista la imagen de un Porsche, recórtela y estaciónelo frente a la casa. ¡También recorte una foto suya y colóquela en el auto!

Si su sueño es tener un cónyuge maravilloso y dos hijos, recorte una foto de esa persona especial, una de dos niños y una de usted, y de igual manera colóquelas frente a la casa. ¡Quizás tenga una foto de un especialista de plataforma exitoso trabajando en un escenario y usted tiene su cabeza sobrepuesta en su cuerpo! ¿Entiende la idea? Una vez que termine el collage con todos sus sueños y objetivos, colóquelo en un lugar muy visible, donde lo vea todos los días. Al ver la visualización de los objetivos logrados, su subconsciente trabajará con mayor afán para ayudarlo a lograr las actividades propuestas en su plan de acción y finalmente alcanzar sus objetivos.

Mapa didáctico sobre usted en la actualidad

Al realizar un mapa didáctico simplemente creamos un resumen diagramático (libre) con objetos o información y con el punto clave o principal ubicado en el centro. (Consulte en el Prefacio los detalles sobre cómo crear un mapa didáctico). El punto clave de este mapa didáctico es usted en esta etapa de su vida. Haga un diagrama de los diferentes aspectos de su vida como son en la actualidad. Use palabras, dibujos y símbolos según lo prefiera. El uso de colores reforzará su capacidad de retención. Mantenga su mente abierta y no se preocupe por la ubicación de los trazos ni de las palabras. Verá que el mapa se organiza por sí solo.

Para comenzar, dibuje una figura humana simple que lo represente a usted en el medio de la página y enciérrela en un círculo. Dibuje una línea desde el centro y coloque otro círculo donde escribirá la palabra *estudiante*. Fuera del círculo del estudiante, dibujará líneas que podrían decir cosas como *asistir a clase, estudiar, trabajar con clientes*, etc. Puede trazar otra línea desde el círculo del centro que diga *mamá* o *papá* (si usted es padre de familia), y las líneas de ese círculo reflejarán la función que tiene como mamá o papá con actividades como *transporte de los niños, dirigir una liga infantil*, etc. Considere todos los aspectos de su vida y colóquelos en el mapa didáctico en los espacios en blanco.

Autoevaluación de características personales

Considere las cualidades y características que posee en la actualidad y enumérelas en el espacio en blanco, ya sea como fortalezas o como debilidades. Si la característica es una fortaleza, especifique los beneficios que ha recibido; si la característica es una debilidad, identifique los pasos que debe seguir para mejorarla. Para comenzar, consulte el ejemplo.

Fortaleza	Beneficio	Debilidad	Plan de acción
Puntualidad.	Uso máximo de mi tiempo; respeto de los demás.	Impuntualidad	Levantarse más temprano; poner en práctica mejores estrategias de gestión de tiempo; ser más consciente y respetuoso con las personas que me esperan a tiempo.

Administración del tiempo

Durante una semana, registre su tiempo en intervalos de 30 minutos. Aunque esto puede parecer un trabajo pesado y provocar que usted se queje, encontrará que los resultados son completamente ilustrativos. Observe cuánto tiempo pasa en clase, cuánto tiempo dedica (o no dedica) a estudiar, comer y dormir, cuánto tiempo valioso pasa con su familia y cuánto tiempo pierde en tareas inútiles o actividades sin importancia, etc.

Registro del uso del tiempo							
Tiempo	Dom	Lun	Mar	Miér	Jue	Vier	Sáb
7:00 a.m.							
7:30 a.m.							
8:00 a.m.							
8:30 a.m.							
9:00 a.m.							
9:30 a.m.							
10:00 a.m.							
10:30 a.m.							
11:00 a.m.							
11:30 a.m.							
12:00 p.m.							
12:30 p.m.							
1:00 p.m.							
1:30 p.m.							
2:00 p.m.							
2:30 p.m.							
3:00 p.m.							
3:30 p.m.							
4:00 p.m.							
4:30 p.m.							
5:00 p.m.							

Registro del uso del tiempo							
5:30 p.m.							
6:00 p.m.							
6:30 p.m.							
7:00 p.m.							
7:30 p.m.							
8:00 p.m.							
8:30 p.m.							
9:00 p.m.							
9:30 p.m.							
10:00 p.m.							
10:30 p.m.							
11:00 p.m.							

Plan de acción para la gestión del tiempo

Después de haber analizado cuidadosamente el registro del uso del tiempo, desarrolle un plan de acción personal (utilizando la siguiente tabla) para administrar mejor el tiempo esta semana. Para hacerlo, debe identificar las actividades que desea terminar en los siguientes siete días. Después, debe establecer prioridades en esas actividades como: A) importancia mayor; B) importancia regular; C) importancia menor. A medida que transcurra la semana, indique el momento en que termine cada una de las tareas.

Prioridades para la semana actual		
Actividades por terminar	Rango de prioridad	Fecha en que se terminó

¿Su actitud negativa es una adicción?

Los expertos afirman que el primer paso para tratar cualquier adicción≈es reconocer, definir y admitir el problema. Tenga en cuenta las siguientes definiciones.

Adicto: dedicarse o entregarse (uno mismo) a algo habitualmente o de manera obsesiva.

Adicción: necesidad compulsiva (o dependencia de) y uso de una sustancia (o comportamiento) que crea un hábito, se caracteriza por una tolerancia a la sustancia y por síntomas psicológicos bien definidos al suspender su uso.

Dependencia: característica o condición de estar subordinado a algo más.

Por favor, responda las siguientes preguntas de la manera más honesta posible.

- ¿Pierde tiempo productivo a causa de su actitud negativa? ___ **Sí** ___ **No**

- ¿Su actitud negativa ocasiona que tenga una vida familiar infeliz? ___ **Sí** ___ **No**

- ¿Alguna vez ha sentido remordimiento debido a su actitud negativa? ___ **Sí** ___ **No**

- ¿Alguna vez ha tenido problemas financieros debido a su actitud negativa? ___ **Sí** ___ **No**

- ¿Recurre a compañeros y a un ambiente inferiores debido a su actitud negativa? ___ **Sí** ___ **No**

- ¿Su actitud negativa hace que descuide su bienestar familiar? ___ **Sí** ___ **No**

- ¿Ha disminuido su ambición debido a su actitud negativa? ___ **Sí** ___ **No**

- ¿Su actitud negativa ocasiona que tenga dificultades para dormir? ___ **Sí** ___ **No**

- ¿Alguna vez ha disminuido su eficacia debido a su actitud negativa? ___ **Sí** ___ **No**

- ¿Su actitud negativa ha puesto en riesgo su empleo o negocio? ___ **Sí** ___ **No**

- ¿Usa su actitud negativa para escapar de las preocupaciones o problemas? ___ **Sí** ___ **No**

- ¿Alguna vez ha perdido la memoria debido a su actitud negativa?   ___ **Sí** ___ **No**

- ¿Alguna vez lo ha aconsejado su supervisor debido a su actitud negativa?   ___ **Sí** ___ **No**

- ¿Es su actitud negativa imprescindible en su vida cotidiana?   ___ **Sí** ___ **No**

- ¿Alguna vez ha estado en un hospital o institución debido a su actitud negativa?   ___ **Sí** ___ **No**

Si respondió sí a CUALQUIERA de estas preguntas, esto es una *advertencia* bien definida de que usted podría ser dependiente de su actitud negativa.

Si respondió sí a DOS de estas preguntas, tiene grandes posibilidades de ser dependiente de su actitud negativa.

Si respondió sí a TRES o más preguntas, definitivamente es dependiente de su actitud negativa.

Para comenzar a recuperarse de inmediato de esta dependencia, *sonría,* tenga pensamientos positivos, hable con autoafirmaciones positivas y visualice salud, felicidad y éxito personal.

Preguntas adaptadas del Johns Hopkins University Hospital.

Repaso básico

Llene los espacios en blanco con las siguientes palabras para repasar el Capítulo 2, Destrezas vitales. Puede usar las palabras y los términos más de una vez.

actitud	integridad	prueba
amigos	interés	respeto
competente	la autoestima	sin interrupciones
comunicación	la resolución de problemas	social
con energía		sus valores
corto plazo	largo plazo	tareas pequeñas
creativo	logro	técnico
decisiones	motivación	tiempo libre
deseo	pasión	un tiempo de descanso
dilación	perfeccionismo	
diplomacia	personalidad	valores morales
disciplina	plan de acción	virtudes
discreción	priorizar	visualiza
educación	profesional	vocabulario

1. Por naturaleza, el salón es un lugar de trabajo _____ donde se espera que ponga en práctica su talento artístico.

2. Una destreza vital importante es demostrar _____ genuino y ser de utilidad para otras personas.

3. Otra destreza vital necesaria es la de tener buenos _____.

4. Usted puede tener todo el talento del mundo y aún así no triunfar si su talento no se alimenta con la _____ por su trabajo, la cual será lo que lo sustente durante el curso de su carrera.

5. _____ le ayuda a alcanzar sus objetivos.

6. Cuanto más se _____ teniendo éxito, más fácil será convertir sus objetivos en realidad.

7. Los principios o pautas para ayudarlo a tener éxito incluyen fomentar sus _____, ser amable con usted mismo, definir el éxito según lo percibe, practicar nuevos comportamientos y separar su vida personal de su trabajo.

8. La gente exitosa intenta relacionarse con todas las personas que conoce con un sentimiento consciente de _____.

9. La _____ le impedirá rendir al máximo.

10. El deseo compulsivo de hacer todo de un modo perfecto se denomina _____.

11. Un _____ es el acto consciente de planificar la vida.

12. Para mejorar su capacidad creativa, deje de criticarse; evite preguntar a los demás qué debe hacer; cambie su _____ y no intente hacer todo totalmente solo.

13. Una declaración de objetivos personales establece los _____ por los que pretende vivir y establece los objetivos futuros.

14. Los objetivos que tardan varios años para lograrse se conocen como objetivos a _____.

15. Para administrar el tiempo de manera más efectiva, las tareas se deben _____, lo que significa hacer una lista de las labores que se deben realizar, empezando por la más importante.

16. Tómese un _____ siempre que se sienta frustrado, abrumado, irritado, preocupado o culpable por algo.

17. Aprenda técnicas para _____ que le ahorrarán tiempo y frustración innecesaria.

18. Si estudiar le resulta abrumador, concéntrese en _____.

19. Se debe estudiar en un lugar tranquilo en el que pueda trabajar _____.

20. Se estudia mejor cuando se siente _____ y motivación.

21. Se logra una mejor retención de material importante cuando se _____ a sí mismo sobre cada sección de un capítulo.

22. La ética representa los principios _____ de buen carácter, comportamiento adecuado y juicio en los que nos basamos para vivir.

23. El cuidado personal, la integridad, la _____, y la comunicación son cualidades de la ética.

24. Preserve su _____ asegurándose de que su comportamiento y sus acciones sean congruentes con sus valores.

25. Los ingredientes para una actitud saludable y bien desarrollada incluyen: _____, un tono de voz agradable, estabilidad emocional, sensibilidad, valores y objetivos, receptividad y habilidades comunicativas eficientes.

Conocimientos básicos y logros académicos

A continuación escriba en el espacio provisto algunos comentarios sobre los conceptos del capítulo más difíciles de comprender o recordar. Imagine que usted es el maestro y piense en lo que le diría a sus estudiantes sobre estos conceptos. Comparta sus Conocimientos básicos con sus compañeros de clase y pregúnteles si les parecen útiles. Si es necesario revise sus apuntes de clase tomando las ideas de sus compañeros que le parezcan buenas.

Conocimientos básicos:

_____

_____

_____

_____

_____

_____

_____

_____

_____

_____

_____

Indique por lo menos tres cosas que haya aprendido en relación con los objetivos de su carrera profesional desde la última anotación.

Logros académicos:

_____

_____

_____

_____

CAPÍTULO

3 Su imagen profesional

Un momento de motivación: "Para simplificar, debemos aclarar. La simplificación es la nueva ventaja competitiva".
—**Jack Trout**

Objetivos básicos

Al terminar este capítulo y las secciones de Un complemento indispensable, usted podrá:

1. Comprender la importancia de la higiene profesional.

2. Explicar el concepto de vestirse para el éxito.

3. Demostrar una comprensión de los principios ergonómicos y de las posturas y movimientos correctos desde el punto de vista ergonómico.

Profesionalismo básico

¿Por qué es tan importante el profesionalismo y mi imagen para tener éxito en la cosmetología y los campos relacionados?

El profesionalismo se define como la conducta, objetivos o cualidades que caracterizan o distinguen a un profesional. La industria de la cosmetología y todos los campos relacionados como la tecnología del cuidado de uñas, la profesión del barbero, la estética y la terapia de masaje representan a la industria de la *imagen*. No hay otra profesión donde lo más esencial sean la imagen y las habilidades comunicativas (de las cuales aprenderemos más adelante en el Capítulo 4, Comunicación para el éxito). Como estudiante en capacitación o como profesional, estará en contacto diario con numerosos clientes.

Los cosmetólogos deben estudiar y comprender bien la importancia de una imagen profesional porque:

- Los clientes confían en los profesionales para lucir bien, para que los atiendan bien, y para tener una apariencia contemporánea.

- Los clientes se sienten seguros de que una persona que proyecta una imagen profesional agradable puede encargarse de sus servicios de belleza.

- Encontrar un salón y un ambiente de salón con una idea compatible de imagen profesional y conducta es crucial para desarrollarse y tener éxito en su trayectoria profesional.

- La conducta profesional incluye tener un interés genuino en sus actividades cotidianas, además de preocuparse por los demás y saber cómo interactuar con los gerentes, sus colegas y los clientes en forma apropiada.

- Comprender qué es la ergonomía puede ayudarle a mantenerse saludable y a disfrutar de su trabajo remunerado.

Los psicólogos sostienen que las personas se forman una opinión de nosotros durante los primeros segundos de habernos conocido. Depende de nosotros hacer que esa primera impresión sea positiva y duradera. Podemos lograrlo si comprendemos cómo disfrutar de una buena salud personal y profesional. Este capítulo le ayudará a lograr precisamente eso.

Conceptos básicos

¿Cuáles son los conceptos básicos de la imagen y el desarrollo profesional?

Como profesional en la industria de la belleza, es importante concentrarse en su salud personal y profesional. Tendrá que estar pendiente de su imagen física, su alimentación y su habilidad para manejar el estrés. Durante este proceso, se dará cuenta de lo importante que es desarrollar una actitud positiva y ganadora, y practicar el profesionalismo en todo momento. El Capítulo 3, Su imagen profesional, del libro de texto *Milady® Standard Cosmetology* y este Complemento indispensable le mostrarán cómo alcanzar todas estas metas personales y profesionales tan importantes.

¿Qué refleja su imagen profesional?

Su imagen profesional es la impresión que usted refleja y consiste en su apariencia física así como la conducta que muestra en el lugar de trabajo. Básicamente es el código de comportamiento por el cual se guía. Se relaciona con la interacción profesional y la conducta adecuada con empleados, clientes y compañeros de trabajo y cualquier otra persona con la que esté en contacto. El profesionalismo lo ayudará a establecer una reputación respetable. Hágase las siguientes preguntas para evaluar su profesionalismo e imagen profesional.

- ¿Es honesto y justo con las personas en todo momento?
- ¿Es cortés y respeta los sentimientos, creencias y derechos de los demás?
- ¿Cumple con su palabra?
- ¿Da ejemplo de buena conducta y comportamiento en todo momento?
- ¿Le es fiel a su familia, amigos, escuela y compañeros de estudios?
- ¿Obedece las reglas y normas de conducta que estipula su institución?

Si respondió no a cualquiera de las preguntas anteriores, necesita reconsiderar su compromiso ante una carrera profesional. Si respondió sí a todas, felicítese: usted practica muchas de las cualidades requeridas para proyectar una imagen profesional.

Elaboración de políticas

Imagine que usted es el dueño de un establecimiento profesional y escriba con detalle el código de vestimenta que deben seguir los empleados.

Código de vestimenta: _____

_____

_____

_____

_____

_____

_____

_____

_____

_____

_____

Juego de palabras

Descifre los siguientes términos siguiendo las pistas provistas.

CLAVE:

Juego	Palabra correcta
Juego	**Palabra correcta**

ciscreijoe

— — — — — — — — — —

Pista: Ayudan a aliviar el estrés de los movimientos repetitivos.

ogerlra

— — — — — — —

Pista: Es una extensión de la higiene personal.

arsoupt

— — — — — — —

Pista: Posición o porte del cuerpo.

íomnraego

— — — — — — — — —

Pista: El estudio de las características humanas para un ambiente de trabajo específico.

slooaneisipmrfo

— — — — — — — — — — — — — — —

Pista: Conducta laboral.

udlas

— — — — —

Pista: Bienestar personal.

nigihee

— — — — — — —

Pista: Práctica de la limpieza.

téerss

— — — — — —

Pista: Causado por movimientos repetitivos.

sura icoaorcses

— — — — — — — — — — — — —

Pista: Arreglo secundario luego de vestirse.

Califique su imagen

En una escala del 1 al 5, donde 5 se considera el mejor, califique su apariencia dentro de las siguientes categorías:

_____ La ropa está limpia, planchada y sin manchas o daños.

_____ El atuendo cumple con el código de vestimenta que establece la institución.

_____ Los zapatos están limpios, lustrados y en perfecto estado.

_____ El maquillaje (si corresponde) luce estético y bien aplicado.

_____ El cabello está arreglado y peinado adecuadamente según las tendencias del momento.

_____ El vello facial (barba o bigote, si corresponde) está adecuadamente recortado y limpio.

_____ Las manos y las uñas están bien arregladas; las uñas están limpias y recortadas adecuadamente.

_____ La fragancia es adecuada y no abruma.

_____ Mantiene la higiene (baño diario, uso adecuado del desodorante, dientes cepillados, etc.).

_____ La bisutería se usa lo menos posible y no es excesiva o demasiado moderna.

Sume el puntaje y evalúe su imagen de acuerdo a las siguientes pautas.

45 a 50	Su imagen es excelente.
40 a 44	Su imagen está por encima del promedio.
30 a 39	Su imagen es promedio.
Menos de 30	Se necesitan mejoras. Evalúe la tabla y preste particular atención a cualquier categoría que esté calificada con menos de 3. Haga un compromiso personal para mejorar esas áreas.

Analice su estilo de vida

Responda las siguientes preguntas de manera atenta y honesta.

- ¿Cuántas horas duerme en promedio cada noche?

- ¿Qué tipo de ejercicios realiza diaria o semanalmente, si realiza alguno?

- ¿Qué métodos de relajación utiliza y con qué frecuencia?

- ¿Cuál es régimen de higiene personal y arreglo diario, incluyendo el cuidado de las manos y los pies?

- Recuerde los últimos tres días y realice un reporte de sus hábitos alimentarios. ¿Qué desayunó, almorzó y cenó durante ese período?

- Evalúe y enliste otros elementos del estilo de vida como el consumo de alcohol, tabaco o medicamentos. ¿Tienen un impacto negativo en su vida?

Como resultado del análisis de su estilo de vida, escriba un plan de acción para mejorar sus rutinas y sus hábitos, de manera que su vida sea lo más saludable y equilibrada posible física, mental y emocionalmente.

PLAN DE ACCIÓN

_____

_____

_____

_____

Su actitud: ¿Qué dice acerca de usted?

Una manera para determinar si posee o no una actitud positiva es respondiéndose a diario las siguientes preguntas; las cuales fueron adaptadas del conocido poema "Me prometo" (I Promise Myself), de autor desconocido.

■ ¿Promete ser tan fuerte de forma que nada pueda disturbar su tranquilidad espiritual?

■ ¿Promete hablar de salud, felicidad y prosperidad a cada persona que se encuentre?

■ ¿Promete hacer sentir a todos su amigos que hay algo especial en ellos?

■ ¿Promete ver el lado positivo de todas las cosas y hacer realidad su optimismo?

■ ¿Promete pensar solo en lo *mejor,* trabajar solo para lo *mejor* y esperar solo lo *mejor*?

■ ¿Promete ser igual de entusiasta con el éxito de otras personas, así como lo es con el suyo?

■ ¿Promete olvidar los errores del pasado y seguir adelante con los grandes logros del futuro?

■ ¿Promete tener un aspecto alegre en todo momento y saludar con una sonrisa a cada criatura viviente que se encuentre?

■ ¿Promete invertir tanto tiempo en el mejoramiento de su persona, que no le quede tiempo para criticar a otros?

■ ¿Promete ser demasiado seguro para preocuparse, demasiado noble para enojarse, demasiado fuerte para temer y demasiado feliz para permitir que haya problemas en su vida?

Si cumple a diario estas diez promesas, tendrá una vida llena de prosperidad e innumerables recompensas.

Repaso básico

Llene los espacios en blanco con las siguientes palabras para repasar el Capítulo 3, Su imagen profesional.

desconectar	imagen	profesional
dormir	impresión	repetitivos
energía	mezcla	salud
equilibrio	ocultar	sonar
ergonomía	paquete higiénico	tensión
estrés	personal	treinta
hábitos de trabajo	presión	

1. Su imagen profesional es la _____ que usted refleja y consiste en su apariencia física y la conducta que muestra en el lugar de trabajo.

2. La mejor forma de asegurarse de oler siempre bien es armar un _____.

3. El mantenimiento diario de la limpieza y la salud se conoce como higiene _____.

4. Los movimientos estresantes y _____ tienen un efecto acumulativo sobre los músculos y las articulaciones.

5. La presentación física, que incluye la postura, la forma de caminar y los movimientos, es parte de su imagen _____.

6. Cuando obtenga un trabajo, esfuércese para que su cabello, su maquillaje y su ropa sean consistentes con la _____ del salón.

7. Es mejor mantener unos accesorios simples y atractivos, ya que la bisutería no debe _____ mientras trabaja.

8. El maquillaje deberá acentuar sus mejores rasgos y _____ aquellos que le favorecen menos.

9. La _____ es el estudio de cómo un lugar de trabajo puede diseñarse de la mejor manera para lograr comodidad, seguridad, eficiencia y productividad.

10. Una toma de consciencia de la postura y de los movimientos de su cuerpo, en combinación con mejores métodos de trabajo y herramientas y equipos adecuados, mejorarán su _____ y su comodidad.

Conocimientos básicos y logros académicos

A continuación escriba en el espacio provisto algunos comentarios sobre los conceptos del capítulo más difíciles de comprender o recordar. Imagine que usted es el maestro y piense en lo que le diría a sus estudiantes sobre estos conceptos. Comparta sus Conocimientos básicos con sus compañeros de clase y pregúnteles si les parecen útiles. Si es necesario revise sus apuntes de clase tomando las ideas de sus compañeros que le parezcan buenas.

Conocimientos básicos:

_____

_____

_____

_____

_____

_____

_____

_____

_____

_____

_____

Indique por lo menos tres cosas que haya aprendido en relación con los objetivos de su carrera profesional desde la última anotación.

Logros académicos:

_____

_____

_____

_____

_____

Comunicación para el éxito

Un momento de motivación: "Vivir nuestras vidas plenamente, trabajar de lleno con el corazón, rechazar directamente lo que no nos parece, aceptar el misterio en todas las cosas que importan. . . Esa es la más grande aventura".
—Peter Block

Objetivos básicos

Al terminar este capítulo y las secciones de Un complemento indispensable, usted podrá:

1. Enumerar las reglas de oro de las relaciones humanas.

2. Explicar la definición de "comunicación eficaz".

3. Realizar una consulta con el cliente/evaluación de necesidades exitosa.

4. Cómo manejar a un cliente disconforme.

5. Construir redes abiertas de comunicación con los compañeros de trabajo.

Habilidades básicas de comunicación

¿Por qué debo aprender sobre comunicación si lo que único que quiero es cortar el cabello?

Los profesionales actuales, independientemente de su campo, motivan el intercambio de información. De hecho, la información hace las veces de combustible que mantiene a los negocios avanzando y creciendo. Debe pensar en gestionar su carrera como profesional de la industria de la belleza como si estuviera administrando un negocio propio. De hecho, cuando al crear y mantener una clientela fiel, está construyendo un negocio exitoso. Por tanto, necesita recibir información para tomar decisiones, desarrollar estrategias e interactuar efectivamente con sus clientes. Y para que otros sigan y acepten sus estrategias y decisiones, necesita transmitir información.

Este intercambio de información se conoce como comunicación. Por más sobresalientes que sean sus habilidades técnicas, no traerán de vuelta a un cliente que no se sienta cómodo, valorado e importante al visitar su salón; por lo que debe ser capaz de atender esas necesidades sociales y emocionales tan importantes mediante una comunicación efectiva.

Además, si no comprende completamente los deseos del cliente, no podrá brindarle esos excepcionales servicios técnicos. Esto demuestra que las habilidades de comunicación tienen una función importante en su búsqueda del éxito.

Los cosmetólogos deben estudiar sobre la comunicación eficaz y comprenderla bien porque:

- La comunicación eficaz, es decir con un propósito, es la base de todas las relaciones duraderas con los clientes y los compañeros de trabajo.

- Los profesionales deben crear relaciones sólidas basadas en la confianza, la claridad y la lealtad, con el fin de tener una carrera exitosa y deben tener la capacidad para poner en palabras sus pensamientos y sus ideas con los clientes, los compañeros de trabajo y los supervisores.

- El ambiente de cercanía del salón presentará problemas complejos y en ocasiones difíciles entre las personas, de modo que necesitará herramientas eficaces para comunicarse a fin de sortearlos con éxito.

- La práctica y el perfeccionamiento de la comunicación profesional aseguran que los clientes disfruten de su experiencia y los motiva a seguir atendiéndose con usted.

- La habilidad para controlar la comunicación y expresar ideas en forma eficaz de una manera profesional es una destreza necesaria para tener éxito en cualquier profesión, pero especialmente en una tan personal como la cosmetología.

Conceptos básicos

¿Qué debo saber acerca de la comunicación para el éxito con el fin de brindar un servicio de calidad a mis clientes y tener una carrera exitosa?

Nos comunicamosno solo al hablar, sino también al escuchar, leer, y escribir. Para obtener información de nuestros clientes sobre su cabello, piel y necesidades de cuidado de las uñas, debemos saber intercambiar información de manera efectiva. Transmitimos información mediante el habla y la escritura y la recibimos mediante el oído y la lectura. También podemos comunicarnos sin usar palabras: enviamos y recibimos mensajes mediante gestos, expresiones faciales, cambios de voz, contacto visual, ademanes personales, vestimenta y postura. A lo largo de este proceso de comunicación, creamos relaciones. Construimos relaciones con nuestros clientes y compañeros de trabajo, y con nuestros supervisores, gerentes o dueños del salón.

Es por eso que debemos desarrollar habilidades excepcionales al llevar a cabo las consultas con nuestros clientes, de manera que se obtengan los resultados deseados. Debemos aprender a interactuar diaria y eficazmente con nuestros compañeros de trabajo para participar en un ambiente altamente productivo y enfocado al trabajo en equipo. Por último, debemos saber cómo responder e interactuar de manera favorable con nuestros supervisores para asegurar el desarrollo, crecimiento y éxito continuo de nuestra carrera.

Experiencia básica

Ejercicio de relación de conceptos

Cada parte de nuestro cuerpo tiene algo que añadir al mensaje que tratamos de enviar. Los movimientos de las manos son los acompañantes más comunes en los mensajes orales, para algunos más que para otros. Muchos de estos movimientos son tan comunes que significan lo mismo para todos. En la siguiente lista, relacione los movimientos de las manos con el mensaje no verbal que envían.

1. Señalar a alguien con el dedo   _____ Aburrimiento, nerviosismo

2. Jugar con los pulgares   _____ Advertencia o acusación

3. Entrelazar las manos en lo alto   _____ Optimismo

4. Tamborilear con los dedos   _____ Calma, confianza en uno mismo

5. Cruzar los dedos   _____ Amenaza

6. Cruzar los brazos   _____ Impaciencia, aburrimiento

7. Entrelazar las manos sobre el escritorio   _____ "Aprobación" o "excelente"

8. Formar un círculo con el pulgar y el índice   _____ Autoridad, furia

9. Empuñar la mano   _____ Victoria

Movimiento de los ojos

Al igual que con las manos, podemos usar los ojos para enviar mensajes no verbales como: prestar atención, furia, admiración, desconfianza o sorpresa. Estudie la siguiente lista de los diferentes movimientos de los ojos y escriba en el espacio en blanco el mensaje no verbal que cree que éstos envían.

- Fijar la mirada y tensar la mandíbula _____

- Girar los ojos hacia arriba _____

- Mirar directamente a alguien _____

- Abrir los ojos completamente _____

- Clavar la mirada o mirar fijamente a alguien por mucho tiempo _____

- Parpadear con rapidez _____

- Mirar directamente a los extraños a corta distancia _____

- Evitar la mirada para no hacer contacto visual _____

  _____

Mapa didáctico sobre la interferencia en la consulta

Al realizar un mapa didáctico simplemente creamos un resumen diagramático (libre) con objetos o información y con el punto clave o principal ubicado en el centro. El punto clave de este mapa didáctico es una consulta con el cliente. Represente en una diagrama todas las cosas que podrían interferir en el proceso de comunicación durante una consulta con el cliente. Use palabras, dibujos y símbolos según lo prefiera. Use colores para reforzar su capacidad de retención. Piense libremente y no se preocupe por la ubicación de los trazos ni de las palabras. Verá que el mapa se organiza por sí solo.

Mensajes a compañeros

Elija otro estudiante como compañero y realice este ejercicio de comunicación: Hablen durante 5 minutos sobre cualquier tema e interactúen abiertamente, respondiendo de manera natural. Al terminar los 5 minutos, cada uno deberá hacer una lista de los mensajes que recibieron. Repasen la lista y comparen los mensajes que recibieron con los mensajes que cada uno pretendía enviar. Escriba los resultados en los espacios en blanco.

Mensaje recibido	**Mensaje pretendido**
_____	_____
_____	_____
_____	_____
_____	_____
_____	_____
_____	_____
_____	_____
_____	_____
_____	_____

Dramatización de un cliente insatisfecho

El objetivo de la dramatización es ayudarle a comprender los puntos de vista e impresiones de otras personas respecto a una variedad de temas personales y sociales. Al representar situaciones donde la gente está en conflicto, comenzará a comprender los puntos de vista de la otra persona. En esta actividad, habrá tres personajes principales y varios estudiantes como público; tres estudiantes realizarán el ejercicio de-dramatización mientras los demás observan y toman notas. Al terminar, pregunte a los observadores lo que notaron, qué funcionó o no en el intercambio de comunicación y porqué.

Situación de dramatización: Un estudiante será un estilista y otro será un cliente que llega al salón para un servicio de coloración y está inconforme con los resultados. El tercer personaje será el supervisor del salón quien, finalmente, tiene que involucrarse para solucionar el problema. Al finalizar la dramatización y la conversación con los observadores, anote las conclusiones de la actividad en los espacios en blanco. Tome en cuenta las siguientes preguntas: ¿Qué aprendió de esta experiencia? ¿Hay maneras más efectivas de manejar los conflictos que otras? En tal caso, ¿cuáles son y por qué funcionan mejor?

_____

_____

_____

_____

_____

_____

_____

_____

_____

Cuadro por cuadro: Herramientas para la consulta con el cliente

Cuadro por cuadro consiste en transformar manualmente en imágenes los elementos, puntos o pasos clave de una lección plasmándolas en los cuadros o *paneles* de una matriz. Piense en imágenes y dibuje los conceptos básicos impresos en los siguientes cuadros. No se preocupe por el aspecto artístico. Use líneas y figuras lineales para ilustrar los conceptos anotados.

Ficha de consulta	Carpetas de estilos	Carpeta personal
Fotos	Cámara digital	Tablas de colores
Muestrario de colores	Espejo	Maniquí

Temas que se deben evitar

En los espacios en blanco, enliste al menos seis temas que deberá evitar comentar con los clientes. Después, escriba una breve explicación sobre por qué estos temas no son apropiados, junto con una lista de temas opcionales que podría sugerir en caso de que el cliente los aborde.

_____

_____

_____

_____

_____

_____

_____

_____

_____

_____

_____

_____

_____

_____

Repaso básico

Verdadero o falso

En los siguientes enunciados, encierre en un círculo la V si es verdadero o la F si es falso según sea el caso, para repasar a fondo el Capítulo 4, Comunicación para el éxito.

V   F   **1.** Un factor fundamental de las relaciones humanas tiene que ver con la seguridad que sentimos.

V   F   **2.** Comuníquese desde la cabeza y resuelva los problemas con el corazón.

V   F   **3.** Demuéstreles a los demás que se preocupa por ellos escuchándolos y tratando de entender su punto de vista.

V   F   **4.** Su habilidad para las relaciones humanas y la comunicación le ayudará a crear relaciones duraderas con los clientes, a fomentar su crecimiento y a evitar malos entendidos.

V   F   **5.** La comunicación es el acto de compartir información de manera eficaz entre dos personas, o grupos de personas, de forma tal que se entiendan correctamente.

V   F   **6.** Para ganarse la confianza y lealtad de un nuevo cliente, acérquese siempre de manera formal y reservada.

V   F   **7.** La consulta con el cliente es la comunicación escrita que determina los resultados deseados.

V   F   **8.** El área de consulta y trabajo debe estar muy limpia y ordenada.

V   F   **9.** La escucha reflexiva es el proceso de repetir al cliente, con sus propias palabras, lo que cree que éste le está diciendo.

V   F   **10.** Si un cliente no se da cuenta de que la opción que escogió para el servicio no lo beneficiará, es su obligación encontrar la manera más directa de hacérselo saber.

V   F   **11.** La comunicación verbal que se utiliza con un cliente para determinar los resultados deseados se denomina consulta con el cliente.

V   F   **12.** Una consulta con un nuevo cliente deberá reservarse mínimo 15 minutos antes de la cita en sí.

V   F   **13.** Registre en el fichero rotativo Rolodex todas las fórmulas o productos que utilice, incluyendo la concentración y técnicas específicas que haya seguido.

V   F   **14.** Siempre debe presentarse al conocer a un cliente.

V   F   **15.** El primer paso en el proceso de la consulta con el cliente es preguntarle lo que le gusta más y menos de su apariencia actual.

V   F   **16.** El paso de la consulta donde se incentiva al cliente a mirar la colección de fotos y señalar qué estilos le gustan y por qué, se conoce como mostrar y comentar.

V   F   **17.** Si el cliente llega tarde, debe establecer un precedente al rehusarse a completar el servicio bajo cualquier circunstancia.

V   F   **18.** Si el cliente llega en el horario o día incorrectos, explíquele educadamente su error y ofrézcale reprogramar la cita.

V   F   **19.** Nunca discuta con el cliente ni trate de imponerle su opinión.

V   F   **20.** Su trabajo y su relación con los clientes son muy específicos: su objetivo es asesorarlos y brindarles un servicio con respecto a sus necesidades de belleza, y nada más.

Conocimientos básicos y logros académicos

A continuación escriba en el espacio provisto algunos comentarios sobre los conceptos del capítulo más difíciles de comprender o recordar. Imagine que usted es el maestro y piense en lo que le diría a sus estudiantes sobre estos conceptos. Comparta sus Conocimientos básicos con sus compañeros de clase y pregúnteles si les parecen útiles. Si es necesario revise sus apuntes de clase tomando las ideas de sus compañeros que le parezcan buenas.

Conocimientos básicos:

_____

_____

_____

_____

_____

_____

_____

_____

_____

_____

_____

Indique por lo menos tres cosas que haya aprendido en relación con los objetivos de su carrera profesional desde la última anotación.

Logros académicos:

_____

_____

_____

_____

_____

CAPÍTULO 5

Control de infecciones: principios y práctica

Un momento de motivación: "Es increíble lo que la gente común puede hacer cuando comienza sin nociones preconcebidas".
—Charles Kettering

Objetivos básicos

Al terminar este capítulo y las secciones de Un complemento indispensable, usted podrá:

1. Comprender las leyes y normas federales y las diferencias entre ellas.

2. Mencionar los tipos y las clasificaciones de las bacterias.

3. Definir hepatitis y virus de inmunodeficiencia humana (VIH) y explicar de qué forma se transmiten.

4. Explicar las diferencias entre la limpieza, desinfección y esterilización.

5. Mencionar los tipos de desinfectantes y la manera de utilizarlos.

6. Analizar las Precauciones universales.

7. Mencionar sus responsabilidades como profesional de un salón.

8. Describir cómo limpiar y desinfectar de manera segura las herramientas y los implementos de un salón.

Principios y práctica básicos del control de infecciones

¿Por qué debo conocer los principios del control de infecciones?

Si trabaja en cosmetología o en un campo profesional relacionado, tendrá contacto con el público constantemente y de diversas maneras. Comprender los principios básicos de la bacteriología, los métodos de descontaminación y sus responsabilidades profesionales hará una gran diferencia en la manera en que se protege usted y a sus clientes de la transmisión de infecciones o enfermedades. Nunca antes en la historia el público ha estado más consciente de la facilidad con que se pueden transmitir las enfermedades. La manera en que los clientes perciban su trabajo se verá enormemente favorecida si demuestra que tiene conocimientos y que se preocupa por las bacterias y el contagio de enfermedades.

Tal como reza el antiguo dicho: Nunca tendrá una segunda oportunidad para dar una primera impresión positiva. Nada podría ser más apropiado para referirse a la primera impresión que el público se lleva de usted y de su establecimiento. Las personas lo juzgarán por la limpieza del establecimiento donde trabaja, por la limpieza de su estación de trabajo y de sus implementos, y por el orden y la buena apariencia de su imagen. Hoy en día, el público exige que sus doctores, dentistas, oftalmólogos y profesionales de servicios de belleza utilicen los más altos niveles de control de infecciones y descontaminación. De modo que si desea reunir a una clientela sólida y constante para los servicios en que se especializa, es recomendable que practique medidas de limpieza y desinfección evidentes que le permitan aumentar la confianza que los clientes tienen en usted como cosmetólogo experto y competente. Además, debe ser capaz de tomar las medidas necesarias para protegerse usted mismo, a sus compañeros de trabajo y a sus clientes contra la posibilidad de que una persona infectada que usted no haya identificado les transmita una enfermedad.

Los cosmetólogos deben estudiar y comprender bien los principios y prácticas del control de infecciones porque:

■ Para ser un profesional con conocimientos, exitoso y responsable en el campo de la cosmetología, se le exige conocer los tipos de infecciones que puede encontrar en el salón.

■ Si entiende los principios básicos de la limpieza y la desinfección y cumple con las normas estatales y federales se protegerá a sí mismo y a sus clientes y tendrá una carrera larga y exitosa como cosmetólogo.

■ Conocer la química de los productos de limpieza y desinfección que utiliza y la forma de usarlos le ayudará a mantener la seguridad de usted, sus clientes y su salón.

Conceptos básicos

¿Cuáles son los conceptos básicos para proporcionar el entorno más seguro posible utilizando procedimientos efectivos de descontaminación y control de infecciones?

Como profesional de la industria de la cosmetología, debe comprender la diferencia entre bacterias no patógenas (beneficiosas o inofensivas) y patógenas (dañinas) y debe conocer las diversas clasificaciones de bacterias y cómo identificar a cada una. Es fundamental que llegue a comprender cómo crecen y se reproducen las bacterias, cuáles son las infecciones bacteriales y otros agentes infecciosos, la inmunidad y el síndrome de inmunodeficiencia adquirida (SIDA).

Como un profesional exitoso en el campo d ela cosmetología o las disciplinas relacionadas, tendrá que conocer tanto métodos de prevención como de control de infecciones. Debe comprender que las superficies pueden estar contaminadas aunque parezcan limpias; también debe conocer los pasos necesarios para eliminar los gérmenes de dichas superficies. Aprenderá los procedimientos y productos que debe usar para limpiar, desinfectar y esterilizar, y conocerá las herramientas e implementos necesarios para llevar a cabo estas tres labores. La Administración de Salud y Seguridad Ocupacional (OSHA) tiene un papel importante en las responsabilidades que tiene cada establecimiento certificado para garantizar un entorno de trabajo seguro tanto para los trabajadores como para el público. Al utilizar el método conocido como Precauciones universales y seguir las mismas prácticas de control de infecciones con todos los clientes, independientemente de su estado de salud, usted podrá garantizar la mejor protección posible para usted y para el público.

Mapa didáctico sobre estafilococos

Al realizar un mapa didáctico creamos un resumen diagramático libre con objetos o información. Usando los *Estafilococos* como punto central o clave, cree un diagrama de los tipos de enfermedades que causan los estafilococos, las fuentes de estafilococos o dónde se pueden contagiar y qué síntomas provocan. Use palabras, dibujos y símbolos según lo prefiera. El uso de colores reforzará su capacidad para recordar el material.

Bacterias de estafilococos

Relación de conceptos

Relacione los siguientes términos básicos con los términos o frases correspondientes.

_____ **Bacterias**

1. Viven y se reproducen mediante la penetración en las células.

_____ **Patógenas**

2. Potentes desinfectantes tuberculicidas.

_____ **Infeccioso**

3. Matan a la mayoría, pero no a todos los microorganismos de las superficies inorgánicas.

_____ **Toxina**

4. Microorganismos unicelulares.

_____ **Virus**

5. Organismos que viven en otro organismo.

_____ **Eficacia**

6. Retirar los restos y residuos visibles y muchos gérmenes causantes de enfermedades con jabón y agua.

_____ **Infección local**

7. Eliminación de toda vida microbiana, incluidas las esporas.

_____ **Moho**

8. Enfermedad contagiosa causada por los ácaros.

_____ **Parásitos**

9. Bacterias dañinas.

_____ **Sarna**

10. Se puede contagiar de una persona a otra.

_____ **Limpieza**

11. Sustancia venenosa.

_____ **Desinfección**

12. La capacidad de producir un efecto.

_____ **Esterilización**

13. Se limita a una parte específica del cuerpo.

_____ **Fenólicos**

14. Un tipo de hongo.

Inspección del establecimiento

Imagine que posee un establecimiento profesional y que está preocupado de mantener los más altos niveles posibles de control de infecciones y protección para los clientes. Haga un recorrido por su establecimiento e identifique y enumere las áreas del salón que son más susceptibles a albergar bacterias patógenas.

_____

_____

_____

_____

_____

_____

_____

_____

_____

_____

_____

_____

_____

_____

_____

_____

_____

Juego de palabras

Descifre los siguientes términos siguiendo las pistas provistas.

CLAVE:

Juego	Palabra correcta
soaásrpti	— — — — — — — — —
	Pista: Requieren de materia viva para su desarrollo.
sefiioccon	— — — — — — — — — —
	Pista: Contagioso.
rbatcasie	— — — — — — — — —
	Pista: Son microorganismos unicelulares diminutos.
taoeolciofcss	— — — — — — — — — — — — —
	Pista: Crecen en racimos o manojos.
asnra	— — — — —
	Pista: Es causada por los ácaros.
góenoapt	— — — — — — — —
	Pista: Causante de enfermedades.
rnésegme	— — — — — — — —
	Pista: Microorganismos que producen enfermedades.
on aónopetg	— — — — — — — — — —
	Pista: Beneficioso o inofensivo.
nciicfóen calol	— — — — — — — — — — — — — —
	Pista: Contiene pus.
crisbooim	— — — — — — — — —
	Pista: Organismos de tamaño microscópico o submicroscópico.
iirosonacsmgrom	— — — — — — — — — — — — — — —
	Pista: Las bacterias son un ejemplo de ellos.
oscogoanti	— — — — — — — — — —
	Pista: Se propaga mediante el contacto.
uicedsslpoi	— — — — — — — — — — —
	Pista: Piojos.

saoncpitiét

——————————————

Pista: Germicidas químicos para la piel.

cnudfiiag

—————————

Pista: Capaz de destruir hongos.

óimfilnanca

———————————

Pista: Respuesta corporal a una lesión o infección.

ttiisphea

—————————

Pista: Virus de transmisión hemática.

prsooo

——————

Pista: Absorbente.

cecaubliriutd

——————————————— —

Pista: Tipo de desinfectante.

Concurso de conocimientos

Como en un concurso de conocimientos, escriba las preguntas que corresponden a las respuestas.

Control de infecciones por $100.

1. Tres tipos de microorganismos potencialmente infecciosos.

_____

2. También se conocen como gérmenes y pueden existir casi en cualquier parte de la piel del cuerpo, en el agua, el aire, en la materia en descomposición, en las secreciones corporales, la vestimenta o debajo de las uñas.

_____

3. Provocan enfermedades cuando invaden el tejido vegetal o animal.

_____

Control de infecciones por $200.

1. El ciclo de vida de las bacterias.

_____

2. Etapa en que los microorganismos crecen y se reproducen.

_____

3. Células que se forman a través de la fisión binaria.

_____

Control de infecciones por $300.

1. Se produce cuando los tejidos corporales son invadidos por alguna bacteria patógena o causante de enfermedades.

_____

2. La bacteria que normalmente porta casi un tercio de la población.

_____

3. Son responsables del contagio de enfermedades y afecciones, como los piojos.

_____

Control de infecciones por $400.

1. La capacidad del cuerpo para destruir las bacterias que han logrado ingresar al cuerpo y de esa manera, resistir las infecciones.

2. Algo que el cuerpo desarrolla una vez que se ha recuperado de una enfermedad o a través de la inoculación.

3. Enfermedad que es transmisible por contacto.

Control de infecciones por $500.

1. Una persona puede ser portadora de esta enfermedad durante muchos años sin presentar síntomas.

2. Se transmite por el contacto sexual sin protección, cuando los consumidores de drogas intravenosas (IV) comparten agujas y por accidentes con agujas en ambientes de atención médica.

3. Causa el SIDA.

Informe de inspección de seguridad y salud

Complete el siguiente Informe de inspección de seguridad y salud parcial para su institución, adaptado de *Seguridad y salud en el salón* de Dennis G. Nelson, publicado por Milady, una división de Cengage Learning. Escriba una breve explicación si alguna área no cumple los requisitos.

Ubicación: _____ Inspeccionado por: _____

Fecha: _____

Todas las áreas: Limpieza y mantenimiento

- Hay evidencia de que el lugar se ha usado para cocinar o como vivienda.   __ **Sí** __ **No**

- Todas las áreas están ordenadas, sin polvo, limpias, bien iluminadas y no hay presencia de roedores.   __ **Sí** __ **No**

- Los pisos están limpios y el cabello se barre después de atender a cada cliente.   __ **Sí** __ **No**

- Las ventanas, persianas y cortinas se limpian regularmente.   __ **Sí** __ **No**

- Los desechos se depositan en un bote de basura metálico con tapa de cierre automático.   __ **Sí** __ **No**

- Los recipientes para desechos se vacían regularmente durante el día.   __ **Sí** __ **No**

- Todos los lavatorios y bebederos se limpian regularmente.   __ **Sí** __ **No**

- Los clientes, empleados y alumnos tienen a su disposición vasos distintos o desechables.   __ **Sí** __ **No**

- Los grifos de agua caliente y fría están limpios y sin filtraciones.   __ **Sí** __ **No**

- Los servicios higiénicos y de lavado se limpian y se desinfectan regularmente.   __ **Sí** __ **No**

- Hay papel higiénico, toallas de papel y dispensadores de jabón líquido antiséptico disponibles.   __ **Sí** __ **No**

- Las manijas de las puertas se limpian y se desinfectan regularmente.   __ **Sí** __ **No**

- Los alimentos se almacenan separados de los productos clínicos.   __ **Sí** __ **No**

- Para comer y beber hay superficies limpias separadas del manejo de productos químicos o de las áreas donde se realizan los servicios.   __ **Sí** __ **No**

- El área de trabajo está ventilada adecuadamente para los servicios que se realizan; los ventiladores, humidificadores y sistemas de ventilación se limpian regularmente. ___ **Sí** ___ **No**

- En los pisos no hay agua ni otras sustancias que puedan causar tropiezos, resbalones o caídas. ___ **Sí** ___ **No**

- Existen MSDS disponibles de todos los productos que se utilizan en la práctica. ___ **Sí** ___ **No**

- Todos los productos están almacenados adecuadamente y todos los contenedores están marcados correctamente. ___ **Sí** ___ **No**

- Se dispone de equipos de protección personal adecuado (protección ocular, guantes, máscaras antipolvo y contra vapores orgánicos, etc.) y se usan de acuerdo con las instrucciones del fabricante y la política del salón. ___ **Sí** ___ **No**

- La máquina de lavado proporciona una temperatura del agua de 160 grados Fahrenheit como mínimo. ___ **Sí** ___ **No**

- Se dispone de soluciones desinfectantes tuberculicidas de grado hospitalario y de instrucciones para desinfectar peines, cepillos, capas plásticas y otros materiales, según sea necesario. ___ **Sí** ___ **No**

Precauciones de emergencia y primeros auxilios

- Los números de teléfono de emergencia están publicados en lugares visibles y a los que se puede acceder fácilmente en una emergencia. ___ **Sí** ___ **No**

- Hay procedimientos de evacuación en caso de incendios publicados. ___ **Sí** ___ **No**

- Existen kits de primeros auxilios en ubicaciones de fácil acceso y cuentan con todos los suministros necesarios. ___ **Sí** ___ **No**

- Los kits de primeros auxilios se revisan regularmente y se reabastecen si es necesario. ___ **Sí** ___ **No**

- Los lugares donde se manipulan productos químicos y donde se administran servicios con productos químicos cuentan con botellas de lavado de ojos para emergencias. ___ **Sí** ___ **No**

- Se dispone de fácil acceso a un lavamanos con agua temperada donde se pueden enjuagar completamente los ojos para retirar materiales peligrosos. ___ **Sí** ___ **No**

- Existen letreros para indicar las salidas y letreros de advertencia (peligro biológico, productos químicos inflamables o tóxicos) donde corresponde. ___ **Sí** ___ **No**

Búsqueda de palabras

Forme la palabra correcta siguiendo las pistas provistas y después encuentre las palabras en la sopa de letras.

Palabra	Pista
_____	Existen tres formas que se utilizan ampliamente
_____	Pueden matar las bacterias pero no son desinfectantes
_____	Que no presenta síntomas ni signos de infección
_____	Causa contaminación
_____	Las superficies que parecen limpias, de todos modos podrían estar
_____	Existen dos métodos
_____	Matan microbios en superficies no porosas
_____	Destruye organismos dañinos (excepto esporas) en superficies no porosas
_____	Hipoclorito de sodio
_____	Provee información pertinente acerca de los productos
_____	Forma parte del Departamento del Trabajo de EE.UU.
_____	Desinfectante seguro y de acción rápida
_____	Nivel más bajo de descontaminación
_____	La descontaminación más eficaz

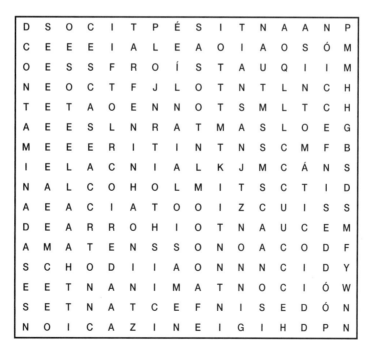

Llene los espacios en blanco con las siguientes palabras para repasar el Capítulo 5, Control de infecciones: Principios y prácticas. Puede usar las palabras y los términos más de una vez.

células hijas	**hepatitis B**	**pus**
contagiosa	**inmunidad**	**redondos**
cubierta exterior	**inmunidad adquirida**	**sarna**
desinfectante	**local**	**sífilis**
difteria	**natural**	**sistémica**
doce	**neumonía**	**unicelulares**
esporas esféricas	**no patógenos**	**VIH**
estreptococos	**once**	**virus**
fisión binaria	**parásitos**	**virus**
forúnculos	**patógenos**	
granos	**protoplasma**	

1. Los estafilococos son organismos que forman pus, crecen en racimos y causan _____ y _____.

2. Una infección _____ se indica por la presencia de un forúnculo o grano y contiene pus.

3. Los organismos que viven en otros organismos vivientes sin dar nada a cambio se llaman _____.

4. La capacidad que tiene el cuerpo de destruir las bacterias que entran al organismo se llama _____.

5. Las bacterias son microorganismos _____ que se encuentran prácticamente en todas partes.

6. El _____ es un fluido creado por la inflamación de los tejidos.

7. Las enfermedades y condiciones infecciosas como la _____ nunca deben tratarse en una escuela o salón, sino que deben derivarse a un médico.

8. Los _____ son microorganismos infecciosos más pequeños que las bacterias y son capaces de infectar a casi todas las plantas y animales.

9. El cuerpo desarrolla _____ una vez que se ha recuperado de una enfermedad o a través de la inoculación.

10. Una persona puede ser portadora de _____ durante muchos años sin presentar síntomas.

11. Los organismos _____ son dañinos y producen enfermedades.

12. Una enfermedad _____ afecta el cuerpo en general.

13. Cuando las bacterias crecen y alcanzan su tamaño máximo, se dividen en dos células nuevas. La división se llama _____ y las nuevas células que se forman se denominan células _____.

14. La inmunidad contra las enfermedades puede ser _____ o adquirida.

15. Cuando una enfermedad se vuelve _____, se transmite de una persona a otra.

Para el resto de la revisión, encierre en un círculo la respuesta correcta a cada pregunta.

16. Toda superficie que no esté libre de suciedad, cabellos o microbios está _____.

    a) esterilizada   b) contaminada

    c) estéril   d) desinfectada

17. Los dos métodos de descontaminación son _____ y luego esterilizar o _____ y luego desinfectar.

    a) lavar   b) sacudir

    c) barrer   d) limpiar

18. Los métodos de esterilización incluyen el uso de vapor de alta presión o _____.

    a) autoclave de calor en seco   b) formaldehído gaseoso

    c) líquido antiséptico   d) higienización en seco

19. Los productos que eliminan los microbios de instrumentos contaminados y otras superficies no porosas son _____.

    a) los antisépticos   b) las tabletas

    c) los desinfectantes   d) los líquidos

20. Los desinfectantes se deben registrar con la _____.

    a) DOE   b) EPA

    c) CDC   d) DOL

21. Las leyes federales exigen que los fabricantes brinden información sobre un producto en los _____.

    a) MSDS   b) MDSD

    c) SMDS   d) MSSD

22. La Administración de Salud y Seguridad Ocupacional se creó como parte del _____.

a) DOJ
b) DOE
c) DOL
d) DOA

23. La mayoría de las soluciones de QUATS desinfectan los implementos en _____ minutos.

a) 1 a 3
b) 4 a 5
c) 6 a 8
d) 10

24. Si los implementos del salón entran en contacto con sangre, deben limpiarse y luego sumergirse en _____.

a) compuestos de amonio cuaternario
b) desinfectantes fenólicos
c) hipoclorito de sodio
d) desinfectantes registrados en la EPA

25. El nivel más bajo de descontaminación se conoce como _____.

a) desinfección
b) esterilización
c) limpieza
d) inmunización

Conocimientos básicos y logros académicos

A continuación escriba en el espacio provisto algunos comentarios sobre los conceptos del capítulo más difíciles de comprender o recordar. Imagine que usted es el maestro y piense en lo que le diría a sus estudiantes sobre estos conceptos. Comparta sus Conocimientos básicos con sus compañeros de clase y pregúnteles si les parecen útiles. Si es necesario revise sus apuntes de clase tomando las ideas de sus compañeros que le parezcan buenas.

Conocimientos básicos:

_____

_____

_____

_____

_____

_____

_____

_____

_____

_____

_____

Indique por lo menos tres cosas que haya aprendido en relación con los objetivos de su carrera profesional desde la última anotación.

Logros académicos:

_____

_____

_____

_____

_____

6 Anatomía y Fisiología general

Un momento de motivación: "No vaya donde el sendero pueda llevarlo, mejor vaya por donde no haya senderos y deje un camino".

—Ralph Waldo Emerson

Objetivos Básicos

Al terminar este capítulo y las secciones de Un complemento indispensable, usted podrá:

1. Definir y explicar la importancia de la anatomía, la fisiología y la histología para los especialistas de la cosmetología.

2. Describir una célula, su estructura y su reproducción.

3. Definir qué es un tejido e identificar los tipos de tejido del cuerpo.

4. Nombrar los 11 sistemas principales del cuerpo y explicar sus funciones básicas.

Anatomía y fisiología básicas

¿Por qué debo conocer acerca de las células, la anatomía y la fisiología del cuerpo si lo único que quiero es cortar el cabello?

Cuando corta el cabello y lleva a cabo todos los demás servicios para los que está calificado y capacitado, casi sin excepción, afecta los huesos, los músculos y los nervios del cuerpo. Por lo tanto, es fundamental que conozca lo básico de la anatomía y fisiología del cuerpo humano para llevar a cabo todos estos servicios de manera segura y eficaz. Si piensa en ello, se dará cuenta de que para cortar el cabello, debe conocer los contornos de la cabeza y su estructura ósea. Cuando aplica maquillaje, debe dar los contornos siguiendo la estructura ósea y muscular del rostro. Para proporcionar un tratamiento para el cuero cabelludo debe conocer el sistema circulatorio con el fin lograr la estimulación máxima de éste, etc.

A pesar de que quizás no considere que estudiar anatomía y fisiología sea la parte más emocionante o glamorosa de su entrenamiento, es, evidentemente, un punto central de su capacitación y contribuirá enormemente a su eficacia y a su éxito. Además, su conocimiento en esta área tan importante también lo ayudará a ganarse la confianza y credibilidad de los clientes.

Los cosmetólogos deben estudiar anatomía y fisiología y comprenderlas bien porque:

- Comprender cómo funciona el cuerpo humano como un todo integrado es un componente clave para entender el modo en el que pueden reaccionar el cabello, la piel o las uñas de un cliente a los diversos tratamientos y servicios.

- Deberá ser capaz de reconocer la diferencia entre lo que se considera normal y lo que se considera anormal en el cuerpo con el fin de determinar si es necesario aplicar tratamientos o servicios especializados.

- Comprender la estructura ósea y muscular del cuerpo humano le ayudará a distinguir y dar la aplicación correcta de los servicios y productos para los tratamientos para el cuero cabelludo y faciales.

Conceptos básicos

¿Qué necesito aprender sobre las células, la anatomía y la fisiología para ser un cosmetólogo más eficaz?

La célula es la estructura básica a partir de la cual se forman todas las otras estructuras del cuerpo. Es recomendable desarrollar un conocimiento suficiente sobre el crecimiento y el metabolismo de las células y contar con conocimientos básicos sobre cada uno de los sistemas y tejidos principales del cuerpo. Una vez que haya adquirido información sobre el funcionamiento y el propósito de cada órgano o sistema, podrá brindar sus servicios con más eficacia.

Mapa didáctico: Desarrollo celular

Al realizar un mapa didáctico creamos un resumen diagramático libre con objetos o información. El punto central o clave se encuentra en el centro. El punto clave de este mapa didáctico es el proceso de desarrollo desde una célula básica a diversos tipos de tejido, hasta la formación de órganos y el desarrollo de sistemas. El uso de colores reforzará su capacidad de retención. Piense libremente y no se preocupe por la ubicación de los trazos ni de las palabras. Verá que el mapa se organiza por sí solo.

Células

Órganos

Indique el nombre de cada uno de los órganos indicados en el diagrama del cuerpo humano. Indique el propósito de cada parte del cuerpo en el espacio provisto. Es posible que deba consultar referencias en la biblioteca de la escuela para obtener ayuda.

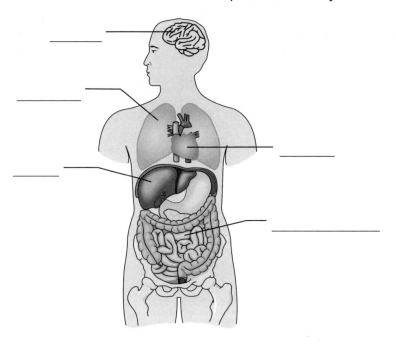

Cerebro: _____

_____

_____

Corazón: _____

_____

_____

Pulmones: _____

_____

Hígado: _____

_____

Tracto digestivo: _____

_____

Experiencia Básica

Ejercicio de relación de conceptos A

Relacione los siguientes términos básicos con la definición correspondiente.

_____ Circulatorio

_____ Digestivo

_____ Endocrino

_____ Excretor

_____ Integumentario

_____ Muscular

_____ Nervioso

_____ Reproductor

_____ Linfático

_____ Respiratorio

_____ Óseo

1. Glándulas con conductos y glándulas sin conductos

2. El proceso de transformar los alimentos para que puedan ser asimilados por el cuerpo

3. La base física o estructura del cuerpo

4. Se ubica dentro de la cavidad pectoral y está protegido por las costillas

5. Cubre, da forma y sostiene el tejido óseo y produce todos los movimientos del cuerpo

6. Compuesto por la piel y sus diversos órganos secundarios

7. Órganos reproductivos

8. Elimina los desechos y las impurezas de las células y protege al cuerpo contra las enfermedades, desarrollando inmunidades y destruyendo microorganismos que provocan enfermedades

9. Controla y coordina las funciones de todos los demás sistemas y los hace funcionar de manera armoniosa y eficiente

10. Está compuesto por los riñones, el hígado, la piel, los intestinos y los pulmones; purifica el cuerpo mediante la eliminación de desechos

11. Controla la circulación constante de la sangre

Ejercicio de relación de conceptos B

Relacione los siguientes términos básicos con la función correspondiente.

Palabra		**Pista**
_____	Frontal	**1.** Permite cerrar el ojo
_____	Orbicular de los párpados	**2.** Músculo que cubre la parte inferior de la espalda
_____	Pectorales	**3.** Ayudan en el movimiento oscilatorio de los brazos
_____	Serrato mayor	**4.** Permite rotar los brazos
_____	Bíceps	**5.** Ayuda a la respiración y a levantar los brazos
_____	Trapecio	**6.** Levanta las cejas y arruga la frente
_____	Tríceps	**7.** Eleva el antebrazo y flexiona el codo
_____	Extensores	**8.** Extiende el brazo hacia fuera y hacia el costado del cuerpo
_____	Flexores	**9.** Extiende el antebrazo
_____	Dorsal ancho	**10.** Permite doblar y flexionar la muñeca
_____	Deltoides	**11.** Enderezan la muñeca, la mano y los dedos

Ejercicio de relación de conceptos C

Relacione los siguientes términos básicos con la función correspondiente.

Palabra		Pista
_____	Pronadores	**1.** Juntan los dedos
_____	Supinador	**2.** Mueve el cuero cabelludo hacia atrás
_____	Abductores	**3.** Cubre, da forma y sostiene el esqueleto
_____	Sistema muscular	**4.** Coordina la abertura y cierre de la boca
_____	Occipital	**5.** Gira la palma hacia arriba
_____	Aponeurosis epicraneal	**6.** Separan los dedos
_____	Masetero	**7.** Baja la mandíbula y el labio
_____	Aductores	**8.** Baja y rota la cabeza
_____	Platisma	**9.** Giran las manos hacia dentro
_____	Esternocleidomastoideo	**10.** Baja las cejas y arruga la frente verticalmente
_____	Corrugador	**11.** Conecta el occipital con el frontal

Huesos y músculos del cráneo

Use un maniquí sin cabello o una cabeza de espuma de poliestireno para dibujar una línea desde la parte frontal central del cuero cabelludo hasta el centro de la nuca. En un lado, dibuje y escriba los nombres de los huesos de la cabeza. En el otro lado, dibuje y escriba los nombres de los músculos de la cabeza. (Consulte su texto para obtener ayuda). Si no cuenta con un maniquí o una cabeza de espuma, use los diagramas siguientes.

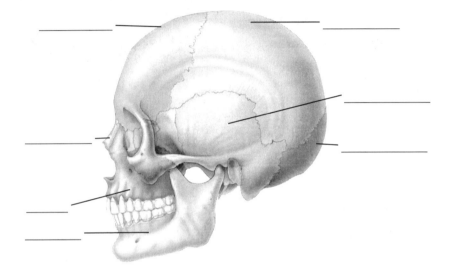

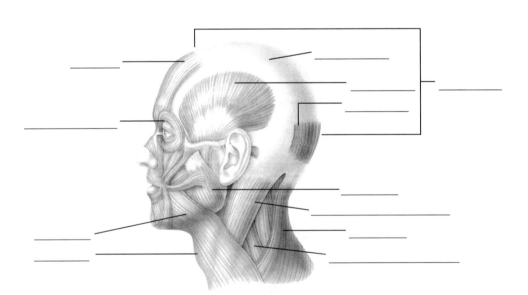

Búsqueda de palabras A

Forme la palabra correcta siguiendo las pistas provistas y después encuentre las palabras en la sopa de letras.

Palabra	**Pista**
_____	Tubos musculares y flexibles de paredes gruesas que transportan la sangre pura desde el corazón a los capilares
_____	Las cámaras superiores de paredes delgadas derecha o izquierda del corazón
_____	El fluido nutritivo que se desplaza a través del sistema circulatorio
_____	Diminutos vasos sanguíneos de paredes delgadas que unen las arterias más pequeñas a las venas
_____	La fuente principal de suministro de sangre de la cabeza, el rostro y el cuello

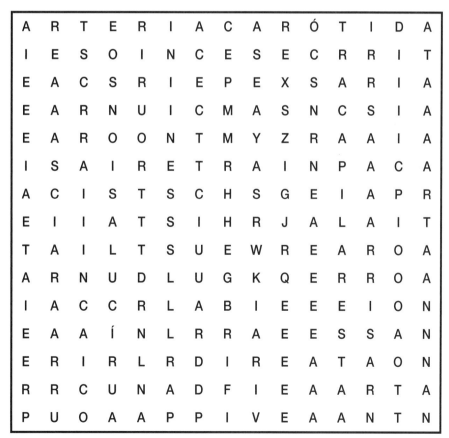

A	R	T	E	R	I	A	C	A	R	Ó	T	I	D	A
I	E	S	O	I	N	C	E	S	E	C	R	R	I	T
E	A	C	S	R	I	E	P	E	X	S	A	R	I	A
E	A	R	N	U	I	C	M	A	S	N	C	S	I	A
E	A	R	O	O	N	T	M	Y	Z	R	A	A	I	A
I	S	A	I	R	E	T	R	A	I	N	P	A	C	A
A	C	I	S	T	S	C	H	S	G	E	I	A	P	R
E	I	I	A	T	S	I	H	R	J	A	L	A	I	T
T	A	I	L	T	S	U	E	W	R	E	A	R	O	A
A	R	N	U	D	L	U	G	K	Q	E	R	R	O	A
I	A	C	C	R	L	A	B	I	E	E	E	I	O	N
E	A	A	Í	N	L	R	R	A	E	E	S	S	A	N
E	R	I	R	L	R	D	I	R	E	A	T	A	O	N
R	R	C	U	N	A	D	F	I	E	A	A	R	T	A
P	U	O	A	A	P	P	I	V	E	A	A	N	T	N

Búsqueda de palabras B

Forme la palabra correcta siguiendo las pistas provistas y después encuentre las palabras en la sopa de letras.

Palabra	Pista
_____	Líquido claro y amarillento que elimina los desechos e impurezas de las células
_____	Parte líquida de la sangre en la cual fluyen los glóbulos rojos, los glóbulos blancos y las plaquetas
_____	Circulación sanguínea que va desde el corazón hacia los pulmones para ser purificada
_____	Arteria que va por el brazo, del lado del pulgar y el dorso de la mano
_____	Arteria que va por el brazo del lado del dedo meñique y la palma de la mano
_____	Permiten que el torrente sanguíneo circule en una sola dirección
_____	El sistema circulatorio
_____	Vasos sanguíneos de paredes delgadas, menos flexibles que las arterias
_____	Las cámaras inferiores de paredes gruesas derecha o izquierda del corazón

V	L	A	T	I	B	U	C	A	A
E	S	E	L	I	N	F	A	P	A
N	E	E	E	L	A	A	U	P	R
T	S	A	L	U	V	L	Á	V	A
R	N	U	E	S	M	P	S	R	L
Í	N	E	E	O	L	A	S	A	U
C	D	T	N	A	A	A	I	I	C
U	E	A	S	A	N	D	R	I	S
L	R	M	E	E	A	A	A	V	A
O	A	T	V	R	A	R	U	I	V

Repaso básico

Complete el siguiente repaso del Capítulo 6, Anatomía y fisiología general. Encierre en un círculo la respuesta correcta a cada pregunta.

1. El hueso superior y más largo del brazo es el _____.

   a) húmero   b) radio
   c) cúbito   d) metacarpo

2. La estructura de la célula que se encuentra en el centro y que cumple un papel importante en la reproducción celular es el(la) _____.

   a) núcleo   b) centrosoma
   c) membrana celular   d) nucleolo

3. Los músculos involuntarios que funcionan automáticamente se llaman _____.

   a) estriados   b) rayados
   c) lisos   d) cardíacos

4. Para crecer y multiplicarse, las células deben recibir un suministro adecuado de alimento, oxígeno y _____.

   a) toxinas   b) veneno
   c) presión   d) agua

5. Un grupo de células del mismo tipo se denomina _____.

   a) órganos   b) tejidos
   c) sistemas   d) grupos

6. La arteria que suministra sangre a la parte posterior de la cabeza hasta la coronilla es la _____.

   a) supraorbitaria   b) occipital
   c) arteria facial   d) auricular posterior

7. El proceso mediante el cual se crean moléculas más grandes a partir de otras más pequeñas se denomina _____.

   a) anabolismo   b) homeostasis
   c) catabolismo   d) secreción

8. El hueso pequeño del antebrazo del lado del pulgar es el _____.

   a) húmero   b) radio
   c) cúbito   d) metacarpo

9. El músculo que forma el contorno del lado frontal e interno del brazo se llama

   a) cardíaco
   b) tríceps
   c) bíceps
   d) epicráneo

10. El epicráneo consiste de dos partes, la frontal y la _____ .

    a) aponeurosis
    b) dorsal
    c) corrugadora
    d) occipital

11. Las estructuras del cuerpo que tienen una función específica se denominan _____ .

    a) órganos
    b) tejidos
    c) sistemas
    d) grupos

12. Las células están compuestas por una sustancia gelatinosa incolora llamada _____ .

    a) nucleolos
    b) núcleo
    c) protoplasma
    d) centrosoma

13. El estudio de la estructura y los componentes del cuerpo se denomina _____ .

    a) fisiología
    b) histología
    c) anatomía
    d) osteología

14. El sistema _____ transforma los alimentos en una fórmula soluble para que puedan ser utilizados por las células del cuerpo.

    a) endocrino
    b) respiratorio
    c) excretor
    d) digestivo

15. La muñeca, o _____ , es una articulación flexible compuesta por ocho huesos pequeños e irregulares.

    a) metacarpo
    b) cúbito
    c) carpo
    d) dígito

16. El sistema vascular _____ está compuesto por el corazón y los vasos sanguíneos que permiten la circulación de la sangre.

    a) linfa
    b) circulatorio
    c) linfático
    d) sanguíneo

17. El proceso que consiste en descomponer sustancias más grandes o moléculas en otras más pequeñas se denomina _____ .

a) anabolismo

b) homeostasis

c) catabolismo

d) secreción

18. El estudio de las partes diminutas del cuerpo, como tejidos, cabello, uñas, glándulas sudoríparas y glándulas sebáceas se denomina _____ .

a) fisiología

b) histología

c) anatomía

d) osteología

19. Los _____ están formados por tres falanges en cada dedo y dos en cada pulgar, sumando un total de 14 huesos.

a) metacarpos

b) cúbitos

c) carpos

d) dedos

20. El estudio científico de los huesos, su estructura y sus funciones se denomina _____ .

a) fisiología

b) histología

c) anatomía

d) osteología

21. La caja ósea elástica que sirve como armazón protector del corazón, los pulmones y otros órganos internos se denomina _____ .

a) esternón

b) clavícula

c) escápula

d) tórax

22. La parte de la célula que contiene el alimento necesario para el crecimiento, la reproducción y la auto-reparación de la célula es el(la) _____ .

a) citoplasma

b) centrosoma

c) nucleolo

d) membrana celular

23. La función del sistema _____ es producir todos los movimientos del cuerpo.

a) circulatorio

b) óseo

c) muscular

d) nervioso

24. La base física del cuerpo es el sistema _____ .

a) circulatorio

b) óseo

c) muscular

d) nervioso

25. Los músculos voluntarios que son controlados por la voluntad se llaman _____ .

a) estriados

b) suaves

c) lisos

d) cardíacos

26. El hueso _____ forma la parte posterior inferior del cráneo.

a) parietal

b) temporal

c) frontal

d) occipital

27. La parte del músculo que se mueve es el(la) _____ .

a) origen

b) vientre

c) inserción

d) medio

28. El sistema _____ está formado por la piel y sus órganos secundarios.

a) endocrino

b) excretor

c) integumentario

d) reproductor

29. El músculo que rodea por completo el margen del ojo es el _____ .

a) corrugador

b) orbicular de los párpados

c) prócero

d) orbicular de los labios

30. Las vertebras _____ forman la parte superior de la columna vertebral, localizada en la región del cuello.

a) cervicales

b) del tórax

c) hioides

d) torácicas

31. El hueso _____ forma la frente.

a) parietal

b) temporal

c) frontal

d) occipital

32. El músculo que forma una banda plana alrededor de los labios superior e inferior es el _____ .

a) canino

b) mentón

c) orbicular de los labios

d) buccinador

33. El músculo ancho que se extiende desde el tórax y el hombro hasta el costado del mentón es el _____.

   a) pectoral
   b) serrato mayor
   c) platisma
   d) supinador

34. El _____ gira la mano hacia fuera y la palma hacia arriba.

   a) pectoral
   b) serrato mayor
   c) platisma
   d) supinador

35. El músculo que endereza la muñeca, la mano y los dedos para formar una línea recta es el _____.

   a) oponente
   b) aductor
   c) extensor
   d) abductor

36. Los músculos _____ juntan los dedos.

   a) oponentes
   b) aductores
   c) extensores
   d) abductores

37. El sistema _____ controla y coordina las funciones de todos los demás sistemas y los hace funcionar de manera armoniosa.

   a) circulatorio
   b) óseo
   c) muscular
   d) nervioso

38. El músculo _____ y el músculo temporal coordinan la apertura y el cierre de la boca, y se les denomina músculos de la masticación.

   a) triangular de los labios
   b) risorio
   c) cigomático
   d) masetero

39. Existen tres divisiones principales del sistema nervioso: el sistema nervioso central, el _____ y el autónomo.

   a) periférico
   b) simpático
   c) parasimpático
   d) cerebral

40. El _____ ayuda en el movimiento oscilatorio del brazo.

   a) pectoral mayor
   b) serrato mayor
   c) platisma
   d) supinador

41. El nervio _____ va por el brazo, del lado del pulgar y el dorso de la mano.

a) cubital
b) radial
c) mediano
d) digital

42. Las cámaras inferiores del corazón, que poseen paredes gruesas, son los(las) _____ derecho(a) e izquierdo(a).

a) atrios
b) ventrículos
c) aurículas
d) válvulas

43. Los vasos sanguíneos diminutos de paredes delgadas que unen las arterias más pequeñas a las venas son los(las) _____.

a) arterias
b) venas
c) capilares
d) sanguíneos

44. El sistema _____ se ubica dentro de la cavidad pectoral y está protegido a ambos lados por las costillas.

a) endocrino
b) respiratorio
c) excretor
d) digestivo

45. La circulación _____ transporta la sangre desde el corazón hacia todo el cuerpo y nuevamente hacia el corazón.

a) sistémica
b) plasmática
c) pulmonar
d) de plaquetas

46. La parte líquida de la sangre en la cual fluyen los glóbulos rojos, los glóbulos blancos y las plaquetas se denomina _____.

a) linfa
b) corpúsculos
c) leucocitos
d) plasma

47. Las estructuras de tipo glandular que ayudan a combatir las infecciones se conocen como _____.

a) ganglios linfáticos
b) corpúsculos
c) leucocitos
d) plasma

48. La arteria que recorre los costados y la coronilla de la cabeza es la _____.

a) parietal
b) transversa
c) temporal
d) frontal

49. El sistema que purifica el cuerpo eliminando los desechos
es el sistema _____.

a) endocrino b) respiratorio

c) excretor d) digestivo

50. El cinturón escapular que une el esternón a la escápula
se llama _____.

a) húmero b) cúbito

c) radio d) clavícula

Conocimientos básicos y logros académicos

A continuación escriba en el espacio provisto algunos comentarios sobre los conceptos del capítulo más difíciles de comprender o recordar. Imagine que usted es el maestro y piense en lo que le diría a sus estudiantes sobre estos conceptos. Comparta sus Conocimientos básicos con sus compañeros de clase y pregúnteles si les parecen útiles. Si es necesario revise sus apuntes de clase tomando las ideas de sus compañeros que le parezcan buenas.

Conocimientos básicos:

_____
_____
_____
_____
_____
_____
_____
_____
_____
_____
_____

Indique por lo menos tres cosas que haya aprendido en relación con los objetivos de su carrera profesional desde la última anotación.

Logros académicos:

_____
_____
_____
_____
_____

CAPÍTULO 7

Estructura, crecimiento y nutrición de la piel

Un momento de motivación: "Trabaja como si fueras a vivir eternamente y vive como si fueras a morir mañana".
—Og Mandino

Objetivos básicos

Al terminar este capítulo y las secciones de Un complemento indispensable, usted podrá:

1. Describir la estructura y composición de la piel.

2. Enumerar las funciones de la piel.

3. Enumere las clases de nutrientes esenciales para una buena salud.

4. Enumere los grupos de alimentos y las pautas alimentarias que recomienda en Departamento de agricultura de EE.UU. (DAEU).

5. Enumere y describa las vitaminas que pueden ayudar a la piel.

Histología básica de la piel

¿Por qué debo conocer la estructura y el proceso de crecimiento de la piel cuando lo que en realidad quiero es especializarme como diseñador de peinados?

A decir verdad, no necesita tener el nivel de conocimiento de un científico en esta materia. Sin embargo, un conocimiento profundo de las estructuras subyacentes de la piel, las uñas y el cabello lo beneficiará en su desempeño como cosmetólogo profesional. La piel es el mayor órgano del cuerpo y uno de los más importantes. Por ello, es uno de los temas más importantes que debe conocer, ya que muchos servicios de cosmetología tratan directamente con la piel, ya sea que brinde un servicio de cabello o cuero cabelludo, un facial o un servicio para el cuidado de la piel o las uñas. Todos esos servicios requieren que usted entre en contacto directo con la piel del cliente. Su conocimiento sobre el tema lo ayudará a lograr los mejores resultados posibles al realizar estos tratamientos, al mismo tiempo que le proporcionará el servicio más seguro posible a sus clientes. Recuerde, los clientes contentos regresan y a menudo traen a sus amigos consigo, lo que significa para usted un mayor éxito financiero.

Los cosmetólogos deben estudiar y comprender bien la estructura, el crecimiento y la nutrición de la piel porque:

■ Es fundamental conocer la estructura subyacente de la piel y sus necesidades básicas para brindar servicios de cuidado de la piel de excelente calidad.

■ Deberá reconocer las condiciones adversas, incluidas las afecciones inflamatorias, las enfermedades y los trastornos infecciosos de la piel, de manera que pueda derivar a estos clientes a un profesional de la atención médica para que reciba tratamiento, si es necesario.

■ El cuidado de la piel en el siglo XXI ha ingresado al campo de la alta tecnología, así es que debe aprender y comprender los últimos desarrollos en términos de ingredientes y los sistemas de entrega de vanguardia que ayudan a proteger, nutrir y preservar la salud y la belleza de la piel se sus clientes.

Conceptos básicos

¿Qué debo conocer sobre la estructura y el crecimiento de la piel para desempeñarme como cosmetólogo profesional?

El cuidado de la piel es una de las áreas con mayor crecimiento en la industria de la cosmetología. Al analizar a fondo las funciones, la estructura y los componentes de la piel entenderá mejor cómo funciona realmente este órgano. Aprenderá que con los cuidados adecuados, tanto su piel como la de sus clientes puede permanecer joven y radiante durante muchos años. Necesitará entender cómo se nutre la piel y cómo afectan sus funciones las diferentes glándulas.

Análisis de la epidermis

En la siguiente tabla, analice la estructura de la epidermis. La primera columna menciona cada capa, la segunda explica la calidad que otorga esta estructura a la piel y la tercera columna explica su objetivo.

Capa	Composición	Objetivo
Estrato córneo		
Estrato lúcido		
Estrato granuloso		
Estrato espinoso		
Estrato germinativo		

Reconstrucción de las capas de la piel

Con la ayuda de diferentes artículos domésticos o productos alimenticios, haga un modelo de una sección transversal de las siguientes capas de la piel:

- Capa basocelular (estrato germinativo)

- Estrato espinoso

- Estrato granuloso

- Estrato lúcido

- Estrato córneo

- Capa papilar

- Estrato reticular

- Tejidos subcutáneos

Pegue sus artículos en el espacio provisto o utilice una cartulina para crear un modelo más grande. (Consejo: Los artículos que puede utilizar incluyen: Rice Krispies, Fruit Loops, miel, una rebanada de pan o una tortilla de harina). Una vez que haya elaborado el modelo, compárelo con la Figura 7–2 de su libro de texto.

Ejercicio de relación de conceptos

Relacione las siguientes funciones básicas de la piel con la definición correspondiente.

_____ Protección

1. Sebo o aceite que lubrica la piel y la mantiene suave y flexible; aceite que mantiene suave el cabello; el estrés emocional puede aumentar el flujo de sebo

_____ Sensación

2. La transpiración de las glándulas sudoríparas se excreta a través de la piel; el agua que se elimina a través de la transpiración lleva consigo sal y otras sustancias químicas

_____ Regulación del calor

3. La piel protege al cuerpo de las lesiones y de la invasión de bacterias; la capa externa de la epidermis está recubierta por una capa de sebo delgada, que la hace impermeable; resistente a amplias variaciones de temperatura, pequeñas heridas, sustancias químicamente activas y varias formas de bacterias

_____ Excreción

4. A través de las terminaciones nerviosas, la piel responde al calor, al frío, al tacto, a la presión y al dolor; cuando las terminaciones nerviosas reciben un estímulo, envían un mensaje al cerebro que hace que usted responda de manera correspondiente

_____ Secreción

5. Un ingrediente o químico puede ingresar en el cuerpo a través de la piel y ejercer una leve influencia en él; los elementos grasos, como las cremas con lanolina, se absorben en gran parte a través de las aberturas de los folículos pilosos y las glándulas sebáceas

_____ Absorción

6. La piel protege al cuerpo del medio ambiente manteniéndolo a una temperatura corporal interna y constante de 98,6 grados Fahrenheit; a medida que ocurren cambios en la temperatura exterior, la sangre y las glándulas sudoríparas hacen los ajustes necesarios y el cuerpo se enfría mediante la evaporación del sudor

Crucigrama

Horizontal

Palabra		Pista
_____	**3.**	Capa de la piel también conocida como estrato espinoso
_____	**4.**	Rama médica de la ciencia que se dedica al estudio de la piel
_____	**6.**	Capa adiposa que se encuentra debajo de la dermis
_____	**9.**	La capa subyacente o interna de la piel
_____	**11.**	Capa de la piel también conocida como estrato granuloso
_____	**12.**	Proteína similar al colágeno que forma el tejido elástico
_____	**13.**	Capa transparente y clara de la piel

Vertical

Palabra		Pista
_____	**1.**	Capa de la piel también conocida como estrato germinativo
_____	**2.**	Médico dedicado a la ciencia del tratamiento de la piel, sus estructuras, funciones y enfermedades
_____	**5.**	Proteína fibrosa que otorga resistencia y forma a la piel
_____	**7.**	Capa externa de la piel
_____	**8.**	Capa de la cutícula de la dermis
_____	**10.**	La capa más profunda de la dermis

Repaso básico

Complete el siguiente repaso del Capítulo 7, Estructura, crecimiento y nutrición de la piel, encerrando en un círculo la respuesta correcta a cada pregunta.

1. La capa clara de la epidermis compuesta de células pequeñas y transparentes se llama _____.

a) estrato lúcido   b) estrato granuloso

c) estrato córneo   d) estrato germinativo

2. La capa basocelular que se compone de varias capas de células de diferente forma se llama _____.

a) estrato lúcido   b) estrato granuloso

c) estrato córneo   d) estrato germinativo

3. La capa externa de la piel se denomina _____.

a) dermis   b) subcutánea

c) epidermis   d) tejido adiposo

4. La dermis es aproximadamente _____ veces más gruesa que la epidermis.

a) 10   b) 25

c) 35   d) 40

5. La capa _____ de la dermis alberga los terminales nerviosos que le proporcionan al cuerpo el sentido del tacto.

a) papilar   b) reticular

c) de corión   d) del cutis

6. La capa _____ de la piel contiene numerosos vasos sanguíneos y linfáticos, nervios, glándulas sudoríparas y sebáceas, folículos capilares y músculos arrector pili.

a) subcutánea   b) de la dermis

c) adiposa   d) de la epidermis

7. La capa subyacente o interna de la piel es la _____.

a) dermis   b) subcutánea

c) epidermis   d) adiposa

8. Las glándulas sudoríparas secretan _____.

a) sudor   b) sangre

c) Olor   d) sebo

9. El _____ controla la excreción de sudor.

   a) sistema circulatorio
   b) sistema nervioso
   c) sistema excretor
   d) sistema respiratorio

10. La capa de tejido graso que se encuentra debajo de la dermis se denomina _____.

    a) dermis
    b) tejido subcutáneo
    c) epidermis
    d) piel verdadera

11. La piel responde al calor, al frío, al tacto, a la presión y al dolor mediante la estimulación de _____.

    a) la temperatura corporal interna
    b) las glándulas sudoríparas
    c) las terminaciones nerviosas sensoriales
    d) la absorción de fluidos corporales

12. No hay glándulas sudoríparas en _____.

    a) las palmas
    b) el rostro
    c) la frente
    d) el cuero cabelludo

13. Se ha demostrado que la vitamina _____ mejora la elasticidad y el espesor de la piel.

    a) A
    b) B
    c) C
    d) D

14. La vitamina _____ permite que el cuerpo absorba y utilice adecuadamente el calcio.

    a) A
    b) B
    c) C
    d) D

15. La ingestión de agua pura preserva la salud de las células, ayuda a eliminar toxinas y desechos, a regular la temperatura corporal y a tener un(a) _____ adecuado(a).

    a) ósmosis
    b) metabolismo
    c) digestión
    d) congestión

16. Los nervios secretores que se distribuyen hacia las glándulas sebáceas y sudoríparas de la piel son parte del _____.

    a) sistema circulatorio
    b) sistema nervioso autónomo
    c) sistema excretor
    d) sistema respiratorio

17. _____ suministra(n) nutrientes y oxígeno a la piel.

   a) La linfa   b) Los nervios
   c) La sangre   d) La transpiración

18. La vitamin _____ ayuda a proteger la piel combatiendo los efectos dañinos de la radiación solar.

   a) A   b) C
   c) D   d) E

19. La vitamina _____ es de vital importancia para combatir el proceso de envejecimiento y estimular la producción de colágeno.

   a) A   b) C
   c) D   d) E

20. Las pequeñas estructuras epidérmicas con terminales nerviosos sensibles al tacto y a la presión se denominan _____.

   a) corpúsculos táctiles   b) glándulas sudoríparas
   c) tejido subcutáneo   d) glándulas sebáceas

Conocimientos básicos y logros académicos

A continuación escriba en el espacio provisto algunos comentarios sobre los conceptos del capítulo más difíciles de comprender o recordar. Imagine que usted es el maestro y piense qué le diría a sus estudiantes sobre estos conceptos. Comparta sus Conocimientos básicos con sus compañeros de clase y pregúnteles si les parecen útiles. Si es necesario revise sus apuntes de clase tomando las ideas de sus compañeros que le parezcan buenas.

Conocimientos básicos:

_____

_____

_____

_____

_____

_____

_____

_____

_____

_____

_____

_____

Indique por lo menos tres cosas que haya aprendido en relación con los objetivos de su carrera profesional desde la última anotación.

Logros académicos:

_____

_____

_____

_____

_____

8 Enfermedades y trastornos de la piel

Un momento de motivación: "La gran lección de la vida es nunca temerle a nada ni nadie. El temor es el enemigo de la lógica".
—Frank Sinatra

Objetivos básicos

Al terminar este capítulo y las secciones de Un complemento indispensable, usted podrá:

1. Reconocer las lesiones comunes en la piel.

2. Describir los trastornos de las glándulas sebáceas.

3. Mencionar y describir los cambios en la pigmentación de la piel.

4. Identificar las formas de cáncer de piel.

5. Comprender las dos causas principales del acné y cómo tratarlo.

6. Enumere los factores que contribuyen al envejecimiento de la piel.

7. Explicar los efectos que tiene sobre la piel la sobreexposición al sol.

8. Comprender lo que significa dermatitis de contacto y la forma de evitarla.

Trastornos básicos de la piel

¿Por qué debo conocer acerca de las enfermedades y trastornos de la piel cuando lo que en realidad quiero es especializarme como diseñador de peinados?

Como profesional en el campo de la cosmetología, una de sus responsabilidades principales será ayudar a los clientes a adquirir y mantener una piel saludable y atractiva, aunque no diagnosticará trastornos o enfermedades de la piel. Sin embargo, conocer los síntomas clínicos básicos de diversos trastornos de la piel le permitirá brindar un mejor servicio a sus clientes. Si un padecimiento no es grave, como profesional tendrá la capacitación para proporcionar las recomendaciones adecuadas para su control. Es fundamental que sea capaz de reconocer aquellos trastornos que requieren de tratamiento médico o que podrían ser infecciosos y propagar una enfermedad. Esto quiere decir que, aunque no está estudiando para ser dermatólogo, adquirir un conocimiento completo sobre la piel y sus trastornos le ayudará a proteger tanto a su cliente como a usted mismo de cualquier riesgo.

Los cosmetólogos deben estudiar y comprender bien los trastornos y enfermedades de la piel por los siguientes motivos:

- Para ofrecer los servicios de cuidado de la piel incluso más básicos, debe conocer la estructura subyacente de la piel y sus problemas más comunes.

- Debe ser capaz de reconocer las condiciones adversas, incluidas las afecciones inflamatorias, las enfermedades y los trastornos infecciosos de la piel y conocer cuáles de estas condiciones tienen tratamiento cosmetológico y cuáles necesitan remitirse a un médico.

- Conocer y ser capaz de ofrecer tratamientos para el cuidado de la piel aporta otra dimensión de servicio para sus clientes.

Conceptos básicos

¿Qué debo conocer sobre la histología de la piel para desempeñarme como cosmetólogo profesional?

Deberá familiarizarse con los trastornos y enfermedades comunes de la piel y reconocer las afecciones que un cosmetólogo no puede tratar o atender. Deberá reconocer los diversos desórdenes que pueden existir en la piel, así como la forma de tratarlos. Este capítulo también contiene un número considerable de definiciones y términos nuevos que serán de gran importancia para usted en su profesión de cosmetólogo.

Lesiones primarias y secundarias

Escriba la definición de cada una de las lesiones primarias y secundarias enumeradas.

Mácula

_____

_____

_____

Pápula

_____

_____

Roncha

_____

_____

_____

Tubérculo

_____

_____

_____

Tumor

_____

Vesícula

_____

_____

_____

_____

Ampolla

_____

_____

Pústula

_____

_____

Quiste

_____

_____

_____

_____

Escama

_____

_____

Costra _____
_____
_____
_____

Excoriación _____
_____

Fisura _____
_____

Úlcera _____
_____
_____

Nódulo _____
_____
_____

Cicatriz _____
_____

Queloide _____
_____

Crucigrama A

Horizontal

Palabra	Pista
_____	**4.** Espinilla
_____	**5.** Sudoración excesiva
_____	**6.** Piel seca y escamada causada por la edad avanzada y la exposición al frío
_____	**7.** Trastorno inflamatorio de la piel
_____	**8.** Proteína que forma el tejido elástico

Vertical

Palabra	Pista
_____	**1.** Transpiración con olor desagradable
_____	**2.** Deficiencia en la transpiración
_____	**3.** Herida o abrasión en la piel producida al rascar o raspar

Crucigrama B

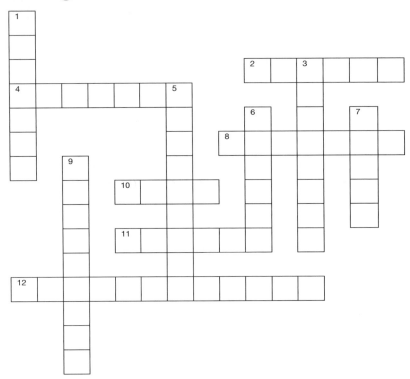

Horizontal

Palabra

_____

_____

_____

_____

_____

Pista

2. Enfermedad inflamatoria que causa dolor y escozor

4. Burbuja grande

8. Congestión crónica de las mejillas y la nariz

10. Se caracteriza por la inflamación crónica de las glándulas sebáceas

11. Agrietamiento de la piel

12. Estudio de la piel

Vertical

Palabra

_____

_____

_____

_____

_____

Pista

1. Aumento en la pigmentación de la piel en forma de manchas

3. Proteína que da forma y fortaleza a la piel

5. Ausencia del pigmento de melamina

6. Células muertas que se acumulan sobre una herida

7. Malformaciones de la piel causadas por una pigmentación anormal

9. Capa externa de la piel

Búsqueda de palabras

Identifique la palabra correcta siguiendo las pistas provistas y después encuentre las palabras en la sopa de letras.

Palabra	Pista
_____	Saco cerrado, desarrollado en forma anormal, que contiene materia fluida, semifluida o mórbida, ubicado encima o debajo de la piel.
_____	Crecimiento anormal de la piel.
_____	Trastorno de la piel caracterizado por la presencia de parches claros anormales.
_____	Punto o mancha pequeña en la piel, de color marrón.
_____	Grano inflamado lleno de pus.
_____	Trastorno de la piel causado por un aumento anormal de la secreción de las glándulas sebáceas.
_____	Decoloración anormal de la piel, de color marrón o parduzco, con forma irregular y circular.
_____	Quiste sebáceo o tumor adiposo.
_____	Bulto anormal sólido y redondeado, ubicado debajo, dentro o encima de la piel; más grande que una pápula.
_____	Masa celular anormal que se forma como resultado de la multiplicación celular excesiva; de tamaño, forma y color variables.
_____	Lesión abierta de la piel o de la membrana mucosa del cuerpo, que va acompañada de pus y pérdida de densidad de la piel.
_____	Término técnico para denominar los tumores plantares; hipertrofia de las papilas y de la epidermis.
_____	Manchas de la piel de color blanco lechoso (leucodermia); es una enfermedad adquirida.
_____	Lesión hinchada que provoca comezón y que dura sólo unas pocas horas; causada por un golpe, la picadura de un insecto, una urticaria o la espina de una ortiga.

A	E	R	R	O	B	E	S	D	G	V	A
L	A	I	F	O	R	T	R	E	P	I	H
E	V	Q	U	I	S	T	E	Ú	T	X	C
U	E	R	O	N	U	L	L	U	V	A	N
C	R	I	T	M	U	C	B	I	I	H	O
O	R	T	O	N	E	É	T	P	B	C	R
D	U	R	A	R	R	I	N	M	F	N	J
E	G	R	A	C	L	L	C	H	Y	A	R
R	A	I	U	I	E	A	U	A	W	M	R
M	E	L	G	S	U	O	R	H	E	T	L
I	O	O	E	S	T	E	A	T	O	M	A
A	A	A	L	U	T	S	Ú	P	K	Z	V

Experiencia básica

5

Trabaje con un compañero y cree una rima o use la nemotecnia para recordar los nombres y descripciones de las lesiones primarias y secundarias. Utilice un tono familiar e inserte la nueva terminología para ayudarse usted mismo y a otros a recordar términos clave e importantes.

Repaso básico

Complete el siguiente repaso del Capítulo 8, Trastornos y enfermedades de la piel, encerrando en un círculo la respuesta correcta a cada pregunta.

1. Un problema crónico que aparece principalmente en las mejillas y la nariz, y se caracteriza por enrojecimiento se denomina _____.

a) rosácea   b) asteatosis
c) seborrea   d) esteatoma

2. Una lesión hinchada, que pica y que dura sólo un par de horas es _____.

a) una roncha   b) un tubérculo
c) una ampolla   d) una mácula

3. Al examinar lunares en la piel en busca de indicios de cáncer, busque asimetrías, diferencias en tamaño y forma, así como cambios en diámetro y _____.

a) la sensación   b) el olor
c) el color   d) la simetría

4. Fumar, beber, consumir drogas y llevar una dieta deficiente afectan considerablemente el proceso de _____.

a) desarrollo   b) estimulación
c) filtro solar   d) envejecimiento

5. Un bulto anormal sólido y redondeado, ubicado encima, dentro o debajo de la piel y mayor que una pápula se conoce como _____.

a) ampolla   b) quiste
c) pústula   d) tubérculo

6. Una cicatriz gruesa que se forma como resultado del crecimiento excesivo del tejido fibroso es un(a) _____.

a) excoriación   b) fisura
c) úlcera   d) queloide

7. Otro nombre para una marca es _____.

a) costra   b) excoriación
c) úlcera   d) cicatriz

8. La enfermedad de la piel causada por la inflamación de las glándulas sebáceas se conoce como _____.

a) rosácea crónica   b) hiperqueratosis de retención
c) dermatitis seborreica   d) herpes simple

9. Una burbuja que contiene un fluido acuoso, similar a una vesícula pero más grande, se denomina _____.

   a) roncha   b) tubérculo

   c) ampolla   d) mácula

10. El(la) _____ es una enfermedad de la piel caracterizada por la presencia de parches rojos, cubiertos por escamas-blanco-plateadas.

   a) Eccema   b) Psoriasis

   c) Dermatitis   d) Herpes simple

11. El engrosamiento de la epidermis adquirido, superficial y con forma de parche, conocido comúnmente como callo y causado por presión o fricción en las manos y en los pies, se denomina _____.

   a) lunar   b) peca

   c) queratoma   d) verruga

12. Los quistes benignos llenos de queratina que pueden aparecer justo debajo de la epidermis se denominan _____.

   a) milia   b) espinillas

   c) granos   d) úlceras

13. El trastorno inflamatorio agudo de las glándulas sudoríparas, caracterizado por la erupción de pequeñas vesículas rojas y acompañado de intensa picazón y ardor en la piel se conoce como/a _____.

   a) comedón cerrado   b) miliaria rubra

   c) dermatitis de contacto   d) anhidrosis excesiva

14. El término utilizado para referirse a la inflamación de la piel es _____.

   a) eczema   b) psoriasis

   c) dermatitis   d) rosácea

15. El crecimiento anormal de la piel se conoce como _____.

   a) hipertrofia   b) hipertricosis

   c) queratoma   d) callo

16. La transpiración con olor desagradable se llama _____.

   a) anhidrosis   b) cloasma

   c) bromhidrosis   d) hipertricosis

17. La deficiencia en la transpiración se denomina _____.

   a) anhidrosis   b) cloasma

   c) bromhidrosis   d) hipertricosis

18. Una pequeña protuberancia de la piel de color carne o marrón se denomina _____.

   a) lunar   b) mácula

   c) mancha   d) papiloma cutáneo

19. La decoloración anormal de la piel de color marrón o parduzco con forma irregular y circular se denomina _____.

   a) lunar   b) mácula

   c) mancha   d) papiloma cutáneo

20. Una mancha o decoloración de la piel, como una peca, se denomina _____.

   a) lunar   b) mácula

   c) mancha   d) papiloma cutáneo

Conocimientos básicos y logros académicos

A continuación escriba en el espacio provisto algunos comentarios sobre los conceptos del capítulo más difíciles de comprender o recordar. Imagine que usted es el maestro y piense qué le diría a sus estudiantes sobre estos conceptos. Comparta sus Conocimientos básicos con sus compañeros de clase y pregúnteles si les parecen útiles. Si es necesario revise sus apuntes de clase tomando las ideas de sus compañeros que le parezcan buenas.

Conocimientos básicos:

_____

_____

_____

_____

_____

_____

_____

_____

_____

_____

_____

Indique por lo menos tres cosas que haya aprendido en relación con los objetivos de su carrera profesional desde la última anotación.

Logros académicos:

_____

_____

_____

Estructura y crecimiento de las uñas

Un momento de motivación: "Mi gran preocupación no es si ha fracasado, sino más bien, si está conforme con su fracaso".

—Abraham Lincoln

Objetivos básicos

Al terminar este capítulo y las secciones de Un complemento indispensable, usted podrá:

1. Describir la estructura y la composición de las uñas.

2. Explicar cómo crecen las uñas.

Estructura y crecimiento básicos de las uñas

Voy a ser un cosmetólogo, ¿por qué debo aprender acerca de la estructura de las uñas?

Muy buena pregunta. La estructura y el crecimiento de las uñas no constituyen, desde luego, la parte más glamorosa de su capacitación en cosmetología, pero pueden ser una de las más importantes. Las uñas y las manos transmiten más infecciones que cualquier otra parte del cuerpo. Para proporcionar un servicio profesional y responsable a sus clientes, debe aprender acerca de la estructura y funcionamiento de las uñas. Debe saber cuándo es seguro trabajar con un cliente y cuándo debe derivarse a un médico. Debe aprender sobre la estructura y el crecimiento de las uñas ya que, como cosmetólogo profesional, es extremadamente importante para su éxito y bienestar futuros.

Los cosmetólogos deben estudiar y comprender bien la estructura y el crecimiento de las uñas porque:

- Comprender la estructura y el crecimiento de las uñas naturales le permitirá cuidar, fortalecer y embellecer las uñas profesionalmente.

- Es importante conocer la diferencia entre la cutícula de la uña y el epoquinio antes de realizar servicios de cuidado de las uñas.

- Comprender la estructura y los ciclos de crecimiento de las uñas naturales lo preparará para brindar servicios de cuidado de las uñas más avanzados.

Conceptos básicos

¿Qué debo saber sobre la estructura y el crecimiento de las uñas para brindar servicios de manicura y pedicura de calidad?

Deberá reconocer que la condición de las uñas en realidad puede reflejar la salud general del cuerpo. Debe comprender la estructura de las uñas y también las estructuras que las rodean. Después de comprender como crecen las uñas, tendrá mejores herramientas para reconocer las malformaciones, trastornos e irregularidades que sus clientes pueden traer al salón. Cuando haya adquirido estos conocimientos, podrá proceder con confianza a brindar los servicios de uñas adecuados, con la seguridad de que ni usted ni su cliente corren riesgos.

Nombres de la sección transversal de la uña

Identifique las partes de la uña en los diagramas de vista frontal y sección transversal con los términos que aparecen a continuación. Algunos términos importantes se pueden utilizar más de una vez.

Lecho ungueal	Eponiquio
Borde libre	Hiponiquio
Matriz	Ligamento
Lúnula	Pliegue ungueal
Lámina ungueal	Surcos de la uña
Cutícula	Hueso

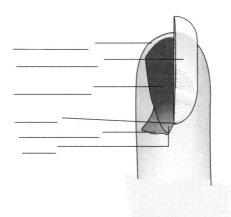

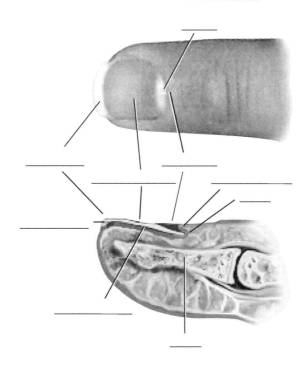

Ejercicio de relación de conceptos

Relacione los siguientes términos básicos con la frase o definición correspondiente.

_____ **Cutícula**	**1.**	Cortes o hendiduras en cada borde de la uña, sobre los cuales la uña se mueve a medida que crece
_____ **Eponiquio**	**2.**	El tejido muerto e incoloro que está unido a la lámina ungueal
_____ **Hiponiquio**	**3.**	La capa de piel levemente endurecida que yace debajo del borde libre de la lámina ungueal
_____ **Matriz**	**4.**	Piel normal que rodea la lámina ungueal
_____ **Surcos de la uña**	**5.**	La porción de piel viva sobre la que se apoya la lámina ungueal
_____ **Lecho ungueal**	**6.**	La piel viva que se encuentra en la base de la lámina ungueal y que cubre el área de la matriz
_____ **Contorno de las uñas**	**7.**	Lugar donde se forma la uña natural las uñas
_____ **Lúnula**	**8.**	La parte más visible y funcional de la uña
_____ **Ligamento**	**9.**	Parte de la lámina ungueal que se extiende sobre la punta de los dedos de la mano
_____ **Borde libre**	**10.**	Una banda dura de tejido fibroso que conecta huesos o sostiene un órgano en su lugar
_____ **Lámina ungueal**	**11.**	El color más suave muestra el verdadero color de la matriz

Búsqueda de palabras

Forme la palabra correcta siguiendo las pistas provistas y después encuentre las palabras en la sopa de letras.

Palabra	Pista
_____	Se compone principalmente de queratina
_____	Parte visible de la matriz que se extiende desde debajo de la piel viva
_____	Lugar donde se forma la uña natural
_____	Une el lecho ungueal y el lecho de la matriz al hueso subyacente
_____	Tejido muerto e incoloro que está unido a la lámina ungueal
_____	Ayuda a guiar la lámina ungueal a lo largo del lecho ungueal a medida que crece

O	E	T	A	I	I	M	G	L	U
I	T	E	P	I	A	T	I	Ñ	P
L	E	A	R	T	O	N	A	C	A
E	E	C	R	I	O	N	A	C	A
T	L	I	R	U	A	N	L	L	L
I	Z	A	R	T	O	S	A	U	Ú
P	A	L	U	C	Í	T	U	C	N
E	E	R	U	I	R	S	A	D	U
O	A	X	R	L	T	L	C	I	L
L	I	G	A	M	E	N	T	O	A

Repaso básico

Complete el siguiente repaso del Capítulo 9, Estructura y crecimiento de la piel. Encierre en un círculo la respuesta correcta a cada pregunta.

1. La uña es un anexo de la piel y es parte del _____.

a) sistema circulatorio   b) sistema óseo

c) sistema integumentario   d) sistema muscular

2. Una uña saludable puede verse dura y seca, pero en realidad tiene un contenido acuoso de entre _____.

a) 10 y 20%   b) 15 y 25%

c) 20 y 30%   d) 25 y 35%

3. La matriz está compuesta de células basales que forman el(la) _____ ungueal.

a) lúnula   b) lámina

c) ranura   d) manto

4. El lecho ungueal está provisto de numerosos nervios y adherido a la lámina ungueal por una fina capa de tejido llamada _____.

a) epitelio base   b) hiponiquio

c) surcos de la uña   d) eponiquio

5. La parte visible de la matriz que se extiende desde debajo de la piel viva se llama _____.

a) lúnula   b) hiponiquio

c) matriz   d) eponiquio

6. Los cortes o surcos que se encuentran a los costados de la uña, sobre los cuales la uña se mueve a medida que crece, se denominan _____.

a) contornos de la uña   b) ligamentos

c) lámina ungueal   d) surcos de la uña

7. En un adulto, el ritmo promedio de crecimiento de las uñas es de _____ pulgadas por mes.

a) 1/10   b) 1/16

c) 1/4   d) 3/8

8. El reemplazo de una uña natural se demora aproximadamente _____.

a) 2 a 4 meses   b) 3 a 5 meses

c) 4 a 6 meses   d) 5 a 7 meses

9. El reemplazo total de las uñas de los pies tarda de _____ meses a un año.

a) 4

b) 6

c) 7

d) 9

10. El borde lateral de la uña también se denomina _____.

a) pliegue blanco

b) pliegue lateral

c) pliegue ungueal lateral

d) pliegue superpuesto

Conocimientos básicos y logros académicos

A continuación escriba en el espacio provisto algunos comentarios sobre los conceptos del capítulo más difíciles de comprender o recordar. Imagine que usted es el maestro y piense en lo que le diría a sus estudiantes sobre estos conceptos. Comparta sus Conocimientos básicos con sus compañeros de clase y pregúnteles si les parecen útiles. Si es necesario revise sus apuntes de clase tomando las ideas de sus compañeros que le parezcan buenas.

Conocimientos básicos:

_____

_____

_____

_____

_____

_____

_____

_____

_____

_____

_____

Indique por lo menos tres cosas que haya aprendido en relación con los objetivos de su carrera profesional desde la última anotación.

Logros académicos:

_____

_____

_____

_____

10

Enfermedades y trastornos de las uñas

Un momento de motivación: "Así como lo veo, si quieres el arco iris, tienes que soportar la lluvia".
—Dolly Parton

Objetivos básicos

Al terminar este capítulo y las secciones de Un complemento indispensable, usted podrá:

1. Enumerar y describir los diferentes trastornos e irregularidades de las uñas.

2. Reconocer las enfermedades de las uñas que no deben tratarse en el salón.

Enfermedades y rastornos importantes de las uñas

Deseo ser estilista, no científico ni médico, ¿por qué debo aprender sobre las enfermedades y los trastornos de las uñas?

Las enfermedades y los trastornos de las uñas no constituyen, desde luego, la parte más glamorosa de su capacitación en cosmetología, pero pueden ser una de las más importantes. Las uñas y las manos transmiten más infecciones que cualquier otra parte del cuerpo. De hecho, usted tiene más probabilidades de contraer una enfermedad de las uñas contagiada por un cliente que una enfermedad de la piel o incluso, piojos. Por tanto, es esencial realizar un minucioso análisis de las manos y uñas del cliente para su seguridad y la de sus clientes. Piénselo. Si contrae una infección, no podrá trabajar durante mucho tiempo y eso le costará dinero, tanto en pérdida de ingresos como en gastos médicos. De modo que, aprender acerca de las enfermedades y los trastornos de las uñas es extremadamente importante para su éxito y bienestar futuros.

El cosmetólogo debe estudiar y comprender bien las enfermedades y los trastornos de las uñas porque:

■ Debe ser capaz de identificar cualquier condición en las uñas de un cliente que no se deba tratar en el salón y cuáles sí se pueden tratar en el salón.

■ Debe ser capaz de identificar las condiciones infecciosas que puedan existir, de modo que pueda tomar las medidas adecuadas para proteger a sus clientes y a usted mismo contra la transmisión de enfermedades.

■ Usted puede estar en una posición que le permita reconocer condiciones que pueden indicar otros problemas de salud, de leves a graves, que justifiquen la intervención de un médico.

Conceptos básicos

¿Qué debo saber sobre las enfermedades y trastornos de las uñas para brindar servicios de manicura y pedicura de calidad?

Deberá ser capaz de discernir entre un trastorno y una enfermedad infecciosa, la cual tiene que tratar un médico. Cuando haya adquirido estos conocimientos, podrá proceder con confianza a brindar los servicios de uñas adecuados, con la seguridad de que ni usted ni su cliente corren riesgos.

Condiciones de la uña cuadro por cuadro

Cuadro por cuadro consiste en transformar manualmente en imágenes los elementos, puntos o pasos clave de una lección plasmándolas en los cuadros o *paneles* de una matriz. Piense en imágenes y dibuje los conceptos básicos impresos en los siguientes cuadros. No se preocupe por el aspecto artístico. Use líneas y figuras lineales para ilustrar los conceptos anotados para los diversos trastornos de las uñas.

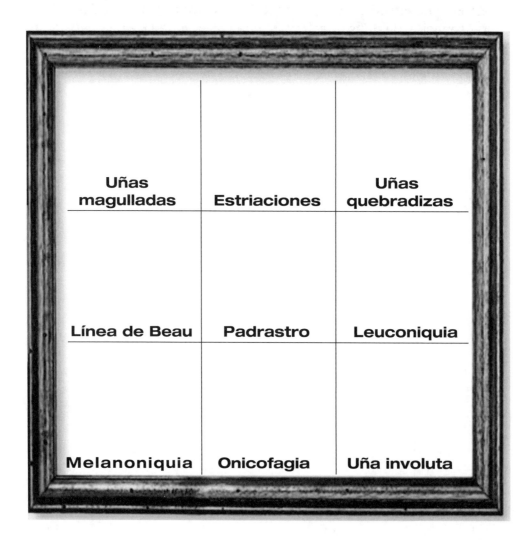

Uñas magulladas	Estriaciones	Uñas quebradizas
Línea de Beau	Padrastro	Leuconiquia
Melanoniquia	Onicofagia	Uña involuta

Enfermedades, trastornos e irregularidades de las uñas

Usando los términos que se encuentran a continuación, etiquete cada una de las fotografías o ilustraciones siguientes. Utilice su libro de texto estándar y otras referencias de la biblioteca de la escuela que le sean de utilidad.

Uña quebradiza, vista frontal

Uña quebradiza, vista del extremo

Líneas de Beau

Padrastro

Manchas de leuconiquia

Melanoniquia

Onicofagia

Onicorresis

Uña involuta

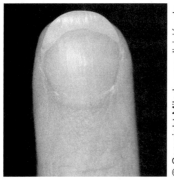

© Copyright Milady, una división de Cengage Learning.

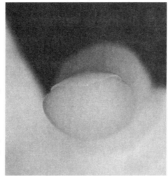

© Copyright Milady, una división de Cengage Learning.

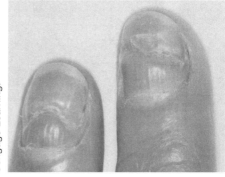

© Gentileza de Robert Baron, MD (Francia).

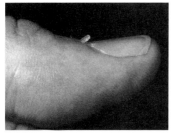

© Copyright Milady, una división de Cengage Learning.

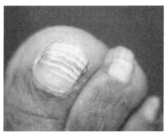

© Gentileza de Robert Baran, MD (Francia).

© Cortesía de Gidfrey F. Mix, DPM, Sacramento, CA.

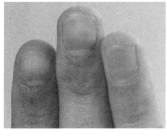

© Copyright Milady, una división de Cengage Learning.

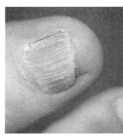

© Cortesía de Gidfrey F. Mix, DPM, Sacramento, CA.

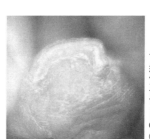

© Copyright Milady, una división de Cengage Learning.

Onicocriptosis   Psoriasis ungueal   Tinea pedis

Onicólisis   Paroniquia   Onicomicosis

Onicomadesis   Granuloma piogénico

© Cortesia de Gidfrey F. Mix, DPM, Sacramento, CA.

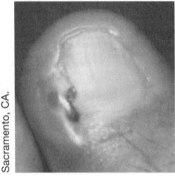

© Gentileza de Robert Baron, MD (Francia).

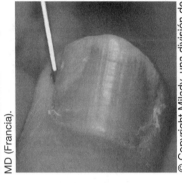

© Copyright Milady, una división de Cengage Learning. Fotografía de Michael Dzaman.

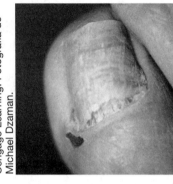

_____

© Gentileza de Robert Baron, MD (Francia).

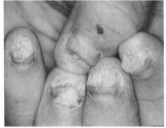

_____

© Copyright Milady, una división de Cengage Learning.

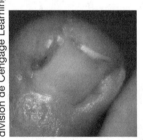

_____

© Copyright Milady, una división de Cengage Learning.

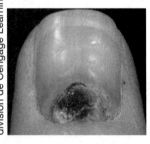

_____

© Reimpresa con autorización de la Academia Estadounidense de Dermatología. Todos los derechos reservados.

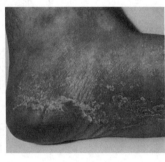

_____

© Gentileza de Robert Baron, MD (Francia).

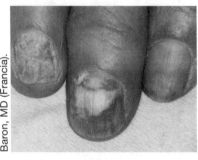

_____

Ejercicio de relación de conceptos

Relacione los siguientes términos básicos con el término común
o la frase correspondiente.

_____	**Uñas magulladas**	**1.** Uñas mordidas
_____	**Melanoniquia**	**2.** Piel viva que se parte alrededor de la uña
_____	**Leuconiquia**	**3.** La superficie de la lámina ungueal tiene una apariencia áspera y con manchas
_____	**Psoriasis ungueal**	**4.** Coágulo de sangre debajo de la lámina ungueal
_____	**Onicomicosis**	**5.** Manchas blancas
_____	**Pterigión**	**6.** Infección micótica
_____	**Onicofagia**	**7.** Oscurecimiento de las uñas de los dedos de las manos o de los pies
_____	**Onicorresis**	**8.** Uñas que tienen una lámina ungueal notablemente fina y blanca y son más flexibles de lo normal
_____	**Uñas quebradizas**	**9.** Toda deformidad o enfermedad de las uñas
_____	**Padrastro**	**10.** Inflamación de los tejidos circundantes
_____	**Onicosis**	**11.** Infecciones fúngicas de los pies
_____	**Tinea pedis**	**12.** Uñas encarnadas
_____	**Paroniquia**	**13.** Inflamación grave de la uña en la cual crece un bulto de tejido rojo desde el lecho ungueal hasta la lámina ungueal
_____	**Piogénico granuloma**	**14.** Piel estirada por la lámina ungueal
_____	**Oniquia**	**15.** Uñas rotas o quebradizas
_____	**Onicocriptosis**	**16.** Inflamación de la matriz con formación de pus y pérdida de la uña
_____	**Astilla hemorragia**	**17.** Asociada con un tipo de impacto o traumatismo físico

Búsqueda de palabras A

Forme la palabra correcta siguiendo las pistas provistas y después encuentre las palabras en la sopa de letras.

Palabra	Pista
_____	Infección fúngica de los pies
_____	Manchas moradas oscuras debido a lesiones
_____	Uña plegada
_____	Se extienden en forma vertical a lo largo de la uña natural
_____	Lámina ungueal fina, blanca y más flexible de lo normal
_____	Pueden causar infecciones en los pies y las manos
_____	Manchas blancas en las uñas
_____	Uñas rotas o quebradizas
_____	Oscurecimiento de las uñas de los dedos de las manos y de los pies
_____	Depresiones visibles que se extienden a lo ancho de la lámina ungueal
_____	Uñas mordidas

```
S  A  Z  I  D  A  R  B  E  U  Q  S  A  Ñ  U
E  S  I  C  U  A  G  U  R  R  L  H  Q  V  R
L  E  A  L  D  D  G  W  Z  N  L  D  Y  R  A
Í  N  I  C  P  A  B  I  J  I  S  G  A  I  R
N  O  O  L  M  L  I  K  Q  I  C  H  I  X  A
E  I  S  S  H  L  F  E  D  O  O  A  R  Z  I
A  C  T  U  U  U  Y  E  A  N  U  U  N  I  G
S  A  S  E  N  G  P  N  G  T  D  I  O  J  A
D  R  M  E  L  A  N  O  N  I  Q  U  I  A  F
E  T  N  N  E  M  S  V  I  O  P  B  U  G  O
B  S  E  N  T  A  M  B  E  N  M  G  W  Q  C
E  E  I  B  I  Ñ  L  X  A  S  A  F  K  E  I
A  T  S  A  I  U  Q  I  N  O  C  U  E  L  N
U  R  S  I  S  E  R  R  O  C  I  N  O  N  O
A  U  U  Ñ  A  I  N  V  O  L  U  T  A  E  I
```

Búsqueda de palabras B

Forme la palabra correcta siguiendo las pistas provistas y después encuentre las palabras en la sopa de letras.

Palabra	Pista
_____	Separación o desprendimiento de la lámina ungueal
_____	Deformidad o enfermedad de las uñas
_____	Levantamiento de la lámina ungueal
_____	Inflamación grave de la uña
_____	Inflamación de la matriz ungueal
_____	Uñas encarnadas
_____	Inflamación bacteriana de los tejidos que rodean la uña
_____	Manchas pequeñas o aspereza intensa
_____	Infección fúngica de la lámina ungueal

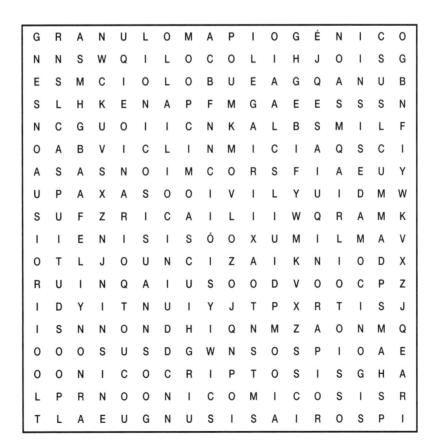

```
G  R  A  N  U  L  O  M  A  P  I  O  G  É  N  I  C  O
N  N  S  W  Q  I  L  O  C  O  L  I  H  J  O  I  S  G
E  S  M  C  I  O  L  B  U  E  A  G  Q  A  N  U  B
S  L  H  K  E  N  A  P  F  M  G  A  E  E  S  S  S  N
N  C  G  U  O  I  I  C  N  K  A  L  B  S  M  I  L  F
O  A  B  V  I  C  L  I  N  M  I  C  I  A  Q  S  C  I
A  S  A  S  N  O  I  M  C  O  R  S  F  I  A  E  U  Y
U  P  A  X  A  S  O  O  I  V  I  L  Y  U  I  D  M  W
S  U  F  Z  R  I  C  A  I  L  I  I  W  Q  R  A  M  K
I  I  E  N  I  S  I  S  Ó  O  X  U  M  I  L  M  A  V
O  T  L  J  O  U  N  C  I  Z  A  I  K  N  I  O  D  X
R  U  I  N  Q  A  I  U  S  O  O  D  V  O  O  C  P  Z
I  D  Y  I  T  N  U  I  Y  J  T  P  X  R  T  I  S  J
I  S  N  N  O  N  D  H  I  Q  N  M  Z  A  O  N  M  Q
O  O  O  S  U  S  D  G  W  N  S  O  S  P  I  O  A  E
O  O  N  I  C  O  C  R  I  P  T  O  S  I  S  G  H  A
L  P  R  N  O  O  N  I  C  O  M  I  C  O  S  I  S  R
T  L  A  E  U  G  N  U  S  I  S  A  I  R  O  S  P  I
```

Técnicas nemotécnicas de los términos técnicos

Las técnicas nemotécnicas son métodos auxiliares para mejorar la memoria. Pueden consistir en asociaciones de palabras o frases, canciones, o cualquier otro método que active en su memoria los términos o la información clave contenida en una lección. Por ejemplo, si está tratando de recordar los tres tipos principales de corte de cabello, **r**ecto, **g**raduado y en **c**apas, podría formar una oración utilizando la primera letra de cada tipo de corte. En este caso, la nemotécnica podría ser **R**icardo **G**anó la **C**arrera. Utilizando esta herramienta de aprendizaje, intente elaborar una oración nemotécnica para cada uno de los siguientes términos técnicos en el estudio de las uñas. Por ejemplo: oni**co**fagia significa comerse las uñas. Dentro del término técnico, tenemos que en griego *oni* significa uña y en latín "fagia" significa acción de comer. Así que tenemos la idea de *acción de comer las uñas* y de esta manera podemos recordar el significado de onicofagia. Intente este método con los otros términos y no se limite sólo a las palabras; puede hacer dibujos o imaginar circunstancias que le ayudarán a recordar los términos técnicos.

1. Líneas de Beau

_____

_____

2. Manchas de leuconiquia

_____

_____

3. Melanoniquia

_____

_____

4. Onicofagia

_____

_____

5. Onicorresis

_____

_____

6. Uña involuta

_____

_____

7. Pterigión

_____

_____

8. Onicosis

_____

_____

9. Oniquia

_____

_____

10. Onicocriptosis

_____

_____

11. Onicólisis

_____

_____

12. Onicomadesis

_____

_____

13. Psoriasis

_____

_____

14. Paroniquia

_____

_____

15. Onicomicosis

_____

_____

Repaso básico

Complete el siguiente repaso del Capítulo 10, Enfermedades y trastornos de las uñas. Encierre en un círculo la respuesta correcta a cada pregunta.

1. Una uña sana tiene un color ligeramente _____.

   a) amarillo
   c) azul

   b) rosa
   d) violeta

2. Los(as) _____ son ocasionados(as) por el crecimiento disparejo de las uñas.

   a) surcos
   c) estriaciones

   b) depresiones
   d) pterigiones

3. Las _____ en las uñas se conocen como leuconiquia.

   a) manchas blancas
   c) franjas blancas

   b) manchas azules
   d) estriaciones verticales

4. Morderse las uñas es consecuencia de un hábito nervioso adquirido y se conoce como _____.

   a) onicauxis
   c) onicofagia

   b) onicoatrofia
   d) pterigión

5. El(la) _____ es una afección que se presenta cuando la piel se extiende sobre la lámina ungueal.

   a) onicauxis
   c) onicofagia

   b) onicotrofia
   d) pterigión

6. Los padrastros se tratan _____.

   a) con manicuras con aceite caliente
   c) evitando el uso del esmalte

   b) con limado en línea recta
   d) usando con firmeza el repujador de metal

7. Los parásitos que en ciertas circunstancias pueden causar infecciones en las manos y los pies se llaman _____.

   a) flagelos
   c) moho

   b) hongos
   d) callos

8. El oscurecimiento de las uñas de los dedos de las manos o de los pies se conoce técnicamente como _____.

   a) melanoniquia
   c) onicoatrofia

   b) leuconiquia
   d) onicauxis

9. Onicocriptosis es el nombre técnico para las _____.

a) uñas astilladas   b) uñas mordidas

c) uñas magulladas   d) uñas encarnadas

10. Una infección fúngica de la lámina ungueal se conoce como _____.

a) onicauxis   b) onicoatrofia

c) onicofagia   d) onicomicosis

11. La dolencia infecciosa e inflamatoria de los tejidos que rodean la uña se denomina _____.

a) oniquia   b) onicomicosis

c) paroniquia   d) onicocriptosis

12. El término técnico para el aflojamiento de la uña sin desprendimiento es _____.

a) onicólisis   b) onicogrifosis

c) onicomicosis   d) onicofosis

13. El crecimiento del epitelio córneo en el lecho ungueal se conoce como _____.

a) onicólisis   b) onicogrifosis

c) onicofima   d) onicofosis

14. La dolencia en la cual se forma un coágulo debajo de la lámina ungueal se conoce como _____.

a) padrastro   b) uña magullada

c) uña quebradiza   d) uña involuta

15. La dolencia que afecta la superficie de la lámina ungueal y ocasiona que su apariencia se torne áspera y con manchas se denomina _____.

a) pterigión ungueal   b) uña involuta

c) psoriasis ungueal   d) uñas pinzadas

Conocimientos básicos y logros académicos

A continuación escriba en el espacio provisto algunos comentarios sobre los conceptos del capítulo más difíciles de comprender o recordar. Imagine que usted es el maestro y piense en lo que le diría a sus estudiantes sobre estos conceptos. Comparta sus Conocimientos básicos con sus compañeros de clase y pregúnteles si les parecen útiles. Si es necesario revise sus apuntes de clase tomando las ideas de sus compañeros que le parezcan buenas.

Conocimientos básicos:

_____

_____

_____

_____

_____

_____

_____

_____

_____

_____

_____

Indique por lo menos tres cosas que haya aprendido en relación con los objetivos de su carrera profesional desde la última anotación.

Logros académicos:

_____

_____

_____

_____

_____

CAPÍTULO 11

Propiedades del cabello y del cuero cabelludo

Un momento de motivación: "Tenga en cuenta que la verdadera manera de medir a una persona es ver cómo trata a otra persona que no puede hacerle absolutamente ningún bien".

—Ann Landers

Objetivos básicos

Al terminar este capítulo y las secciones de Un complemento indispensable, usted podrá:

1. Nombrar y describir las estructuras de la raíz del cabello.

2. Enumerar y describir las tres capas principales del tallo del cabello.

3. Describir los tres tipos de enlaces laterales de la corteza.

4. Describir los ciclos de crecimiento del cabello.

5. Analizar los tipos de pérdida del cabello y sus causas.

6. Describir las opciones de tratamiento contra la pérdida del cabello.

7. Identificar los trastornos del cabello y del cuero cabelludo más frecuentes en el salón y en la escuela y saber cuáles de ellos pueden tratar los cosmetólogos.

8. Enumerar y describir los factores que deben considerarse en el análisis del cabello.

Propiedades básicas del cabello y del cuero cabelludo

¿De qué manera conocer sobre la teoría subyacente de las propiedades del cabello y del cuero cabelludo me ayudará a tener más éxito como cosmetólogo?

Hombres y mujeres de todas las edades desean tener un cabello saludable y atractivo. Como cosmetólogo profesional certificado, usted será el encargado de aconsejar a sus clientes con respecto al mejor tratamiento y cuidado de su cabello tanto dentro como fuera del establecimiento profesional. Para brindar la mejor asesoría posible a sus clientes, usted debe contar con un conocimiento profundo del cabello y de la manera en que puede dañarse. El cabello se compone de diferentes capas que son responsables de cualidades específicas que este presenta. Es por ello que es fundamental que usted pueda analizar el cabello del cliente, determinar qué tipo de daños ha sufrido y prescribir tratamientos correctivos adecuadamente. Ninguna de estas tareas es posible si no se tiene conocimiento de las diversas propiedades del cabello y del cuero cabelludo.

El cosmetólogo debe estudiar y comprender bien las propiedades del cabello y del cuero cabelludo porque:

■ Todos los servicios profesionales para el cuidado del cabello deben basarse en una comprensión profunda de su crecimiento, estructura y composición.

■ Debe saber cómo y por qué el cabello crece y se cae a fin de diferenciar entre la pérdida de cabello normal y anormal.

■ Saber qué crea un color y una textura naturales es esencial para poder ofrecer distintos servicios químicos a los clientes.

■ Detectar una condición poco saludable del cuero cabelludo que podría esconder una enfermedad contagiosa o incluso causar la pérdida de cabello permanente es una manera de ayudar a su cliente a preocuparse por su cuero cabelludo y por el bienestar de su cabello.

■ Mientras más aprenda acerca de la estructura del cabello y cómo mantenerlo saludable, más entenderá la forma en que los servicios del salón afectan a los distintos tipos de cabello, lo que resulta clave para obtener resultados uniformes con sus servicios y clientes felices que lo recomienden con sus amistades.

Conceptos básicos

¿Cuáles son los conceptos clave que debe comprender el cosmetólogo profesional para analizar el cabello del cliente adecuadamente y recomendar los tratamientos correctivos apropiados?

Tricología es el término técnico para referirse al estudio del cabello. A medida que avance en sus estudios de tricología, obtendrá más conocimientos sobre cómo se distribuye el cabello en el cuerpo y el cuero cabelludo. Aprenderá que el cabello se compone principalmente de la proteína llamada queratina y que tiene dos partes principales: la raíz y el tallo. También conocerá la estructura del cabello y aprenderá cómo crece. Y lo que es más importante, aprenderá a usar los sentidos de la vista, el tacto, el oído y el olfato para analizar la condición del cabello de un cliente. Los elementos clave del análisis del cabello incluyen diversas cualidades del cabello, como la textura, la porosidad y la elasticidad. También determinará que la manipulación eficaz y regular del cuero cabelludo estimulará los músculos y nervios del cuero cabelludo y aumentará la circulación sanguínea en esa área.

Otro conocimiento importante que se debe tener en cuenta es el de la pérdida de cabello y cómo afecta a más de 63 millones de personas en Estados Unidos. Esta particular condición puede ir desde el tipo de pérdida de cabello más común, la alopecia androgénica, que es el resultado de la reducción o miniaturización progresiva de ciertos folículos del cuero cabelludo, a la alopecia posparto, que es una pérdida de cabello temporal después del embarazo. El cosmetólogo profesional también debe ser capaz de identificar diversas enfermedades y desórdenes del cabello y del cuero cabelludo puesto que no se les permite tratar ciertas condiciones que deben derivarse a un profesional de la atención médica para recibir tratamiento.

La función del cabello

Explique con sus propias palabras la función de los dos tipos principales de cabello que se encuentran en el cuerpo: vello suave y vello terminal.

Vello suave: _____

_____

_____

_____

_____

_____

_____

_____

Vello terminal: _____

_____

_____

_____

_____

_____

_____

Estructura de los folículos pilosos

Use la siguiente clave para etiquetar la sección transversal del cabello.

músculo arrector pili   epidermis   tallo del cabello

bulbo   folículo piloso   glándulas sebáceas
o excretoras de aceite

papila dérmica   raíz del cabello

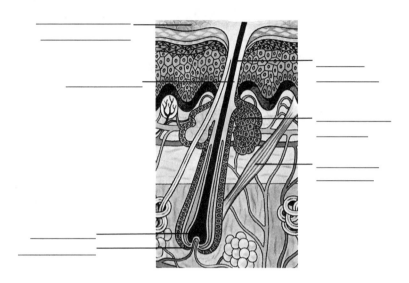

Estructura del cabello

Use lápices de colores o crayones para dibujar una sección transversal del cabello y los folículos, e ilustre y etiquete cada una de las categorías.

- Corteza
- Cutícula
- Médula

Crecimiento y reemplazo del cabello

El crecimiento del cabello se produce en ciclos. Cada ciclo completo tiene tres fases que se repiten una y otra vez durante toda la vida. Las tres fases son anágena, catágena y telógena. Explique cada fase con sus propias palabras.

Anágena: _____

_____

_____

_____

_____

_____

Catágena: _____

_____

_____

_____

_____

_____

_____

Telógena: _____

_____

_____

_____

_____

Dirección de crecimiento del cabello

Busque a dos personas con patrones de crecimiento del cabello
distintivos y diferentes. Use los siguientes esquemas de cabezas para
diagramar los patrones de crecimiento.

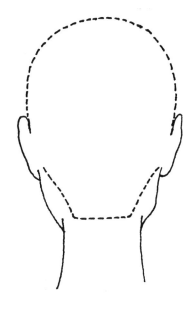 

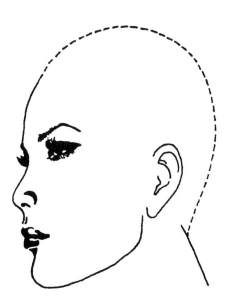 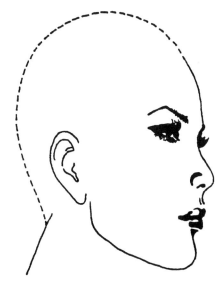

Búsqueda de palabras

Forme la palabra correcta siguiendo las pistas provistas y después encuentre las palabras en la sopa de letras.

Palabra	Pista
_____	Pérdida anormal del cabello
_____	Fase de crecimiento del ciclo del cabello que produce nuevo cabello
_____	El área o la parte más baja de la hebra de cabello
_____	Término técnico para el cabello canoso
_____	Inflamación del tejido subcutáneo causada por *estafilococos*
_____	Fase de transición de crecimiento del cabello
_____	Capa externa del cabello
_____	La cantidad de pelos por pulgada cuadrada (2,5 cm cuadrados) en el cuero cabelludo
_____	Enlace químico que une los átomos de azufre de dos aminoácidos de cisteína para formar cistina
_____	Capacidad del cabello para estirarse y volver a su longitud original
_____	Depresión o cavidad en la piel o el cuero cabelludo en forma de tubo que contiene la raíz del cabello
_____	En combinación con crinium es el término técnico para el cabello frágil
_____	Capa más interna del cabello
_____	Término técnico para el cabello moniliforme
_____	Caspa
_____	Capacidad del cabello para absorber la humedad
_____	Parte de la estructura del cabello que se localiza debajo la superficie de la piel
_____	Enfermedad de la piel causada por los ácaros
_____	Costra seca, amarilla sulfúrica, con forma de copa en el cuero cabelludo en la tiña favosa o favo
_____	Parte del cabello que se proyecta fuera de la piel

_____ Grado de grosor o finura del cabello

_____ Tinea

_____ Cabello que forma un patrón circular, como en la coronilla

D	A	D	I	S	N	E	D	A	T	U	I	S	A	N	A	C
E	A	R	E	L	A	S	T	I	C	I	D	A	D	F	U	A
S	A	R	S	X	B	F	O	L	Í	C	U	L	O	R	T	N
E	R	L	E	R	E	M	O	L	I	N	O	D	S	A	I	Á
E	C	A	T	Á	G	E	N	A	N	L	A	N	E	G	D	G
E	B	U	L	B	O	A	A	T	S	D	R	C	S	I	S	E
E	S	I	S	A	I	R	I	T	I	P	L	A	C	L	U	N
E	A	I	I	R	U	O	T	S	N	E	S	R	Ú	I	D	A
E	R	E	A	T	O	A	O	F	I	N	E	B	T	T	P	H
A	R	Í	X	A	L	R	C	E	S	N	I	U	U	A	P	A
E	Z	E	O	L	O	E	T	A	A	A	O	N	L	S	M	L
A	T	I	O	P	M	É	D	U	L	A	C	A	C	M	O
A	R	R	A	L	U	C	í	T	U	C	S	O	L	C	A	P
O	R	U	F	L	U	S	I	B	E	D	E	C	A	L	N	E
S	R	I	M	O	N	I	L	É	T	R	I	X	L	C	R	C
A	N	A	Ñ	I	T	T	L	S	A	S	H	L	C	U	A	I
E	U	I	O	O	E	N	T	I	U	R	S	L	U	N	S	A

7 Experiencia básica

Crucigrama

Horizontal

Palabra	Pista
_____	**2.** Capa media del cabello
_____	**4.** Enlace químico que une los aminoácidos
_____	**6.** Término técnico para las puntas partidas
_____	**9.** Pigmento de la corteza que da el color natural al cabello
_____	**10.** Cabello que fluye en la misma dirección
_____	**11.** Término técnico para el cabello moniliforme
_____	**13.** Pequeña zona en forma de cono que se ubica en la base del folículo piloso
_____	**14.** Crecimiento anormal del cabello
_____	**15.** Fase de descanso del ciclo capilar
_____	**16.** Ácidos que están unidos de un extremo a otro

Vertical

Palabra	Pista
_____	**1.** Vello largo que se encuentra en el cuero cabelludo, las piernas, los brazos y el cuerpo
_____	**3.** Sustancia grasosa que lubrica el cabello y la piel
_____	**5.** Músculo involuntario en la base del folículo del cabello
_____	**7.** Penacho de cabello que se levanta verticalmente
_____	**8.** Vello corto, delgado y sedoso
_____	**12.** Enlace lateral físico frágil, que se rompe fácilmente

Agrupamiento de las propiedades del cabello y del cuero cabelludo por categoría

Ponga los siguientes términos o procedimientos en la categoría correspondiente abajo.

alopecia androgénica	fino	porosidad
alopecia areata	flujo de cabello	queratina
alopecia posparto	folículo	raíz del cabello
anágena	fragilitas crinium	remolino
arrector pili	hipertricosis	sarna
bulbo	mechón parado	telógena
canas	médula	textura
caspa	minoxidil	tiña favosa
catágena	monilétrix	tinea
corteza	papila dérmica	tinea capitis simple
cutícula	pediculosis capitis	tricoptilosis
densidad	pitiriasis	tricorrexia nudosa
elasticidad	pitiriasis esteatoide	vello suave
finasterida	pitiriasis simple de la cabeza	

Distribución, composición y estructura del cabello

_____

_____

Crecimiento del cabello

_____

_____

Análisis del cabello

_____

Pérdida de cabello

_____

_____

Trastornos del cabello

_____

_____

Trastornos del cuero cabelludo

_____

_____

Llene los espacios en blanco con las siguientes palabras para repasar el Capítulo 11, Propiedades del cabello y del cuero cabelludo. Puede usar las palabras y los términos más de una vez.

80%	escútula	porosidad
90%	estafilococos	quebradizo
ácida	esteatoide	queratinización
alcalina	eumelanina	raíz del cabello
alopecia androgénica	flujo de cabello	redondeadas
aminoácidos	folículo	sarna
arrector pili	grano	sebáceas
bisulfuro	hidrógeno	sebo
bulbo piloso	hinchazón	simple
canas	hipertricosis	sin pigmentación
carbunco	media	sustancias químicas
caspa	miniaturizado	tallo del cabello
células	monilétrix	tópico
corteza	nodular	tres
cutícula	ovaladas	tricología
dieta saludable	papila dérmica	tricoptilosis
elasticidad	pediculosis	vello suave
	polipeptídica	vello terminal

1. Técnicamente, el estudio del cabello se denomina_____.

2. El término técnico que designa al vello facial es _____.

3. Un requisito básico para tener cabello saludable es un(a) _____.

4. El cabello humano totalmente crecido se divide en dos partes principales conocidas como la raíz del cabello y el(la) _____.

5. Los dos tipos más comunes de infección por _____ son los forúnculos y los carbuncos.

6. El término técnico que designa al cabello que se encuentra en la cabeza es vello _____.

7. La depresión o cavidad de la piel o del cuero cabelludo en forma de tubo que contiene la raíz del cabello se llama _____.

8. La estructura endurecida en forma de palo de golf que forma la parte inferior de la raíz del cabello se conoce como _____.

9. El músculo diminuto e involuntario que se inserta en la base del folículo piloso se llama _____.

10. El miedo o el frío hacen que el(la) _____ se contraiga, lo cual provoca que el pelo se levante dando la apariencia de la "piel de gallina".

11. Las glándulas excretoras de aceite compuestas por una estructura en forma de saco en la dermis se denominan glándulas _____.

12. La sustancia aceitosa que secretan las glándulas sebáceas y que mantienen la superficie de la piel suave y flexible se llama _____.

13. El cabello se compone de células dispuestas en _____ capas.

14. La capa más externa del cabello se llama _____.

15. La capa de la cutícula del cabello se puede levantar a causa de un(a) _____.

16. El(la) _____ es la capa media del cabello, que le otorga elasticidad.

17. El(la) _____ es la parte del cabello que se proyecta fuera de la piel.

18. El(la) _____ es la parte del cabello que se encuentra debajo de la superficie del cuero cabelludo.

19. La pequeña zona en forma de cono que se ubica en la base del folículo se conoce como _____.

20. El crecimiento promedio del cabello saludable en el cuero cabelludo es de alrededor de _____ pulgada por mes.

21. El cabello que fluye en la misma dirección se conoce como _____.

22. Las secciones transversales del cabello liso tienden a ser _____.

23. El cabello se compone de proteínas que crecen desde las células que se originan en el folículo piloso. Maduran en un proceso denominado _____.

24. Las secciones transversales del cabello rizado tienden a ser _____.

25. Las cualidades según las cuales se analiza el cabello humano son textura, densidad, _____ y _____.

26. La habilidad del cabello de estirarse y volver a su forma original es el(la) _____.

27. La capacidad del cabello de absorber humedad se conoce como _____.

28. El cabello se compone de proteínas que crecen desde los(las) _____ que se originan en el folículo piloso.

29. El cabello está compuesto aproximadamente por un _____ de proteína.

30. El término técnico para el tipo más común de pérdida de cabello es _____.

31. La proteína del cabello se compone de largas cadenas de _____, que a su vez se componen de elementos.

32. Una larga cadena de aminoácidos unidos mediante enlaces peptídicos se denomina cadena _____.

33. Un enlace de _____ es un enlace físico que se rompe fácilmente con el agua o el calor.

34. El Minoxidil es un medicamento _____ que se aplica en el cuero cabelludo para estimular el crecimiento del cabello.

35. El término técnico para referirse al cabello gris o sin pigmentación es _____.

36. Los enlaces salinos se rompen fácilmente con una solución _____ o _____ fuerte.

37. El desarrollo anormal de vello en áreas del cuerpo que normalmente sólo tienen pelusa se conoce como _____ o hirsutismo.

38. El término técnico para las puntas partidas es _____.

39. Tricorrexia nudosa o cabello anudado, es la condición de sequedad y fragilidad que incluye la formación de inflamaciones _____ a lo largo del tallo del cabello.

40. El término técnico para referirse al cabello arrosariado es _____, condición que se puede mejorar con tratamientos para el cabello y para el cuero cabelludo.

41. Fragilitas crinium es el término técnico para designar el cabello _____ que se puede partir en cualquier punto a lo largo del tallo.

42. Un enlace de _____ une los átomos de azufre de dos aminoácidos.

43. Pitiriasis es el término médico para referirse a el(la) _____.

44. Los dos tipos de melanina son _____ y feomelanina.

45. Los dos tipos principales de caspa incluyen la pitiriasis capitis _____ (de tipo seco) y la pitiriasis _____ (de tipo grasoso o ceroso).

46. La tiña favosa se caracteriza por costras secas de color amarillo sulfúrico con forma de copa en el cuero cabelludo llamadas _____.

47. El(la) _____ es una enfermedad parasitaria animal altamente contagiosa de la piel causada por ácaros.

48. La enfermedad contagiosa causada por los piojos de la cabeza se conoce como _____ capitis.

49. Un forúnculo o _____, es una infección bacterial aguda y localizada de un folículo piloso.

50. Un(a) _____ es el resultado de una infección aguda por estafilococos y tiene un tamaño mayor al de un forúnculo.

Conocimientos básicos y logros académicos

A continuación escriba en el espacio provisto algunos comentarios sobre los conceptos del capítulo más difíciles de comprender o recordar. Imagine que usted es el maestro y piense en lo que le diría a sus estudiantes sobre estos conceptos. Comparta sus Conocimientos básicos con sus compañeros de clase y pregúnteles si les parecen útiles. Si es necesario revise sus apuntes de clase tomando las ideas de sus compañeros que le parezcan buenas.

Conocimientos básicos:

_____

_____

_____

_____

_____

_____

_____

_____

_____

_____

_____

Indique por lo menos tres cosas que haya aprendido en relación con los objetivos de su carrera profesional desde la última anotación.

Logros académicos:

_____

_____

_____

_____

Conceptos básicos de química

Un momento de motivación: "Nunca midas la altura de una montaña hasta que hayas alcanzado la cima. Luego verás lo baja que era".
—Dag Hammarskjold

Objetivos básicos

Al terminar este capítulo y las secciones de Un complemento indispensable, usted podrá:

1. Explicar la diferencia entre química orgánica e inorgánica.
2. Describir los distintos estados de la materia: sólido, líquido y gaseoso.
3. Describir las reacciones de oxidación-reducción (redox).
4. Explicar las diferencias entre sustancias puras y mezclas físicas.
5. Explicar la diferencia entre soluciones, suspensiones y emulsiones.
6. Explicar el pH y la escala de pH.

Química básica

¿Por qué resulta importante contar con un conocimiento básico de química en mi carrera como cosmetólogo?

Si lo analiza, la química desempeña un papel importante en cada producto que utiliza, desde el agua para lavar el cabello, los cosméticos que aplica para un facial hasta los productos químicos que aplica al cabello para el peinado o la restructuración química. Muchos de los servicios que realice cambiarán química y físicamente el cabello, la piel y las uñas. Por lo tanto, es esencial que tenga sólidos conocimientos prácticos sobre química para brindar a sus clientes los servicios más seguros y efectivos.

Los cosmetólogos deben estudiar química y comprenderla bien porque:

- Sin conocer los principios básicos de la química, no podría utilizar los productos profesionales en forma efectiva y segura.

- Todos los productos que se utilizan en el salón y en los servicios de cosmetología contienen algún tipo de sustancia química.

- Al tener conocimientos de química, podrá solucionar los problemas comunes que pueden plantearle los servicios con productos químicos.

Conceptos básicos

¿Qué necesito conocer sobre los conceptos básicos de química para ser un cosmetólogo profesional exitoso y más eficaz?

Al igual que la anatomía y la fisiología, la química puede parecerle algo complicado. Piénselo de esta manera: la química es simplemente el estudio de la composición, la estructura y las propiedades de la materia y los cambios que le ocurren. Como usted sabe, la materia es algo que ocupa espacio y tiene peso. La química orgánica es el estudio de las sustancias que contienen el elemento carbono. Los seres vivos y todo lo que alguna vez tuvo vida, ya sean plantas o animales, contienen carbono. Las sustancias orgánicas que contienen carbono e hidrógeno pueden hacer combustión; la Química inorgánica, por otra parte, es la rama de la química que lidia con todas las sustancias que no contienen carbono, como el agua, el aire, el hierro, el plomo, los minerales y el yodo. Estas sustancias no se queman y, por lo general, son solubles en el agua. Su meta durante la capacitación para ser cosmetólogo no es convertirse en un científico, sino desarrollar un nivel de comodidad con respecto a los conceptos y destrezas básicas para hablar sobre química en relación con su profesión. Esto aumentará su credibilidad con sus clientes considerablemente, en especial durante el proceso de consulta.

Química orgánica y química inorgánica

Utilice su conocimiento sobre la diferencia entre sustancias orgánicas e inorgánicas para reunir al menos 10 elementos de cada categoría. Haga una lista de sus elementos en el espacio provisto y explique por qué son orgánicos o inorgánicos.

Orgánica	Inorgánica

Investigación sobre productos

Realice una investigación sobre los diversos champús y
acondicionadores disponibles en su escuela, en tiendas distribuidoras
locales o en su hogar. Anote los resultados en la siguiente tabla.

Nombre del producto	Ingredientes principales	Propósito de cada ingrediente	¿Prescrito para qué tipo de cabello?

Materia

A continuación en el espacio provisto indique ejemplos sobre cómo la materia puede cambiar de forma. Sea específico. Por ejemplo, cuando derrite un cubo de hielo (sólido), se convierte en agua (líquido) y cuando hierve esa agua, se convierte en vapor (gas). No todos los ejemplos incluirán la transformación a las tres formas.

_____

_____

_____

_____

_____

_____

_____

_____

_____

_____

Experiencia básica

Elementos

Un elemento es la unidad básica de toda materia. Está compuesto de una sola parte o unidad y no se puede reducir a una sustancia más simple. Existen 90 elementos presentes en forma natural. A cada elemento se le asigna una letra para su identificación. Puede conocer los símbolos de cada elemento consultando la Tabla periódica de elementos que se encuentra en casi todos los textos de química. Junto con los elementos, se utilizan números para indicar cuántas partes de ellos se encuentran en la sustancia. En el cuadro siguiente, indique los símbolos para cada sustancia y luego explique su composición. (Vea el ejemplo del agua).

Sustancia	Símbolo	Composición
Agua		
Amoníaco		
Peróxido de hidrógeno		
Ácido nítrico		
Hidróxido de sodio		
Cloruro de sodio		
Hidrógeno		
Azufre		
Nitrógeno		
Oxígeno		
Carbono		
Hierro		
Plomo		
Plata		

Prueba con papel tornasol

Reúna una variedad de productos y pruebe su acidez y alcalinidad utilizando papel tornasol. A continuación, indique los productos que está probando y los resultados. Además, con un pincel aplique peróxido de hidrógeno en un trozo de papel tornasol, y luego aplique un producto de coloración para el cabello en una mitad del papel tornasol. Realmente podrá ver cómo se realiza el proceso de oxidación.

Producto	Resultados de la prueba con papel tornasol

Crucigrama

Pista

Horizontal

3. Contracción de los vocablos reducción y oxidación

4. Que se puede mezclar con otro líquido

7. Que se evapora fácilmente

8. Separación de un átomo o molécula en iones positivos y negativos

9. Mezcla de dos o más sustancias inmiscibles

11. Dos o más átomos unidos químicamente

12. Sustancias para neutralizar ácidos

Vertical

1. Sustracción de oxígeno o incorporación de hidrógeno a una sustancia

2. Sustancia que disuelve el soluto para formar una solución

5. Reacción química que produce calor

6. Sustancia dulce, incolora y grasosa utilizada como ingrediente humectante

10. Sustancia que se disuelve en una solución

Búsqueda de palabras

Forme la palabra correcta siguiendo las pistas provistas y después encuentre las palabras en la sopa de letras.

Palabra	Pista
_____	Solución que tiene un pH inferior a 7
_____	Solución que tiene un pH superior a 7
_____	Gas incoloro con un olor penetrante, compuesto de hidrógeno y nitrógeno
_____	La partícula más pequeña de un elemento que conserva las propiedades de dicho elemento
_____	Ciencia que se ocupa de la composición, las estructuras y las propiedades de la materia
_____	Oxidación rápida de una sustancia
_____	Combinación química de dos o más átomos de diferentes elementos
_____	La forma más simple de la materia
_____	Compatible con el agua
_____	Que no se puede mezclar
_____	Compatible con el aceite
_____	Cualquier sustancia que ocupa un espacio, posee características físicas y químicas y existe en estado sólido, líquido o gaseoso
_____	La incorporación de oxígeno a un sustancia o la sustracción de hidrógeno de dicha sustancia
_____	Mezcla estable de dos o más sustancias miscibles
_____	Agente activo de superficie
_____	Mezcla no estable de partículas no disueltas en un líquido

O	L	I	F	Ó	R	D	I	H	A	A	E	E
N	Ó	I	T	S	U	B	M	O	C	L	T	I
O	S	O	L	U	C	I	Ó	N	B	N	C	N
T	A	I	R	E	T	Á	M	I	A	O	Ó	L
N	M	I	N	T	C	I	C	T	M	I	I	O
E	O	E	E	I	I	S	C	P	C	P	M	I
M	N	E	D	A	I	A	U	A	Ó	O	C	I
E	Í	A	O	M	F	E	D	F	T	C	R	O
L	A	S	N	R	S	I	I	Á	O	R	O	O
E	C	I	U	T	X	L	S	A	A	N	R	O
U	O	S	O	O	O	A	C	I	M	Í	U	Q
N	Ó	I	S	N	E	P	S	U	S	O	E	T
E	E	I	N	A	A	L	C	A	L	I	N	A

Ejercicio de relación de conceptos

Relacione los siguientes términos básicos con la frase o definición correspondiente.

_____ **Cambio químico**

_____ **Ácido**

_____ **Amoníaco**

_____ **Cambio físico**

_____ **Átomo**

_____ **Glicerina**

_____ **Química**

_____ **Ionización**

_____ **Redox**

_____ **Silicona**

1. Tipo especial de ingredientes que se emplean en los acondicionadores para el cabello y como lubricantes resistentes al agua para la piel

2. Sustancia dulce, incolora, inodora y grasosa utilizada como agente humectante

3. Separación de un átomo o molécula en iones positivos y negativos

4. Reacción química en la cual el agente oxidante se reduce y el agente reductor se oxida

5. Cambio en la forma o las propiedades físicas de una sustancia, sin la formación de una nueva sustancia

6. Cambio en las propiedades químicas y físicas de una sustancia por una reacción química, en la que se forma una sustancia nueva

7. La partícula más pequeña de un elemento que conserva las propiedades de dicho elemento

8. Líquido incoloro con un olor penetrante compuesto de hidrógeno y nitrógeno

9. Ciencia que se ocupa de la composición, las estructuras y las propiedades de la materia

10. Tiene un pH inferior a 7

Repaso básico

Complete los espacios en blanco con las palabras provistas para repasar el Capítulo 12, Conceptos básicos de química. Puede usar las palabras y los términos más de una vez.

ácido	emulsiones	molécula
alcalino	físico	orgánica
átomo	hidrófilo	oxidantes
compuesto	inorgánica	química
compuestos orgánicos volátiles	lipófilo	químico
	líquidos	solventes
densidad	materia	surfactante
elemento	miscible	suspensión

1. Una solución con pH inferior a 7 tiene un pH _____ y una solución con un pH superior a 7 tiene un pH _____ .

2. Un cambio _____ se refiere a un cambio en la forma de una sustancia, sin la formación de una nueva sustancia. Un cambio _____ es cuando se forma una nueva sustancia.

3. Un(a) _____ es una sustancia que actúa como un puente para que el aceite y el agua se puedan mezclar o emulsionar.

4. Los(las) _____ son sustancias que contienen carbono y que se evaporan rápida y fácilmente.

5. Un(una) _____ es la partícula más pequeña de un elemento que conserva las propiedades de dicho elemento.

6. Todo lo que ocupa un espacio se denomina _____.

7. Las _____ se forman cuando dos o más sustancias inmiscibles, como el aceite y el agua, se unen con la ayuda de un aglutinante o emulsionante.

8. La química _____ es la rama de la química que estudia las sustancias que no contienen carbono.

9. La materia existe en tres formas: sólidos, _____ y gases.

10. La química _____ es la rama de la química que estudia las sustancias que tienen carbono.

11. Los agentes _____ son sustancias que liberan oxígeno.

12. Los líquidos _____ son mutuamente solubles, lo que significa que se pueden mezclar para formar soluciones estables.

13. Los(las) _____ son sustancias que pueden disolver otra sustancia.

14. Las moléculas surfactantes tienen dos extremos: _____ y _____.

15. Un(a) _____ es una mezcla no estable de partículas no disueltas en un líquido.

16. La unidad básica de toda materia es un(a) _____.

17. La ciencia que se enfoca en la composición, estructura y propiedades de la materia se denomina _____.

18. Dos o más átomos que se unen químicamente forman un(a) _____.

19. La sustancia formada de dos o más elementos diferentes unidos químicamente se denomina _____.

Conocimientos básicos y logros académicos

A continuación escriba en el espacio provisto algunos comentarios sobre los conceptos del capítulo más difíciles de comprender o recordar. Imagine que usted es el maestro y piense en lo que le diría a sus estudiantes sobre estos conceptos. Comparta sus Conocimientos básicos con sus compañeros de clase y pregúnteles si les parecen útiles. Si es necesario revise sus apuntes de clase tomando las ideas de sus compañeros que le parezcan buenas.

Conocimientos básicos:

_____

_____

_____

_____

_____

_____

_____

_____

_____

_____

Indique por lo menos tres cosas que haya aprendido en relación con los objetivos de su carrera profesional desde la última anotación.

Logros académicos:

_____

_____

_____

_____

13

Conceptos básicos de electricidad

Un momento de motivación: "El hoy es un regalo, por eso se le llama presente. Para disfrutarlo al máximo, debemos despojarlo de los errores y la culpa del pasado, y las preocupaciones del futuro".
—Anónimo

Objetivos básicos

Al terminar este capítulo y las secciones de Un complemento indispensable, usted podrá:

1. Definir la naturaleza de la electricidad y los dos tipos de corriente eléctrica.

2. Definir las medidas eléctricas.

3. Comprender los principios de seguridad de los equipos eléctricos.

4. Describir las principales modalidades eléctricas utilizadas en cosmetología.

5. Describir otros tipos de equipos eléctricos que los cosmetólogos usan y describir cómo usarlos.

6. Explicar el espectro electromagnético, el espectro de luz visible y la luz invisible.

7. Describir los tipos de terapia de luz y sus beneficios.

Electricidad básica

¿Por qué resulta importante contar con un conocimiento básico de electricidad en mi carrera como cosmetólogo?

La electricidad es el recurso principal de energía que necesitamos, literalmente, para poner en marcha el mundo y el salón donde laborará. Es esencial para controlar y mantener un ambiente de profesionalismo en cada establecimiento profesional. Es responsable de la iluminación, la ventilación, la temperatura y, probablemente, hasta del agua caliente que utilizamos. La electricidad se debe utilizar de forma segura e inteligente. Como profesional, debe conocer cómo funciona con el fin de mantener un ambiente seguro para usted, sus compañeros de trabajo y sus clientes.

La electricidad es necesaria en el salón para utilizar los secadoresde cabello, los rizadores, los calentadores de lociones y ceras, el equipo para tratamientos faciales, las cajas registradoras, los teléfonos, las computadoras, las limas eléctricas para uñas y muchas cosas más. Aunque no es necesario que se convierta en un ingeniero eléctrico, es importante que cuente con los conocimientos prácticos sobre cómo se crea la electricidad y su uso seguro en el salón.

Los cosmetólogos deben estudiar los conceptos básicos de electricidad y comprenderlos bien porque:

- Los cosmetólogos utilizan y dependen de una variedad de artefactos eléctricos. Saber qué es la electricidad y cómo funciona le permitirá utilizarla en forma inteligente y segura.

- La comprensión de los conceptos básicos de la electricidad le permitirá usar y cuidar en forma adecuada sus equipos y herramientas.

- La electricidad y su uso afectan a otros aspectos del ambiente del salón, tales como la iluminación y la temperatura de las planchas para peinar. Por lo tanto, afecta a los servicios que ofrece a sus clientes.

Conceptos básicos

¿Qué necesito conocer sobre los conceptos básicos de electricidad para ser un cosmetólogo profesional exitoso y más eficaz?

Necesita conocer los dos tipos de electricidad, cómo se mide y los dispositivos de seguridad relativos a la electricidad. Necesitará un conocimiento práctico de los diferentes tipos de corrientes que se utilizan en el equipo del salón. Podría serle útil pensar en la electricidad desde el punto de vista del *flujo* de una corriente eléctrica. Como flujo, una corriente eléctrica es similar al flujo de agua. Tiene dirección, requiere un camino y la podemos detener e iniciar. Mientras que el flujo de agua en realidad puede crear energía, la corriente eléctrica *es* un flujo de energía. Es el paso de la energía lo que produce energía eléctrica, la cual puede ser terapéutica, pero si se maneja incorrectamente puede ser en potencia peligrosa y destructiva.

El camino que recorre una corriente eléctrica a través de un aparato se llama circuito, lo que significa que la corriente forma una especie de círculo desde su fuente, pasando a través de un conductor y de regreso a la fuente. La corriente que fluye constantemente en un circuito en una dirección, se conoce como *corriente continua* (CC). La mayoría de los aparatos que funcionan con baterías usan corriente continua. Sin embargo, la mayoría de los aparatos conectados a un tomacorriente de un sistema regional de energía, usa *corriente alterna* (CA). En la corriente alterna, la corriente cambia la dirección en un circuito de un lado a otro muchas veces en un segundo.

Es posible detener el flujo de electricidad al interrumpir el circuito, cuando se acciona el interruptor. Cuando el interruptor está "encendido", se completa el circuito y puede fluir la electricidad. Cuando el interruptor está "apagado", el circuito se interrumpe y no puede fluir la electricidad.

Ejercicio de relación de conceptos

Relacione cada uno de los siguientes términos básicos con la definición o término correspondiente.

_____ **Voltio**

1. Medición de la cantidad de energía eléctrica que se utiliza en un segundo

_____ **Amperio**

2. La milésima parte de un amperio

_____ **Miliamperio**

3. Unidad que mide la cantidad de energía que fluye por un cable

_____ **Ohmio**

4. Unidad que mide la presión que empuja la corriente eléctrica hacia delante

_____ **Vatio**

5. La electricidad de su casa se mide de esta manera

_____ **Kilovatio**

6. Esta unidad mide la resistencia de una corriente eléctrica

Seguridad de los equipos eléctricos

Complete los espacios en blanco con las precauciones de seguridad que se deben seguir para evitar accidentes y asegurar un mayor grado de satisfacción del cliente.

1. Todos los artefactos eléctricos que utilice deben tener la _____.

2. Lea todas las _____ antes de utilizar cualquier equipo eléctrico.

3. _____ todos los artefactos que no estén en uso.

4. _____ periódicamente todos los equipos eléctricos.

5. Mantenga los cables, los enchufes y los equipos en buen estado de _____.

6. Use solo un enchufe en cada _____.

7. Usted y su cliente deben evitar el contacto con el _____ y las superficies metálicas cuando se utiliza electricidad.

8. No desatienda a su cliente mientras está _____ a un aparato eléctrico.

9. No deje los cables eléctricos en el _____ ni cerca de los pies de las personas.

10. No intente _____ alrededor de los tomacorrientes eléctricos mientras el equipo está enchufado.

11. No toque dos objetos _____ al mismo tiempo si alguno de ellos está conectado a una corriente eléctrica.

12. No pise los cables eléctricos ni ponga _____ sobre ellos.

13. No permita que los cables eléctricos queden _____, ya que se puede provocar un cortocircuito.

14. Desconecte los artefactos tirando del _____ y no del cable.

15. No intente realizar una _____ en un artefacto eléctrico a menos que esté capacitado para hacerlo.

Crucigrama

Horizontal

Palabra	Pista
_____	**1.** Toda sustancia que conduce electricidad
_____	**4.** Unidad que mide la presión o fuerza que empuja el flujo de electrones hacia delante, a través de un conductor
_____	**7.** Dispositivo especial que impide que pase demasiada corriente por un circuito
_____	**9.** Corriente que fluye de manera uniforme y constante solamente en una dirección
_____	**11.** Medida de cuánta energía eléctrica se usa en un segundo

Vertical

Palabra	**Pista**
	2. Flujo de electricidad a través de un conductor
_____	
_____	3. O no conductor, es una sustancia que no transmite la electricidad fácilmente
_____	5. Unidad que mide la resistencia de una corriente eléctrica
_____	6. Corriente rápida e ininterrumpida que fluye primero en una dirección y luego en la dirección opuesta
_____	8. La milésima parte de un amperio
_____	10. Unidad con que se mide la potencia de una corriente eléctrica

Juego de palabras

Descifre los siguientes términos siguiendo las pistas provistas.

Juego | **Palabra correcta**

ooterclde

__ __ __ __ __ __ __ __ __

Pista: Aplicador que se utiliza para dirigir la corriente eléctrica desde el aparato a la piel del cliente.

adplirdoa

__ __ __ __ __ __ __ __

Pista: Indica el polo negativo o positivo de una corriente eléctrica.

ádono

__ __ __ __ __

Pista: Electrodo positivo.

átodco

__ __ __ __ __ __

Pista: Electrodo negativo.

dmaiddeaols

__ __ __ __ __ __ __ __ __ __

Pista: Las cuatro principales utilizadas son las corrientes galvánica, farádica, sinusoidal y Tesla de alta frecuencia.

laniáagvc

__ __ __ __ __ __ __ __

Pista: Corriente constante y continua que produce cambios químicos cuando atraviesa los tejidos y los fluidos del cuerpo.

ssroooinifet

__ __ __ __ __ __ __ __ __ __ __

Pista: Es el proceso de introducir productos solubles en agua en la piel mediante el uso de una corriente eléctrica.

ieaatrosscf

__ __ __ __ __ __ __ __ __ __

Pista: Conduce las sustancias ácidas hacia tejidos más profundos, al usar corriente galvánica.

aeifsnaosr

__ __ __ __ __ __ __ __ __

Pista: Es el proceso de introducir líquidos en los tejidos, desde el polo negativo hacia el polo positivo.

sciianescrntuód

__ __ __ __ __ __ __ __ __ __ __ __ __ __

Pista: Proceso utilizado para ablandar y emulsionar los depósitos grasos y las espinillas en los folículos pilosos.

El espectro visible

Coloree el espectro visible representado gráficamente utilizando lápices de colores, crayones o acuarelas.

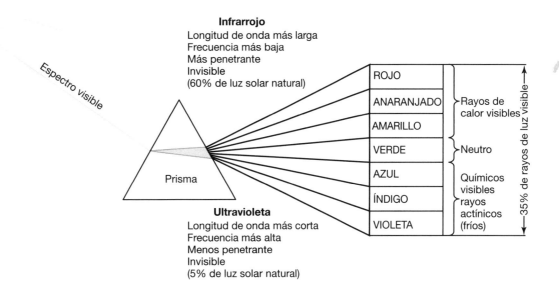

Infrarrojo
Longitud de onda más larga
Frecuencia más baja
Más penetrante
Invisible
(60% de luz solar natural)

Ultravioleta
Longitud de onda más corta
Frecuencia más alta
Menos penetrante
Invisible
(5% de luz solar natural)

Prisma

Espectro visible

ROJO
ANARANJADO
AMARILLO
VERDE
AZUL
ÍNDIGO
VIOLETA

Rayos de calor visibles

Neutro

Químicos visibles rayos actínicos (fríos)

35% de rayos de luz visible

Repaso básico

Llene los espacios en blanco con las siguientes palabras para repasar el Capítulo 13, Conceptos básicos de electricidad. Puede usar las palabras y los términos más de una vez.

alterna	corriente continua	modalidades
amperio	desincrustación	ohmio
anaforesis	disyuntor	polaridad
ánodo	electricidad	rayos infrarrojos
aparato	electrodo	rectificador
azul	energía radiante	rojo
blanca	fusible	terapéutica
cátodo	galvánica	Tesla de alta frecuencia
cofia calefactora	infrarrojos	
conductor	kilovatio	transformador
continua	luz visible	vaporizador

1. La _____ es una forma de energía que genera efectos magnéticos, químicos y térmicos.

2. Un(a) _____ es una sustancia que permite el paso de corriente eléctrica.

3. Un _____ produce calor uniforme y húmedo que se puede aplicar en la cabeza o el rostro.

4. Un(a) _____ se utiliza para cambiar la corriente continua a alterna y un(a)_____ se utiliza para cambiar la corriente alterna a corriente continua.

5. Un electrodo positivo se denomina _____ y uno negativo se denomina _____.

6. Un(a) _____ es un dispositivo de seguridad que evita que una cantidad excesiva de corriente pase por un circuito.

7. Un(a) _____ es la unidad que mide la cantidad de energía que fluye por un cable.

8. Un(a) _____ es un aplicador que se utiliza para dirigir la corriente eléctrica desde el aparato hacia la piel del cliente.

9. La _____ es el proceso de introducir líquidos en los tejidos, desde el polo negativo hacia el polo positivo.

10. Los rayos de luz artificiales se producen con un _____ eléctrico que se conoce como lámpara terapéutica.

11. La corriente _____ fluye de manera uniforme y constante en una sola dirección, mientras que la corriente _____ fluye de manera rápida e ininterrumpida, primero en una dirección y luego en la otra.

12. No utilice la corriente _____ negativa en clientes que presenten vasos capilares rotos, acné pustular o presión sanguínea alta.

13. Un interruptor que corta o interrumpe automáticamente un circuito eléctrico ante la primera señal de sobrecarga es un _____.

14. Los rayos _____ equivalen a un 60 % de la luz solar natural.

15. El estado positivo o negativo de la corriente eléctrica es su _____.

16. El proceso utilizado para ablandar y disolver los depósitos grasos de los folículos pilosos y de los poros se denomina _____.

17. La luz _____ contiene pocos rayos de calor y tiene algunos beneficios germicidas y químicos.

18. Otro nombre para la radiación electromagnética es _____.

19. La corriente _____ es una corriente térmica o que produce calor con un alto índice de oscilación o vibración.

20. Una fuente de calor uniforme se puede obtener mediante un(a) _____.

Conocimientos básicos y logros académicos

A continuación escriba en el espacio provisto algunos comentarios sobre los conceptos del capítulo más difíciles de comprender o recordar. Imagine que usted es el maestro y piense en lo que le diría a sus estudiantes sobre estos conceptos. Comparta sus Conocimientos básicos con sus compañeros de clase y pregúnteles si les parecen útiles. Si es necesario revise sus apuntes de clase tomando las ideas de sus compañeros que le parezcan buenas.

Conocimientos básicos:

_____

_____

_____

_____

_____

_____

_____

_____

_____

_____

_____

Indique por lo menos tres cosas que haya aprendido en relación con los objetivos de su carrera profesional desde la última anotación.

Logros académicos:

_____

_____

_____

_____

_____

14

Principios del diseño de peinados

Un momento de motivación: "No se podrá intentar nada si antes hay que superar todas las objeciones posibles".
—Samuel Johnson

Objetivos básicos

Al terminar este capítulo y las secciones de Un complemento indispensable, usted podrá:

1. Describir las posibles fuentes de inspiración para el diseño de peinados.

2. Enumerar los cinco elementos del diseño de peinados.

3. Enumerar los cinco principios del diseño de peinados.

4. Comprender la influencia del tipo de cabello sobre el peinado.

5. Identificar las distintas formas faciales y demostrar cómo diseñar peinados para resaltar o disimular rasgos faciales.

6. Explicar lo que se debe tener en cuenta en los diseños para hombres.

Conceptos básicos del diseño de peinados

¿Por qué la comprensión de los elementos básicos del diseño es importante para tener éxito como cosmetólogo?

¡La respuesta es tan simple como cocinar! Si alguna vez ha creado una obra maestra en la cocina o ha visto cocinar a una gran cocinera como su madre o su abuela, sabe que se requiere de mucho más que simplemente saber cuáles son los ingredientes. Debe conocer con exactitud la cantidad necesaria de cada ingrediente. Debe saber cuándo agregar cada ingrediente. Necesita conocer las temperaturas de cocción y cómo utilizar los utensilios especiales de cocina, como los cuchillos o los batidores de metal. Los mismos principios se aplican en el peinado. Debe adquirir un conocimiento amplio de todas las herramientas e implementos que se requieren para crear un gran peinado. Además, debe conocer los principios del diseño de peinados y comprender cómo la forma y los rasgos del rostro del cliente influyen en el peinado elegido. Una vez que haya adquirido un conocimiento práctico y sólido de todas estas partes, piezas y principios, podrá brindarle a todos los clientes servicios de calidad.

Como cosmetólogo, debe estudiar y comprender bien los principios del diseño de peinados por las siguientes razones:

■ Podrá entender mejor por qué un peinado particular será o no la mejor opción para un cliente.

■ Los principios del diseño le servirán como pautas útiles que le ayudarán a lograr su visión del peinado.

■ Podrá crear cortes y peinados diseñados para ayudar a los clientes a disimular sus características poco atractivas y a enfatizar aquéllas que sí lo son.

Conceptos básicos

Si hay tantos ingredientes clave para hacer peinados, ¿por dónde debo comenzar?

Primero, debe comprender los cinco elementos del diseño, que son: la forma, el espacio, la línea, el color y la textura. Después, debe experimentar con estos cinco elementos para crear diseños diversos. También debe conocer los principios del diseño de peinados que incluyen la proporción, el equilibrio, el ritmo, el énfasis y la armonía, y la manera en que influyen en el resultado final. Por último, debe aprender sobre cómo influirán en el diseño general las circunstancias personales del cliente. Esto incluye la forma del rostro, los rasgos faciales, la forma de la cabeza y el perfil del cliente, y si éste usa gafas o no. Todos estos conceptos son factores que contribuirán a brindarle al cliente un peinado que le agrade y lo deje satisfecho.

Los elementos del diseño

Forma

Tome fotografías del mismo peinado en un cliente o en otro estudiante desde tres ángulos diferentes. Corte alrededor del perímetro del peinado para cada ángulo. En el área provista a continuación, dibuje el contorno del estilo en el Complemento indispensable. Comente con los estudiantes las diferencias en la silueta desde diversos ángulos. (Si no dispone de una cámara, use su creatividad. Considere crear una silueta en el pizarrón del salón de clases, ajuste las luces de arriba y utilice linternas o reflectores. Una vez que haya trazado en el pizarrón tres siluetas diferentes, haga una copia pequeña en el espacio provisto a continuación).

Espacio

Para obtener un mejor entendimiento sobre lo que significa el volumen y cómo la misma cantidad de volumen puede tomar diversas formas y estilos tridimensionales, realice este proyecto. En la cocina de su casa, mida 8 onzas (236 ml) exactas de agua y viértalas en un recipiente redondo de plástico. Mida otras 8 onzas de agua y viértalas en un recipiente cuadrado de plástico. Mida otras 8 onzas y viértalas en un recipiente rectangular de plástico. Ponga los tres recipientes en el congelador. Después de que estén congelados, saque de los respectivos recipientes la masa congelada y compare las formas. Recuerde, cada molde de hielo representa el mismo volumen de agua. (*Nota:* Puede usar contenedores de cualquier tamaño o forma, siempre y cuando se puedan meter al congelador de manera segura).

Línea

Las líneas onduladas, rectas o curvas crean la forma, el diseño y el movimiento de un peinado. Represente las siguientes líneas diferentes cortando imágenes de revistas y pegándolas en el espacio provisto a continuación. Use un lapicero de color para resaltar el tipo de línea que muestra el estilo.

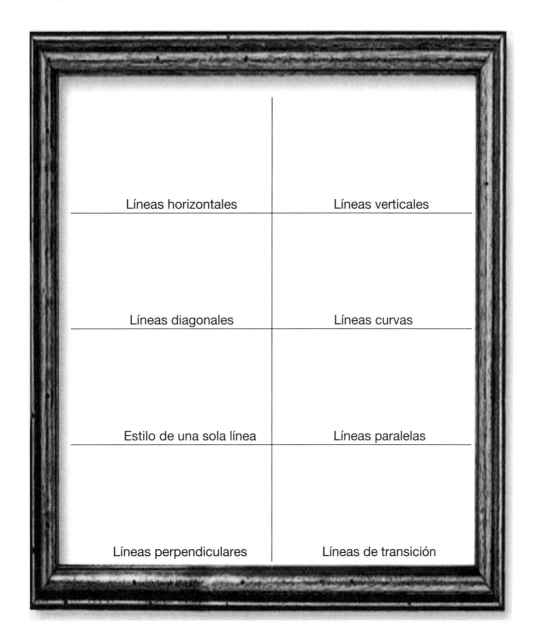

Líneas horizontales | Líneas verticales

Líneas diagonales | Líneas curvas

Estilo de una sola línea | Líneas paralelas

Líneas perpendiculares | Líneas de transición

Color

Aprenderá a usar el color para proporcionarle al estilo dimensión y acabado. Imagínese una sala de estar pintada de beige opaco con una alfombra beige y un sofá marrón claro. Probablemente tenga una apariencia opaca. Sin embargo, imagínese la diferencia que puede lograr si pinta una pared de un color más brillante y contrastante o coloca sobre el sofá varios cojines de diversos colores y texturas, o pone sobre la alfombra un tapete de un color más brillante. Imagine la diferencia en la apariencia general de la habitación que conseguiría cualquiera de estos cambios. Los mismos principios se aplican a la coloración del cabello. De nuevo, use sus revistas viejas favoritas, elija varias imágenes de diferentes peinados y péguelas en el espacio provisto a continuación. Indique cuáles son los estilos que mejoraron con el color y cuáles tienen una coloración solamente por agregar algún color o por querer ser diferente.

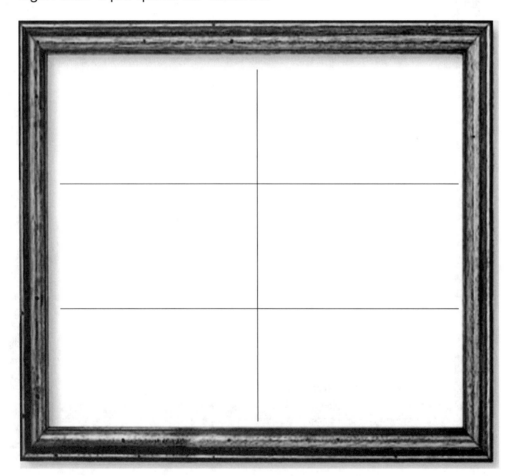

Textura

Cada uno de nosotros tiene un patrón de ondulación natural, el cual puede ser liso, ondulado, rizado o extremadamente rizado. Al ayudar a nuestros clientes a elegir el peinado más favorecedor y fácil de mantener, debemos tener en cuenta el patrón de ondulación. En esta actividad, se le pide buscar en revistas imágenes de diferentes tipos de patrones de ondulación. Péguelas en los espacios provistos a continuación y explique brevemente la apariencia creada por cada patrón de ondulación.

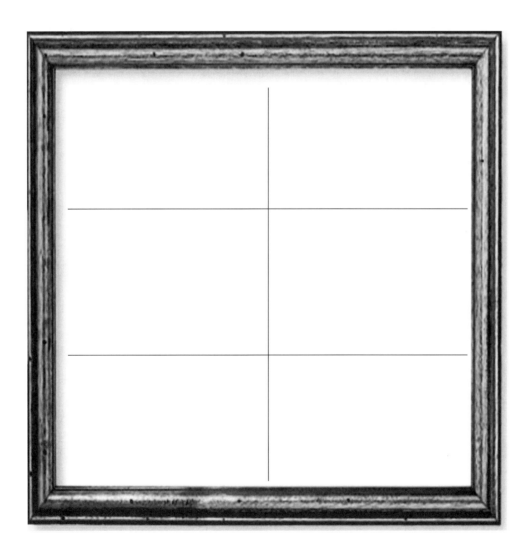

Los principios del diseño

Proporción

La proporción se ocupa de la relación armoniosa de las partes de algo entre ellas mismas o en su conjunto. ¿Alguna vez ha visto algo que esté claramente desproporcionado con lo que lo rodea? Quizás haya visto un auto extranjero, lindo, pero extremadamente pequeño, estacionado en un centro comercial, y después haya observado un hombre muy grande, de unos 6 pies y 6 pulgadas de altura y un peso aproximado de 230 libras, que salía del vehículo. El hombre y el auto no están en armonía el uno con el otro. Los mismos principios se aplican en el diseño de peinados. Para ayudarlo a comprender la importancia que tiene la proporción con el rostro, los rasgos, la forma de la cabeza y el tamaño y forma del cuerpo, efectúe este ejercicio.

En una cartulina, pegue imágenes de revistas que representen las siguientes relaciones de proporción.

- Alguien cuyo peinado sea demasiado grande para su pequeño cuerpo.

- Alguien cuyo peinado sea demasiado pequeño para su gran estructura corporal.

- Alguien cuyo peinado refleje las proporciones clásicas.

Equilibrio

Al hablar de equilibrio, queremos decir que el peinado es equivalente en tamaño o volumen alrededor de la cabeza. Puede ser simétrico o asimétrico. Por favor, realice la siguiente actividad de cuadro por cuadro.

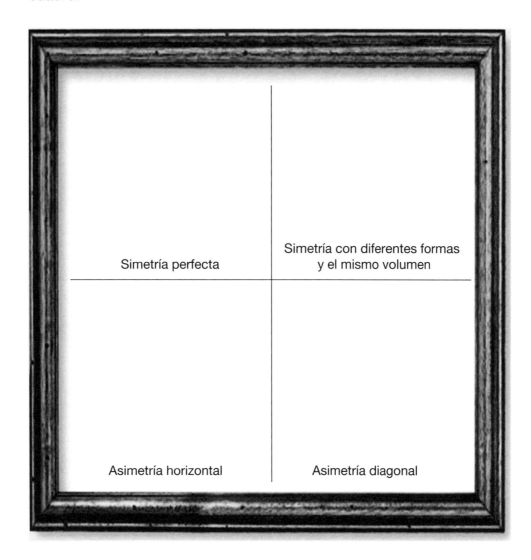

Simetría perfecta | Simetría con diferentes formas y el mismo volumen

Asimetría horizontal | Asimetría diagonal

Ritmo

Cuando piensa en alguien que tiene buen ritmo, posiblemente se imagina su forma de moverse en el salón de baile. El ritmo significa lo mismo en un peinado. Significa movimiento. Recorte de una revista seis imágenes diferentes y péguelas a continuación. Indique si el peinado tiene un ritmo rápido o lento.

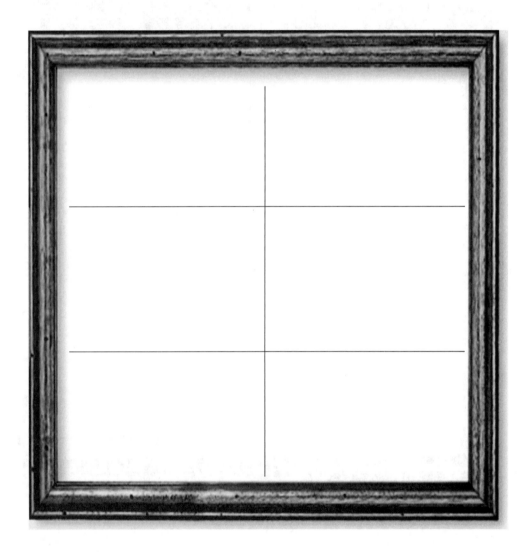

Énfasis

El énfasis es el centro de atención o el punto prominente del peinado. Nuestros ojos suelen ver primero esta parte del peinado. Enumere algunas ideas sobre cómo puede agregar énfasis a un peinado.

_____

_____

_____

_____

_____

Armonía

Sin armonía, ninguno de los otros principios del diseño funcionarán. La armonía unifica todos los elementos del diseño. Piense en las personas conoce, quizás alguna celebridad, que tenga un gran color o equilibrio en el cabello pero sin lograr armonía. Haga una lista de sus nombres y explique por qué no tienen armonía.

_____

_____

_____

_____

_____

Cuadro por cuadro: Tipos faciales

Cuadro por cuadro consiste en transformar manualmente en imágenes los elementos, puntos o pasos clave de una lección plasmándolas en los cuadros o *paneles* de una matriz. Mire revistas y busque imágenes que representen las formas del rostro que se indican a continuación. Piense en imágenes y dibuje los conceptos básicos impresos en los siguientes cuadros.

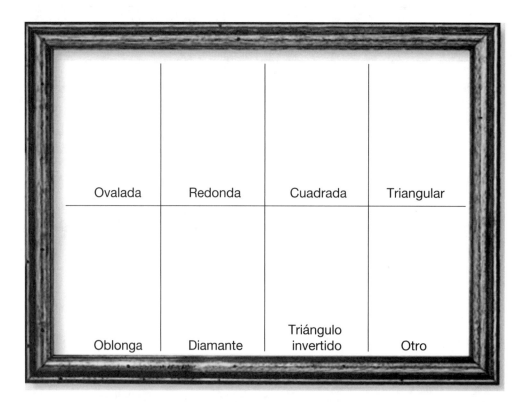

Ovalada	Redonda	Cuadrada	Triangular
Oblonga	Diamante	Triángulo invertido	Otro

En una hoja por separado, describa el peinado apropiado para las formas de rostros que están enumeradas en la matriz. Si son imágenes de revistas, indique por qué funciona o no el peinado.

Ejercicio de relación de conceptos

Consideraciones especiales A

Relacione los siguientes términos básicos con los términos o frases correspondientes.

_____ **Frente ancha**	**1.**	Es mejor un peinado asimétrico y descentrado
_____ **Ojos muy unidos**	**2.**	Utilice líneas curvas a la altura de la mandíbula
_____ **Nariz desviada**	**3.**	Lleve el cabello hacia delante sobre los lados de la frente
_____ **Mandíbula cuadrada**	**4.**	Frente y mentón hundidos
_____ **Mandíbula alargada**	**5.**	Use flequillo con poco o ningún volumen
_____ **Perfil convexo**	**6.**	El cabello debe ser voluminoso y caer por debajo de la mandíbula
_____ **Frente grande**	**7.**	Aleje el cabello del rostro llevándolo hacia atrás a la altura de las sienes
_____ **Nariz prominente**	**8.**	Lleve el cabello hacia delante a la altura de la frente y alrededor de la cara con suavidad
_____ **Mentón pequeño**	**9.**	El cabello deberá ser más largo o corto que el mentón
_____ **Mentón grande**	**10.**	Lleve el cabello hacia arriba y fuera del rostro sobre la línea del mentón

Consideraciones especiales B

Relacione los siguientes términos básicos con los términos o frases correspondientes.

_____ **Frente angosta**

_____ **Ojos separados**

_____ **Nariz ancha y plana**

_____ **Mandíbula redonda**

_____ **Perfil recto**

_____ **Perfil cóncavo**

_____ **Frente hundida**

_____ **Nariz pequeña**

_____ **Mentón hundido**

1. Use líneas rectas a la altura de la mandíbula

2. Coloque el flequillo sobre la frente con un volumen proyectado hacia fuera

3. Se debe mantener el cabello alejado del rostro, creando una línea de la nariz a las orejas.

4. Frente y el mentón prominentes

5. Aleje el cabello de la cara a la altura de la frente

6. Use un medio flequillo más alto para alargar el rostro

7. Dirija el cabello hacia delante en el área del mentón

8. Retire el cabello del rostro y use una raya en la mitad

9. Perfil ideal

Experiencia básica

Crucigrama

Horizontal

Palabra	Pista
_____	**6.** Relación armoniosa entre las partes
_____	**8.** El área que rodea la forma o el área que ocupa el peinado
_____	**9.** El lugar de un peinado donde la vista se posa primero
_____	**10.** Sección triangular que comienza en el vértice y termina en las esquinas frontales
_____	**12.** Establecer proporciones iguales o apropiadas para crear simetría

_____ **14.** Diseño de peinado similar en ambos lados del rostro

_____ **15.** Contorno del peinado general

Vertical

Palabra	**Pista**

_____ **1.** Curvatura hacia dentro

_____ **2.** Organización ordenada y agradable de formas y líneas

_____ **3.** Líneas horizontales y verticales que al cruzarse forman un ángulo de 90 grados

_____ **4.** Líneas curvas que se utilizan para combinar y suavizar

_____ **5.** Líneas ubicadas entre las horizontales y verticales

_____ **7.** Curvado hacia afuera

_____ **11.** Proporciones desiguales para equilibrar rasgos faciales

_____ **13.** Patrón regular y recurrente de movimiento

Complete el siguiente repaso del Capítulo 14, Principios del diseño de peinados, encerrando en un círculo la respuesta correcta a cada pregunta.

1. El contorno o la silueta de un peinado se conoce como
_____.

   a) espacio   b) línea
   c) forma   d) diseño

2. La forma, el diseño y el movimiento del peinado se crean con
_____.

   a) espacio   b) líneas
   c) forma   d) diseño

3. El área que rodea la forma o el área que ocupa el peinado se llama
_____.

   a) espacio   b) líneas
   c) forma   d) diseño

4. Las líneas paralelas al suelo se conocen como _____.

   a) verticales   b) diagonales
   c) horizontales   d) curvas

5. Las líneas que se utilizan para suavizar un diseño son
_____.

   a) verticales   b) diagonales
   c) horizontales   d) de transición

6. Las líneas que se utilizan para que un peinado parezca más largo
   y angosto son _____.

   a) verticales   b) diagonales
   c) horizontales   d) curvas

7. Las líneas que se ubican entre las horizontales y las verticales y se
   usan para crear interés son _____.

   a) verticales   b) diagonales
   c) horizontales   d) curvas

8. Un ejemplo de línea que se encuentra en el peinado de largo
   uniforme o corte recto es una línea _____.

   a) única   b) perpendicular
   c) de transición   d) repetida

9. Una línea que se cruza en un ángulo de 90 grados para crear un borde duro es una línea _____.

a) única   b) perpendicular

c) de transición   d) repetida

10. Las líneas curvas que se utilizan para combinar y suavizar líneas horizontales o verticales son líneas _____.

a) verticales   b) perpendiculares

c) de transición   d) repetidas

11. Los colores claros y cálidos crean la ilusión de _____.

a) sutilidad   b) repetición

c) volumen   d) cercanía

12. Los colores oscuros y fríos se desplazan hacia atrás o hacia dentro de la cabeza y crean la ilusión de menor _____.

a) volumen   b) altura

c) ancho   d) resistencia

13. Al elegir un color, éste debe ser compatible con _____ del cliente.

a) el color de ojos   b) el tono de la piel

c) la elección de la familia   d) los sueños de la infancia

14. La textura puede ser natural o creada con técnicas de peinado, alteraciones químicas, rizadores o _____.

a) el deseo del cliente   b) el deseo del estilista

c) cepillado del cabello   d) rulos térmicos

15. El cabello rizado se puede alisar permanentemente con _____.

a) tenacillas de rizar   b) alisadores para el cabello

c) planchas térmicas   d) tenazas rizadoras

16. El cabello rizado y el extremadamente rizado no reflejan mucha luz y pueden sentirse _____ al tacto.

a) blandos   b) suaves

c) débiles   d) gruesos

17. Los cinco principios del diseño de peinados son: proporción, equilibrio, calidad rítmica, énfasis y _____.

a) simetría   b) asimetría

c) armonía   d) diagonales

18. Los patrones de ondulación _____ resaltan el rostro y son particularmente útiles cuando se desea dar a una cara redonda una apariencia más delgada.

a) irregulares   b) tupidos

c) suaves   d) numerosos

19. Establecer proporciones iguales o apropiadas para crear simetría se denomina _____.

a) equilibrio   b) armonía

c) ritmo   d) énfasis

20. El patrón que crea movimiento en un peinado se conoce como _____.

a) equilibrio   b) armonía

c) ritmo   d) énfasis

21. El(la) _____ se considera el principio más importante del diseño de peinados.

a) equilibrio   b) armonía

c) ritmo   d) énfasis

22. El(la) _____ de un peinado es el área que resalta a primera vista.

a) equilibrio   b) armonía

c) ritmo   d) énfasis

23. En general, se dice que el rostro ideal es la forma _____.

a) cuadrada   b) redondeada

c) ovalada   d) de pera

24. El rostro se divide en _____ zona(s).

a) una   b) dos

c) tres   d) cuatro

25. El propósito de crear la ilusión de amplitud en la frente es lo mejor para un rostro de forma _____.

a) redondeada   b) triangular

c) alargada   d) de diamante

26. El objetivo de reducir el ancho de la línea de los pómulos es lo mejor para un rostro de forma _____.

a) redondeada   b) triangular

c) alargada   d) de diamante

27. El objetivo de reducir el ancho de la línea de los pómulos es lo mejor para un rostro con forma_____.

   a) redondeada   b) de pera

   c) alargada   d) de diamante

28. Usar un medio flequillo más alto para alargar el rostro es mejor para _____.

   a) una frente ancha   b) ojos muy unidos

   c) una frente angosta   d) ojos muy separados

29. Llevar el cabello hacia delante sobre los lados de la frente es mejor para _____.

   a) una frente ancha   b) ojos muy unidos

   c) una frente angosta   d) ojos muy separados

30. Un peinado asimétrico y descentrado es mejor para _____.

   a) una frente angosta   b) ojos juntos

   c) línea de la mandíbula larga   d) nariz desviada

31. El tipo de perfil que tiene una frente hundida con un mentón prominente es el perfil _____.

   a) convexo   b) cóncavo

   c) recto   d) curvo

32. El tipo de perfil que tiene una frente y un mentón prominentes es el perfil _____.

   a) convexo   b) cóncavo

   c) recto   d) curvo

33. El flequillo con poco o ningún volumen se utiliza para una _____.

   a) frente hundida   b) frente grande

   c) frente baja   d) frente pequeña

34. La raya que contribuye a dar altura en la parte superior y mayor volumen al cabello fino es la raya _____.

   a) central   b) lateral

   c) diagonal   d) en zig zag

35. La raya _____ se usa para crear la ilusión de amplitud o altura en un peinado.

   a) triangular   b) diagonal

   c) lateral   d) en zig zag

36. La raya _____ se usa para crear un efecto dramático.

    a) triangular   b) diagonal

    c) lateral   d) en zig zag

37. La raya _____ se considera la división básica para la sección del flequillo.

    a) triangular   b) diagonal

    c) lateral   d) en zig zag

38. La raya _____ se usa para dirigir el cabello sobre la parte alta de la cabeza.

    a) triangular   b) diagonal

    c) lateral   d) central

39. La raya _____ se considera clásica y se usa para los rostros ovalados, pero también para crear una apariencia ovalada en rostros redondos o anchos.

    a) curva   b) lateral

    c) central   d) diagonal

40. La raya _____ se usa para un contorno del cuero cabelludo con entradas o para una frente alta.

    a) curva   b) lateral

    c) central   d) diagonal

Conocimientos básicos y logros académicos

A continuación escriba en el espacio provisto algunos comentarios sobre los conceptos del capítulo más difíciles de comprender o recordar. Imagine que usted es el maestro y piense en lo que le diría a sus estudiantes sobre estos conceptos. Comparta sus Conocimientos básicos con sus compañeros de clase y pregúnteles si les parecen útiles. Si es necesario revise sus apuntes de clase tomando las ideas de sus compañeros que le parezcan buenas.

Conocimientos básicos:

_____

_____

_____

_____

_____

_____

_____

_____

_____

_____

Indique por lo menos tres cosas que haya aprendido en relación con los objetivos de su carrera profesional desde la última anotación.

Logros académicos:

_____

_____

_____

_____

Cuidado del cuero cabelludo, uso de champús y acondicionadores

Un momento de motivación: "No vaya donde el sendero pueda llevarlo, mejor vaya por donde no haya senderos y deje un camino".

—Ralph Waldo Emerson

Objetivos básicos

Al terminar este capítulo y las secciones de Un complemento indispensable, usted podrá:

1. Explicar los dos requisitos más importantes para el cuidado del cuero cabelludo.

2. Describir los beneficios del masaje del cuero cabelludo.

3. Tratar el cuero cabelludo y el cabello cuando son secos, grasos o presentan caspa.

4. Explicar la función del cepillado del cabello para obtener un cuero cabelludo sano.

5. Analizar los usos y los beneficios de los diversos tipos de champú.

6. Analizar los usos y los beneficios de los diversos tipos de acondicionador.

7. Demostrar cómo cubrir al cliente para un lavado con champú y acondicionador básico, y cómo cubrirlo para un servicio con productos químicos.

8. Demostrar el procedimiento de tres partes y explicar por qué es útil.

Lavado básico con champú y acondicionador

¿Porqué son tan importantes el lavado con champú y el acondicionador en mi capacitación, si parecen servicios tan insignificantes?

Simplemente porque usted lleva años lavándose el cabello con champú y acondicionador, no quiere decir que tenga el conocimiento adecuado para brindar a los clientes un servicio profesional de lavado con estos productos. Es necesario comprender que el procedimiento y los productos que usa en su hogar quizás no son de nivel profesional y no están orientados al cliente. De hecho, no es raro que las personas escojan sus champús o tratamientos acondicionadores por su fragancia o porque un gerente de comercialización talentoso sugiere que es beneficioso para su cabello.

Su habilidad para proporcionar un lavado con champú profundo y relajante a sus clientes es esencial. Por lo general, es el primer servicio que usted le brinda a un cliente, el cual le permite iniciar una relación positiva con éste. Lo más importante es que este servicio es el que más proporcionará a sus clientes. En la mayoría de los casos, antes de un corte, peinado, tratamiento de coloración y cualquier reestructuración química, deberá efectuar un lavado profundo con champú. Puede estar seguro de que la forma en que realice el servicio de lavado con champú tendrá una gran influencia en la percepción del cliente sobre cómo realizará los otros servicios que desea. Recuerde, cada vez que realiza un buen lavado con champú junto con un masaje relajante del cuero cabelludo, está preparando el terreno para venderle al cliente más servicios, ese día y en el futuro.

Los cosmetólogos deben estudiar y comprender bien el cuidado del cuero cabelludo, el lavado con champú y acondicionadores porque:

■ El servicio de champú es la primera oportunidad para reforzar su posición como profesional que presta atención a las necesidades individuales de su cliente.

■ Podrá examinar, identificar y tratar las condiciones del cabello y del cuero cabelludo que no requieran cuidado de un médico y podrá derivar a sus clientes a un médico si identifica un problema más grave.

■ Un conocimiento cabal de los productos para el cuidado del cabello le ayudará a determinar la mejor preparación para otros servicios que realizará.

■ Una recomendación exitosa del régimen de cuidado en el hogar hará que su trabajo luzca excelente para que todos puedan apreciarlo.

Conceptos básicos

¿Qué necesito saber sobre el lavado con champú, enjuague y acondicionador para brindar servicios de calidad?

Lo ayudará conocer un poco acerca de la historia de la limpieza del cabello. La palabra champú proviene de la palabra hindú *champna,* que significa prensar, amasar o lavar el cabello con champú. La historia relata cómo la humanidad ha encontrado muchas maneras de limpiar el cuerpo para prevenir enfermedades. Para lograrlo, se utilizaban ingredientes naturales como la hierba jabonera, que es una planta que produce espuma en el agua. Sin embargo, casi a mediados del siglo XX, los científicos crearon ingredientes químicos para reemplazar los naturales. Los químicos descubrieron el nivel de pH (hidrógeno potencial) del cabello y se dieron cuenta de que se debían crear productos que mantuvieran el pH natural del cabello.

Como profesional, necesita saber lo importante que es cepillar bien el cabello antes del servicio de lavado con champú. Después, necesitará practicar y dominar el procedimiento de lavado con champú. Cuando lo logre, querrá adquirir una buena comprensión sobre la química de los champús, enjuagues y tratamientos acondicionadores, y los efectos que estos productos y sus químicos tienen en su cabello. Como cosmetólogo profesional, usted se convierte en realidad en el médico del cabello del cliente. Por ello, como consultor profesional que prescribe tratamientos capilares, será fundamental conocer los efectos de diversos productos en el cabello.

Investigación con compañero sobre productos de champú

Consiga un compañero y realice un proyecto de investigación sobre los diversos productos para el lavado con champú que se utilizan en la escuela. Puede ampliar el proyecto investigando los productos para el lavado con champú que emplean en el hogar usted y su compañero. Use la siguiente tabla para enumerar cada tipo de champú, el tipo de cabello para el que se utiliza y sus ingredientes. Después de recopilar la información, determine los ingredientes comunes en los productos. Finalmente, con papel tornasol, haga una prueba en cada producto para encontrar el nivel de pH (nivel de acidez o alcalinidad) de cada uno de ellos.

Nombre del producto	Recomendado para qué tipo de cabello	Ingredientes	Nivel de pH

Después de identificar los ingredientes comunes, escriba una explicación breve sobre el motivo por el cual estos ingredientes se usan en tantos productos para el lavado con champú.

_____

_____

_____

_____

_____

Los niveles de pH de los champús

Mediante la siguiente escala de pH, etiquete los niveles de pH de los champús que investigó en la Experiencia básica 1.

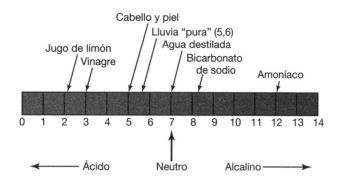

© Milady, una división de Cengage Learning

Muestrarios de cabello

Reúna muestras de varios tipos de cabello: normal, teñido, alisado o con permanente. Lave con champú las muestras al menos cinco veces utilizando un producto diferente para cada muestra. Elabore un informe de los efectos del champú en cada muestra. Después, divida cada muestra por la mitad y acondicione una de las mitades. Elabore un informe de los efectos de cada champú en cada muestra. Elabore un informe de los resultados después de haber acondicionado la mitad de la muestra. Pegue las muestras en los cuadros siguientes.

Tipo de muestra	Champú usado	Resultados	Muestra acondicionada	Resultados
Normal				
Teñido				
Alisado				
Con permanente				

Haga recomendaciones sobre cuál sería el champú ideal para cada tipo de cabello y explique porqué otros champús no son adecuados.

_____

_____

_____

Análisis de agua dura y blanda

Para este experimento busque la manera de obtener agua blanda y agua dura. Con los diferentes tipos de agua y un producto profesional para el lavado con champú, compare la capacidad para formar espuma, la capacidad de limpieza del producto y la apariencia del cabello después de haberlo lavado. Registre los resultados en el espacio siguiente.

_____

_____

_____

_____

_____

_____

_____

_____

Pasos previos al servicio

Enumere los siguientes procedimientos previos al servicio en la secuencia en que deben efectuarse.

_____ Revisó el programa

_____ Utilizó guantes

_____ Recibió al cliente

_____ Limpió las herramientas

_____ Enjuagó y secó las herramientas

_____ No se distrajo

_____ Sumergió los implementos

_____ Limpió la estación

_____ Retiró los implementos

_____ Guardó los implementos

_____ Se lavó las manos

_____ Llenó el recipiente para desinfección

_____ Recogió los implementos

_____ Repasó el formulario de admisión

_____ Se preparó

_____ Se lavó las manos

_____ Se despejó

Pasos del cepillado del cabello

Enumere los siguientes procedimientos de cepillado del cabello en la secuencia en que deben efectuarse.

_____ Apoyó el cepillo (sosteniéndolo con la mano dominante) en el cabello cerca del cuero cabelludo, con las cerdas hacia abajo.

_____ Repitió el cepillado tres veces en cada mechón.

_____ Se aseguró de que el cliente estaba cómodo

_____ Retiró los adornos para el cabello

_____ Examinó el cuero cabelludo

_____ Hizo una subsección del cabello de 1 pulgada (2,5 cm) desde el contorno de la frente hasta la coronilla

_____ Quitó las joyas y las gafas

_____ Dividió el cabello en dos secciones

_____ Envolvió el cabello entre el pulgar y el resto de los dedos de su mano no dominante

_____ Giró ligeramente la muñeca y recorrió con las cerdas todo el largo del tallo del cabello

_____ Continuó hasta haber cepillado toda la cabeza

_____ Cubrió al cliente para el lavado con champú

Matrices de valoración básicas

Las matrices de valoración se utilizan en la educación para organizar e interpretar la información reunida a partir de las observaciones del desempeño del estudiante. Es un documento de evaluación claramente desarrollado para diferenciar entre los niveles de desarrollo del desempeño de una destreza específica o conducta. En esta guía de estudio se brinda una matriz de valoración como herramienta de autoevaluación para ayudarlo a desarrollar su comportamiento.

Califique su desempeño de acuerdo a la siguiente escala.

(1) Oportunidad de desarrollo: Hay poca o nula evidencia de competencia; se necesita ayuda; el desempeño presenta errores múltiples.

(2) Fundamental: Comienza a haber evidencia de competencia; la tarea se realiza de forma individual; el desempeño tiene pocos errores.

(3) Competente: Existe evidencia detallada y consistente de competencia; la tarea se realiza de forma individual; el desempeño tiene muy pocos errores.

(4) Fortaleza: Existe evidencia detallada de competencia altamente creativa, inventiva y desarrollada.

Se proporciona un espacio para hacer comentarios, ayudarlo a mejorar su desempeño y alcanzar una calificación más alta.

EVALUACIÓN DEL PROCEDIMIENTO DE MASAJE DEL CUERO CABELLUDO

Desempeño evaluado	1	2	3	4	Plan de mejoras
Tomó el mentón del cliente con la mano izquierda					
Ubicó la mano de derecha en la base del cráneo					
Giró la cabeza con suavidad					
Invirtió la posición de las manos y repitió el movimiento					
Colocó las yemas de los dedos en cada lado de la cabeza					
Deslizó las manos firmemente hacia arriba					
Extendió las puntas de los dedos hasta que se encontraran en la parte superior de la cabeza					
Repitió cuatro veces					

Matrices de valoración básicas continuación

Desempeño evaluado	1	2	3	4	Plan de mejoras
Colocó las yemas de los dedos en cada lado de la cabeza, 1 pulgada (2,5) por atrás					
Deslizó las manos firmemente hacia arriba					
Extendió las puntas de los dedos hasta que se encontraran en la parte superior de la cabeza					
Giró y movió el cuero cabelludo del cliente					
Repitió cuatro veces					
Sostuvo la parte posterior de la cabeza del cliente con la mano izquierda					
Colocó el pulgar extendido y los dedos sobre la frente					
Movió la mano suave y firmemente hacia arriba hasta 1 pulgada (2,5 cm) más allá del contorno del cuero cabelludo					
Repitió cuatro veces					
Colocó las palmas con firmeza sobre el cuero cabelludo del cliente					
Ascendió por el cuero cabelludo mediante un movimiento de rotación arriba de las orejas del cliente					
Ascendió por el cuero cabelludo mediante un movimiento de rotación en la parte anterior y posterior de la cabeza					
Ubicó los dedos de ambas manos en la frente del cliente					
Masajeó alrededor del contorno del cuero cabelludo con movimientos ascendentes y rotatorios					
Retrocedió 1 pulgada (2,5 cm) y repitió los movimientos anteriores					

Desempeño evaluado	1	2	3	4	Plan de mejoras
Colocó los dedos de cada mano en los lados de la cabeza del cliente					
Manipuló el cuero cabelludo con los pulgares hacia la coronilla					
Repitió cuatro veces					
Repitió estas manipulaciones trabajando hacia la parte central posterior de la cabeza					
Colocó la mano izquierda en la frente del cliente					
Masajeó desde la oreja derecha a la izquierda a lo largo de la base del cráneo con el dorso de la mano					
Realizó una rotación partiendo de la base del cuello del cliente a lo largo del hombro y regresando a través del omóplato hasta la columna vertebral					
Deslizó la mano por la columna vertebral del cliente hasta la base del cuello					
Repitió el procedimiento en el lado opuesto					
Colocó ambas palmas en la base del cuello					
Mediante un movimiento rotatorio, tomó los músculos entre las palmas					
Masajeó a lo largo de los omóplatos hasta el final de los hombros y luego de regreso					
Proporcionó un masaje desde los hombros hacia la columna vertebral y regresó					
Proporcionó un masaje a la columna vertebral desde la base del cráneo del cliente hacia abajo con un movimiento rotatorio					
Utilizando una firme presión de los dedos, llevó la mano lentamente hacia el cráneo del cliente					

EVALUACIÓN DEL PROCEDIMIENTO DE LAVADO CON CHAMPÚ BÁSICO

Desempeño evaluado	1	2	3	4	Plan de mejoras
Se aseguró de que el cliente estaba cómodo					
Cubrió al cliente para el lavado con champú					
Retiró los adornos para el cabello					
Quitó las joyas y las gafas					
Examinó el cuero cabelludo					
Cepilló completamente el cabello					
Ajustó la temperatura del agua					
Empapó el cabello con agua tibia					
Aplicó champú y formó espuma					
Comenzó en el contorno frontal del cuero cabelludo y trabajó hasta la parte superior de la cabeza					
Continuó hacia la parte posterior de la cabeza, desplazando los dedos hacia atrás una pulgada (2,5 cm) cada vez					
Levantó la cabeza del cliente con la mano dominante					
Con la mano no dominante, comenzó en la parte superior de la oreja derecha, usando movimientos hacia delante y hacia atrás, trabajando hacia la parte posterior de la cabeza					
Ubicó los dedos aproximadamente 1 pulgada (2,5 cm) más abajo y repitió el proceso hasta terminar de masajear el lado derecho de la cabeza					
Comenzó en la oreja izquierda y repitió los dos pasos anteriores en el lado izquierdo de la cabeza					
Permitió que la cabeza del cliente se relajara y trabajó alrededor del contorno del cuero cabelludo con movimientos rotatorios de los pulgares					

Matrices de valoración básicas continuación

Desempeño evaluado	1	2	3	4	Plan de mejoras
Repitió todos los pasos hasta terminar de masajear todo el cuero cabelludo					
Eliminó el exceso de espuma exprimiendo suavemente el cabello					
Enjuagó completamente el cabello					
Con un chorro fuerte, levantó el cabello a la altura de la coronilla y lo colocó sobre los dedos de la mano izquierda para permitir que el chorro enjuagara el cabello completamente					
Ahuecó una mano a lo largo de la línea de la nuca y dio unas palmaditas en el cabello para lograr que el chorro penetre hasta el área del cuero cabelludo					
Volvió a lavar con champú y a enjuagar, si era necesario					
Eliminó suavemente el exceso de agua del cabello; aplicó acondicionador evitando la base del cabello cercana al cuero cabelludo					
Distribuyó suavemente el acondicionador por todo el cabello con un peine de dientes anchos					
Aplicó el acondicionador durante el tiempo recomendado; enjuagó completamente y terminó con un enjuague de agua fría para sellar la cutícula					
Proporcionó un masaje al cuero cabelludo					
Colocó una gorra plástica					
Enjuagó completamente el cabello					
Eliminó el exceso de agua del cabello en el lavatorio del champú					
Secó el cabello con una toalla					
Limpió el lavatorio del champú					
Peinó el cabello comenzando en la nuca					
Cambió la capa si era necesario					

Repaso básico

Llene los espacios en blanco con las siguientes palabras para repasar el Capítulo 13, Lavado con champú, enjuague y acondicionador. Puede usar las palabras y los términos más de una vez.

0 a 6,9	graso	piel
4,5 a 5,5	H_2O	polímeros
7,1 a 14	H_2O_2	polvo
ácido	hidratantes	proteínas
ácido cítrico	hidrógeno	quebradizo
blanda	ingredientes	sangre
cabello enredado	lavado con champú	seco
champú	lociones astringentes	servicio con productos químicos
condición	medicados	temperatura
dura	naturales	volumen
escamas	no decolorantes	
estimulante		

1. Un paso preliminar importante para una variedad de servicios es el _____.

2. Para considerarse eficaz, un lavado con champú debe eliminar toda la suciedad, aceites, cosméticos y restos de _____ sin dañar el cuero cabelludo ni el cabello.

3. El cabello _____ se debe lavar con champú más seguido que otros tipos de cabello.

4. Por lo general, el cabello se clasifica en graso, _____, normal o tratado químicamente.

5. El agua de lluviao tratada químicamente se conoce como agua _____.

6. El agua _____ contiene ciertos minerales que disminuyen la capacidad del champú para hacer espuma.

7. Las cerdas _____ se recomiendan para peinar el cabello.

8. Seleccione el champú según la _____ del cabello del cliente.

9. Un champú con pH alto puede dejar el cabello seco y _____.

10. No debe cepillar el cabello antes de proporcionar un _____.

11. El cepillado estimula la circulación de la _____ en el cuero cabelludo y ayuda a eliminar el polvo, la suciedad y la acumulación de aerosol del cabello.

12. Los tratamientos hidratantes suavizan y aflojan _____ del cuero cabelludo.

13. La parte interior de su muñeca se usa para probar la _____ del agua.

14. La proteína y la biotina son agentes acondicionadores que devuelven la humedad y la elasticidad, fortalecen el tallo del cabello y agregan _____.

15. El _____ limpia el cabello y el cuero cabelludo antes de recibir un servicio.

16. La clave para determinar qué champú dejará brillante y dócil el cabello del cliente es la lista de _____.

17. La cantidad de _____ en una solución determina si es más alcalina o más ácida.

18. Los champús más ácidos tendrán un rango de _____ en la escala de pH.

19. Los champús más alcalinos tendrán un rango de _____ en la escala de pH.

20. Los champús de equilibrio ácido tendrán un rango de _____ en la escala de pH.

21. Los champús _____ contienen químicos especiales que resultan efectivos para reducir el exceso de caspa.

22. La mayoría de los acondicionadores contienen siliconas además de _____ que mantienen la hidratación, absorben la humedad y favorecen su retención.

23. Los acondicionadores que penetran profundamente, se dejan en el cabello entre 10 y 20 minutos para restaurar las _____ y la humedad.

24. Las _____ para el cuero cabelludo eliminan la acumulación de grasa de éste y se utilizan después de un tratamiento para el cuero cabelludo.

25. Los productos que no eliminan la coloración artificial del cabello se denominan _____.

Conocimientos básicos y logros académicos

A continuación escriba en el espacio provisto algunos comentarios sobre los conceptos del capítulo más difíciles de comprender o recordar. Imagine que usted es el maestro y piense en lo que le diría a sus estudiantes sobre estos conceptos. Comparta sus Conocimientos básicos con sus compañeros de clase y pregúnteles si les parecen útiles. Si es necesario revise sus apuntes de clase tomando las ideas de sus compañeros que le parezcan buenas.

Conocimientos básicos:

_____

_____

_____

_____

_____

_____

_____

_____

_____

_____

_____

Indique por lo menos tres cosas que haya aprendido en relación con los objetivos de su carrera profesional desde la última anotación.

Logros académicos:

_____

_____

_____

Corte de cabello

Un momento de motivación: "El valor es la primera de las virtudes humanas porque hace posible la existencia de las otras".
—Aristóteles

Objetivos básicos

Al terminar este capítulo y las secciones de Un complemento indispensable, usted podrá:

1. Identificar los puntos de referencia en la forma de la cabeza y comprender su importancia para el corte de cabello.

2. Definir ángulos, elevaciones y secciones guía del cabello.

3. Enumerar los factores para lograr una consulta con el cliente eficaz.

4. Explicar el uso de las distintas herramientas para el corte de cabello.

5. Nombrar tres cosas que puede hacer para mantener una postura y una posición del cuerpo óptimas mientras corta el cabello.

6. Realizar los cuatro cortes básicos.

7. Analizar y explicar tres técnicas de texturización realizadas con tijeras.

8. Explicar lo que es un corte con maquinilla.

9. Identificar los usos de una cortadora.

Corte de cabello básico

Si en realidad quiero especializarme en el diseño de peinados, entonces, ¿por qué es tan importante que domine el arte de cortar el cabello?

El corte de cabello es una técnica que requiere de muchas horas de práctica y una imaginación vivaz. Es una destreza extremadamente importante que se debe dominar ya que el corte es la base de cada peinado. Puede que no se haga tan seguido como un lavado con champú o un peinado, pero sin duda se realiza con más frecuencia que los servicios con productos químicos. Para asegurarse de que el peinado que le brinde al cliente sea el más atractivo y luzca bien incluso cuando él mismo se peine, debe realizar un corte de calidad. La mejor manera para lograrlo es practicar con frecuencia, hacer ejercicios repetitivos, procedimientos cronometrados y tener el firme deseo de ser un peluquero exitoso.

Los cosmetólogos deben estudiar corte de cabello y comprenderlo bien porque:

- Cortar el cabello es una habilidad básica y fundamental en la cual se basa todo el diseño de peinados.

- Ser capaz de basarse en sus habilidades y técnicas de corte de cabello al crear un corte es lo que desarrollará seguridad, confianza y lealtad entre un cosmetólogo y sus clientes.

- La capacidad para duplicar un corte ya existente o de crear uno nuevo a partir de una fotografía desarrollará una relación personal más sólida entre el estilista y el cliente.

- Un buen corte que sea fácil de peinar y mantener dejará a los clientes felices con el servicio y querrán repetir sus servicios.

Conceptos básicos

¿Cuáles son las técnicas y procedimientos más importantes que debo aprender para ser un buen estilista?

En realidad, realizar un corte de cabello es más que sólo reducir el largo y el volumen del cabello. Comienza con el uso de variadas herramientas de calidad, que sirven para lograr un corte dinámico. Deseará practicar las técnicas con tijeras, navajas, maquinillas, tijeras de entresacar y todas las herramientas de ayuda como peines y cepillos; además, necesitará practicar con estas herramientas hasta que tenga un perfecto control y las maneje con facilidad. Deberá familiarizarse con todos los términos que se usan al realizar cortes. Es importante recordar que la terminología de nuestra industria cambia constantemente. No se deje confundir porque un instructor o un libro se refieran a cierto corte de una forma mientras otros lo hacen de otra. Lo que importa es el resultado final, no el nombre de la técnica, procedimiento o peinado.

El instructor será su guía durante los pasos para dividir el cabello en los diversos tipos de cortes. Se dará cuenta de que realizar las divisiones adecuadas es muy importante, en especial hasta que haya aprendido a manejar y controlar grandes cantidades de cabello. Aprenderá todo sobre los ángulos y elevaciones y sobre cómo combinarlos para crear una gran variedad de peinados. Es sumamente recomendable peinar cada corte que realiza mientras aprende, lo que le permite ver los resultados de su esfuerzo. Por ejemplo, si no logra hacer el peinado deseado después del corte, es posible que aún no domine ese corte en particular. No olvide que nadie realiza un corte perfecto en el primer intento. Para cortar bien el cabello haircutting se necesita práctica y compromiso: no se dé por vencido.

Identificación de las herramientas

Trabaje con las imágenes de abajo y etiquete cada herramienta utilizando los siguientes términos (es posible repetir algunos).

Parte posterior	Peine de barbero	Hoja
Ojal	Apoyo para el dedo	Espiga
Mango	Cabeza	Base
Pivote	Tornillo del eje	Punta
Hombro	Hoja fija	Peine de estilo
Espiga	Tijeras de entresacar	Borde
Peine de dientes anchos	Tijeras para corte de cabello	Hoja móvil
Vástago	Peine de cola	

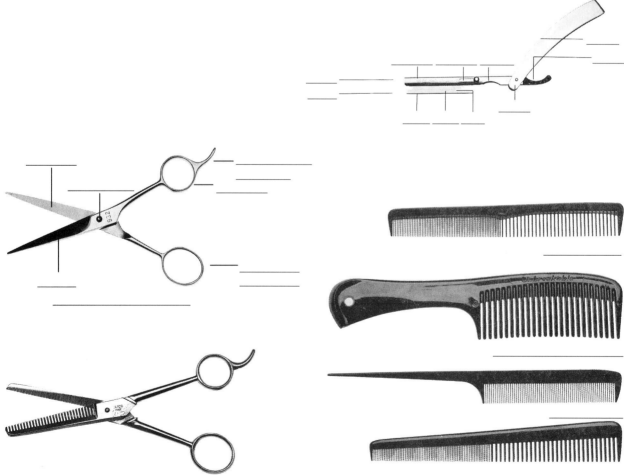

Cuadro por cuadro: Conceptos A

Cuadro por cuadro consiste en transformar manualmente en imágenes los elementos, puntos o pasos clave de una lección plasmándolas en los cuadros o *paneles* de una matriz. Piense en imágenes y dibuje los conceptos básicos impresos en los siguientes cuadros. No se preocupe por el aspecto artístico. Use líneas y figuras lineales para ilustrar cada concepto.

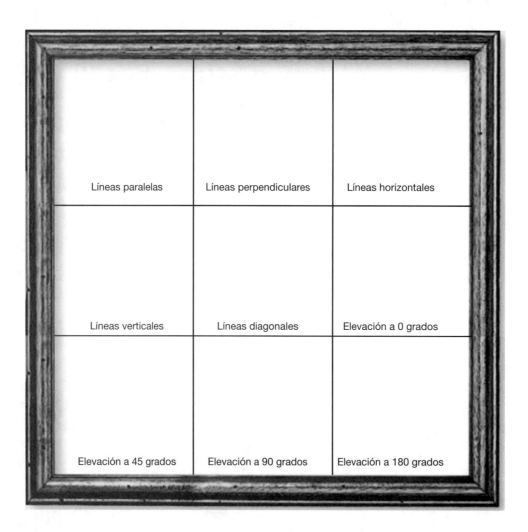

Líneas paralelas	Líneas perpendiculares	Líneas horizontales
Líneas verticales	Líneas diagonales	Elevación a 0 grados
Elevación a 45 grados	Elevación a 90 grados	Elevación a 180 grados

Ejercicio de relación de conceptos

Terminología A

Relacione los términos básicos con el término o la frase correspondiente.

_____ **Desfilar**

_____ **Tijeras para corte de cabello**

_____ **Tijeras de entresacar**

_____ **Navaja**

_____ **Maquinillas**

_____ **Terminadoras**

_____ **Ángulo**

_____ **Perímetro**

_____ **Horizontales**

_____ **Diagonal**

1. Líneas entre las horizontales y verticales

2. Línea externa

3. Se utilizan para eliminar el vello superfluo y limpiar la línea del cuello y alrededor de las orejas

4. Se utilizan para crear efectos en punta muy cortos rápidamente

5. Por lo general se utilizan para cortar líneas rectas; se pueden usar para adelgazar el cabello mediante desfilado

6. Líneas paralelas al suelo; se usan en los cortes de baja elevación

7. Espacio entre dos líneas que se cruzan

8. Se utilizan para quitar volumen del cabello

9. Se usa para hacer un corte con borde más suave que con las tijeras

10. Cortar las puntas del cabello en un leve efecto en punta

Terminología B

Relacione los términos básicos con el término o la frase correspondiente.

_____ **Corte recto**

_____ **Elevación**

_____ **Escalonado**

_____ **Pauta**

_____ **Corte en capas**

_____ **Entresacado o despunte**

_____ **División**

_____ **Secciones**

_____ **Tensión**

_____ **Línea de peso**

_____ **Vertical**

1. Cortar con las puntas de las tijeras para crear textura en las puntas del cabello

2. Este corte tiene mechones alrededor del exterior y se corta con una elevación de baja a media

3. Efecto graduado que se obtiene cortando el cabello con elevación o con cambio de la dirección natural

4. Sección de cabello que determina el largo que se dará al corte

5. Nivel de caída de un corte recto, donde las puntas de los cabellos cuelgan juntas

6. Línea que divide el cabello para crear subsecciones

7. Indica qué tan fuerte se tira del cabello antes de cortarlo

8. Líneas perpendiculares al piso

9. Cortar el cabello a lo largo de la hebra; todo el cabello cuelga en un nivel, formando una línea de peso

10. Divisiones que se hacen antes de realizar el corte

11. Ángulo en el que se sostiene el cabello con respecto a la cabeza para realizar el corte

Cuadro por cuadro: Conceptos B

Cuadro por cuadro consiste en transformar manualmente en imágenes los elementos, puntos o pasos clave de una lección plasmándolas en los cuadros o *paneles* de una matriz. Piense en imágenes y dibuje los conceptos básicos impresos en los siguientes cuadros. No se preocupe por el aspecto artístico. Use líneas y figuras lineales para ilustrar los conceptos anotados.

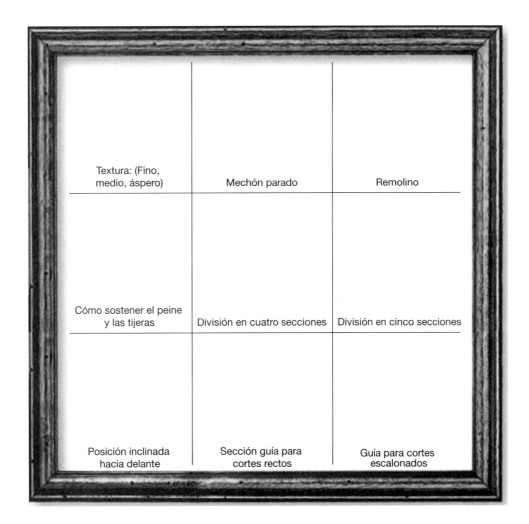

Textura: (Fino, medio, áspero)	Mechón parado	Remolino
Cómo sostener el peine y las tijeras	División en cuatro secciones	División en cinco secciones
Posición inclinada hacia delante	Sección guía para cortes rectos	Guía para cortes escalonados

Análisis de estilo para técnicas, ángulos y elevaciones

Como estilista profesional, tendrá muchos clientes que le mostrarán fotos y porque quieren lograr una apariencia igual o semejante. Por tanto, le será muy útil aprender a evaluar un estilo y determinar cómo se logró. Teniendo esto en cuenta, busque en varias revistas y elija tres cortes que le atraigan. Péguelos en la columna izquierda de la siguiente tabla. En la columna derecha, dibuje o explique las técnicas, ángulos y elevaciones que utilizaría para crear el corte y estilo en particular.

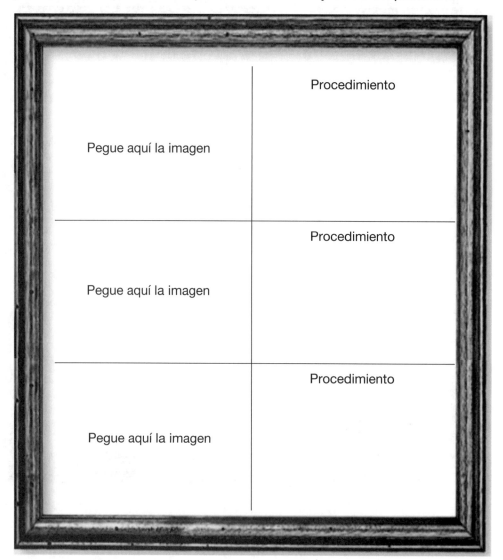

Pegue aquí la imagen	Procedimiento
Pegue aquí la imagen	Procedimiento
Pegue aquí la imagen	Procedimiento

Experiencia básica

Juego de palabras

Descifre los siguientes términos siguiendo las pistas provistas.

Juego	Palabra correcta
ceort erotc	_ _ _ _ _ _ _ _ _ _
	Pista: Corte en forma recta.
neaoacsold	_ _ _ _ _ _ _ _ _
	Pista: Tiene forma de picos o mechones.
lelioqulf	_ _ _ _ _ _ _ _ _
	Pista: Sección triangular que comienza en el vértice y termina en las esquinas frontales.
ne csapa	_ _ _ _ _ _ _ _ _ _ _ _ _ _ _
	Pista: Cortar el cabello con elevación o sobredirección.
ocsecisen	_ _ _ _ _ _ _ _ _
	Pista: Divisiones que se hacen antes de realizar el corte.
daeoilgnas	_ _ _ _ _ _ _ _
	Pista: Líneas entre las horizontales y verticales.
agíua raap cotres acdolnssaoe	_ _ _ _ _ _ _ _ _ _ _ _ _ _ _ _ _ _ _
	Pista: En movimiento.
irelactv	_ _ _ _ _ _ _ _ _
	Pista: Perpendicular al piso.
ed ndeeits nhocas	_ _ _ _ _ _ _ _ _ _ _ _ _ _ _ _
	Pista: Peine que se utiliza para crear un borde más suave al cortar con tijeras.
atdsmerorani	_ _ _ _ _ _ _ _ _ _ _ _
	Pista: Eliminan el vello superfluo.
biócscnseu	_ _ _ _ _ _ _ _ _
	Pista: Divisiones.
eorimlno	_ _ _ _ _ _ _ _
	Pista: Requiere más longitud.
javaan	_ _ _ _ _ _
	Pista: Hace un corte con un borde más suave.

Búsqueda de palabras A

Forme la palabra correcta siguiendo las pistas provistas y después encuentre las palabras en la sopa de letras.

Palabra	Pista
_____	Se usa para crear efectos en punta muy cortos
_____	Sostener las tijeras en un ángulo diferente a 90 grados de la hebra de cabello
_____	Corte que abajo es corto y arriba es largo
_____	Accesorios
_____	Se encuentran en el contorno del cuero cabelludo o en el interior del cabello
_____	Desfilado
_____	Ángulo en el que se sostiene el cabello con respecto a la cabeza
_____	Sección de cabello que determina el largo
_____	Corte de 90 grados
_____	Líneas paralelas al suelo

E	E	E	N	O	N	C	B	Y	U	E	I	N	G	U	V	E
E	L	O	A	O	N	C	S	U	U	S	Z	N	U	N	L	A
O	E	D	D	O	N	U	C	W	U	A	I	N	A	U	X	M
R	V	O	D	A	L	I	F	S	E	D	E	T	R	O	C	E
E	A	D	T	V	C	U	O	G	Q	A	I	S	D	D	Z	C
B	C	R	H	T	S	A	U	K	E	T	E	S	A	P	J	H
R	I	A	A	N	C	Í	S	V	E	L	R	I	S	E	Q	O
A	Ó	E	D	T	A	D	I	E	A	A	O	A	D	M	E	N
B	N	I	R	T	H	D	R	T	R	C	O	S	E	H	E	E
E	M	O	R	N	S	P	N	X	O	T	O	C	L	G	R	S
D	A	A	R	G	S	O	I	D	E	A	N	S	O	M	E	P
E	Y	R	I	P	Z	M	E	Z	G	U	O	E	N	R	C	A
N	O	I	I	I	L	H	L	J	E	R	I	L	G	B	E	R
I	R	A	R	D	A	G	V	N	R	R	T	L	I	B	E	A
E	E	O	I	E	L	N	F	D	A	R	T	O	T	Y	E	D
P	H	A	E	L	E	V	A	C	I	Ó	N	C	U	W	O	O
A	A	R	M	N	O	I	Z	A	D	O	T	C	D	K	E	S

Procedimientos y técnicas para cortar el cabello

Con sus propias palabras, explique el objetivo de los siguientes procedimientos.

Revisión del corte

[La respuesta podría ser]

_____

_____

_____

_____

_____

_____

Corte de deslizamiento

[La respuesta podría ser]

_____

_____

_____

_____

Técnica de corte de tijeras sobre peine

[La respuesta podría ser]

_____

_____

_____

_____

_____

Búsqueda de palabras B

Forme la palabra correcta siguiendo las pistas provistas y después encuentre las palabras en la sopa de letras.

Palabra	Pista
_____	Guía para cortes escalonados
_____	También se conoce como despuntado
_____	Líneas que nunca se cruzan
_____	Subsecciones
_____	Técnica popular de barbería
_____	Se utiliza para cortar líneas rectas a lo largo del cabello
_____	Estable
_____	Indica qué tan fuerte se tira del cabello al cortarlo
_____	Reducir volumen sin eliminar el largo
_____	Nivel de caída del corte recto

```
O  T  I  J  E  R  A  S  S  O  B  R  E  P  E  I  N  E
E  T  P  T  E  M  E  L  T  S  O  E  C  D  O  E  A  I
E  E  C  A  L  N  K  T  O  R  A  N  C  E  W  E  R  N
E  A  O  E  R  H  V  N  A  I  A  J  A  V  A  N  R  I
L  A  I  T  R  A  X  Q  O  I  T  S  I  P  K  E  C  O
S  E  I  I  N  E  L  E  A  P  T  S  U  M  V  E  R  O
S  A  I  E  E  E  T  E  A  I  A  O  U  H  E  E  N  O
E  O  O  T  R  N  I  R  L  O  T  J  J  G  L  A  A  D
N  A  E  T  C  R  M  M  O  A  O  S  M  Í  X  E  I  A
O  O  E  N  P  G  Z  O  A  C  S  L  N  A  Z  A  T  C
I  R  R  P  C  B  J  E  V  Z  A  E  L  O  J  I  E  A
S  J  A  N  O  F  A  E  S  I  A  R  O  B  L  S  N  S
I  J  O  N  U  Y  A  E  G  D  M  G  A  F  S  A  S  E
V  E  O  S  U  D  C  A  E  N  N  I  L  P  Q  A  I  R
I  R  T  S  D  W  B  P  R  O  N  L  E  E  A  J  Ó  T
D  S  R  S  D  A  E  E  E  E  B  C  E  N  D  Í  N  N
E  R  T  I  P  S  P  E  R  M  N  S  V  Y  T  A  U  E
E  D  O  L  O  L  I  A  I  E  P  I  R  L  O  O  I  G
```

Matrices de valoración básicas

Las matrices de valoración se utilizan en la educación para organizar e interpretar la información reunida a partir de las observaciones del desempeño del estudiante. Es un documento de evaluación claramente desarrollado para diferenciar entre los niveles de desarrollo del desempeño de una destreza específica o conducta. En esta guía de estudio se brinda una matriz de valoración como herramienta de autoevaluación para ayudarlo a desarrollar su comportamiento.

Califique su desempeño de acuerdo a la siguiente escala.

(1) Oportunidad de desarrollo: Hay poca o nula evidencia de competencia; se necesita ayuda; el desempeño presenta errores múltiples.

(2) Fundamental: Comienza a haber evidencia de competencia; la tarea se realiza de forma individual; el desempeño tiene pocos errores.

(3) Competente: Existe evidencia detallada y consistente de competencia; la tarea se realiza de forma individual; el desempeño tiene muy pocos errores.

(4) Fortaleza: Existe evidencia detallada de competencia altamente creativa, inventiva y desarrollada.

Se proporciona un espacio para hacer comentarios, ayudarlo a mejorar su desempeño y alcanzar una calificación más alta.

EVALUACIÓN DEL PROCEDIMIENTO PARA EL CORTE RECTO

Desempeño evaluado	1	2	3	4	Plan de mejoras
Desenredó el cabello con un peine de dientes anchos					
Utilizó el peine y la otra mano para separar el cabello donde se divide, o lo dividió de la forma en la que el cliente lo iba a usar					
Hizo una raya al medio que iba desde la parte frontal del contorno del cuero cabelludo hasta la nuca, dividiendo la cabeza en dos mitades					
Encontró el vértice de la cabeza, hizo una división desde el vértice hacia la parte posterior de la oreja en ambos lados, aseguró una horquilla y obtuvo cuatro secciones					

Desempeño evaluado	1	2	3	4	Plan de mejoras
Comenzando por el lado izquierdo de la nuca, realizó una división horizontal de ¼ a ½ pulgada (0,6 a 1,25 cm) del contorno del cuero cabelludo					
Con la cabeza del cliente erguida, peine la subsección desde el cuero cabelludo hasta las puntas con la caída natural					
Con la mano dominante, peinó nuevamente la subsección deteniéndose justo por encima de la línea de corte					
Se aseguró de que el peine estuviera horizontal y justo por encima de la línea de corte (el largo deseado)					
Cortó la subsección en forma recta exactamente contra el peine, recordando mantener las tijeras horizontales y paralelas al piso					
Repitió del lado derecho empleando el largo de la primera subsección como guía					
Verificó que la línea de corte estuviera derecha antes de continuar					
Volvió al lado izquierdo, hizo otra división horizontal creando una subsección del mismo tamaño que la anterior, permitiendo ver la sección guía del cabello a través de la nueva subsección					
Peinó el cabello con su caída natural y lo cortó a la misma altura de la guía					
Repitió el procedimiento en el lado derecho					
Siguió trabajando hacia arriba en la parte posterior de la cabeza, alternando secciones de la izquierda y de la derecha, usando subdivisiones					

Matrices de valoración básicas continuación

Desempeño evaluado	1	2	3	4	Plan de mejoras
Peinó el cabello con su caída natural y lo cortó con muy poco o nada de tensión a la misma altura de la guía					
Comenzando en el lado izquierdo, tomó una división horizontal y separó una sección del área posterior para que sirviera de guía					
Sostuvo el peine paralelo al piso y cortó el cabello de forma recta exactamente por debajo del peine, conectando la línea con la parte posterior					
Repitió el procedimiento en el lado derecho					
Cortó el lado derecho de la misma manera que el izquierdo					
Verificó que ambos lados estuvieran parejos					
Realizó los ajustes necesarios					
Continuó trabajando del lado izquierdo con divisiones horizontales, hasta que todo el cabello quedó cortado al mismo largo de la guía					
Al cortar a lo largo del rostro, se aseguró de que el cabello cayera hacia un lado y no sobre el rostro					
Repitió el procedimiento en el lado derecho					
Barrió del piso el cabello cortado y lo desechó adecuadamente					
Secó el cabello con secador elevando muy poco el área del cuero cabelludo					
Después de secar el cabello, le pidió al cliente que se pusiera de pie y revisara la línea en el espejo					

Matrices de valoración básicas continuación

Desempeño evaluado	1	2	3	4	Plan de mejoras
Limpió el cabello del cuello y revisó hacia dónde caía el cabello una vez seco					

EVALUACIÓN DEL PROCEDIMIENTO PARA El CORTE ESCALONADO

Desempeño evaluado	1	2	3	4	Plan de mejoras
Dividió el cabello en 6 secciones de acuerdo con el procedimiento					
Estableció la sección guía cortando primero el centro de la sección de la nuca al largo deseado					
Usó una línea de corte horizontal paralela a los dedos					
Cortó los lados derecho e izquierdo de la sección de la nuca con el mismo largo que la sección guía central					
Trabajando hacia arriba de la sección posterior izquierda, midió y separó la primera sección horizontal de aproximadamente 1 pulgada (2,5 cm) de ancho					
Comenzó en la parte central, estableció una subsección vertical de aproximadamente ½ pulgada (1,25 cm) de ancho					
Extendió la subsección hacia abajo para incluir la sección guía del cabello de la nuca y peinó la subsección a 45 grados con respecto al cuero cabelludo					
Mantuvo los dedos en un ángulo de 90 grados con respecto al mechón y cortó					
Procedió a cortar toda la sección horizontal dividiendo y cortando las subsecciones verticales de la misma manera que antes					
Revisó cada sección vertical y horizontalmente durante todo el corte					

Matrices de valoración básicas continuación

Desempeño evaluado	1	2	3	4	Plan de mejoras
Cada sección terminada sirvió de sección guía para la siguiente sección					
Separó otra sección horizontal de aproximadamente 1 pulgada (2,5 cm) de ancho					
Comenzando por el centro, estableció otra subsección vertical que se extendía hacia abajo e incluía el cabello ya cortado					
Peinó suavemente el cabello con una elevación de 45 grados respecto de la cabeza					
Mantuvo los dedos y las tijeras en un ángulo de 90 grados con respecto a la subsección y cortó					
Cortó de esta forma toda la sección horizontal					
Se aseguró de que la segunda sección armonizara uniformemente con la sección ya cortada					
Continuó separando secciones horizontales en las secciones derecha e izquierda y siguió el mismo procedimiento de corte					
El cabello se hizo gradualmente más largo al llegar al vértice					
Mantuvo el largo de la coronilla sosteniendo cada subsección vertical de toda esta zona en un ángulo de 90 grados al cortar					
Después de revisar la armonía entre la parte posterior y la coronilla, continúe con la sección lateral izquierda					
Estableció en el costado izquierdo, a partir del contorno del cuero cabelludo, una sección guía de aproximadamente ½ pulgada (1,25 cm) de ancho					
Pasó al lado derecho de la cabeza y estableció allí una sección guía del cabello similar					

Matrices de valoración básicas continuación

Desempeño evaluado	1	2	3	4	Plan de mejoras
Estableció una sección lateral de ½ - pulgadas (1,25 cm) que se curvaba y seguía el contorno del cuero cabelludo hacia atrás de la oreja hasta la sección de la nuca					
Peinó suavemente la sección, incluida la sección guía lateral y parte de la sección de la nuca					
Sostuvo el cabello con poco o nada de tensión y lo cortó desde la guía de la nuca hasta la guía lateral					
Estableció una sección horizontal en el lado izquierdo de la cabeza teniendo en cuenta la protuberancia de la oreja					
Comenzando en la oreja, dividió una subsección vertical de ½ pulgada (1,25 cm), incluyendo la sección guía del cabello subyacente y una pequeña parte de la sección de la nuca					
Continuó con el mismo procedimiento de corte anterior					
Tomó subsecciones verticales, las peinó suavemente, las levantó a un ángulo de 45 grados con respecto de la cabeza y mantuvo los dedos a 90 grados del cabello					
Cortó la sección uniformemente con la sección guía del cabello lateral y la sección de la nuca					
Sostuvo la subsección vertical recta a 45 grados de la cabeza					
Continuó separando secciones horizontales en el lado izquierdo de la cabeza y siguió el mismo procedimiento de corte					
Verificó horizontalmente cada sección para asegurarse que las puntas quedaran parejas					
Agregó mechones de la sección posterior para asegurarse de dar a ambas secciones el mismo largo					

Matrices de valoración básicas continuación

Desempeño evaluado	1	2	3	4	Plan de mejoras
Al terminar la sección lateral izquierda, el cabello de la parte superior de esta sección tenía el mismo largo que en la parte superior de la coronilla					
En la sección final de 1 pulgada (2,5 cm), peinó las subsecciones verticales y las sostuvo en un ángulo de 90 grados respecto de la cabeza					
Ubicó los dedos a 90 grados del cabello y cortó paralelo a ellos					
Verificó horizontalmente la sección terminada para asegurarse de que los extremos estuvieran parejos					
Se ubicó al lado derecho de la cabeza y cortó de la misma manera que lo hizo en el lado izquierdo, empleando la guía previamente establecida					
Una vez que terminó la parte posterior y ambos lados, pasó a la zona superior y al flequillo					
Creó una sección guía para el flequillo a lo largo del contorno del cuero cabelludo de aproximadamente ½ pulgada (1,25 cm) de ancho					
Comenzó en la parte central y trabajó hacia la izquierda de la frente, cortando al largo deseado					
Peinó la sección del flequillo incluyendo la guía central y una pequeña parte de la sección lateral					
Conectó ambas secciones guía del cabello para determinar el ángulo de corte					
Cortó la sección del flequillo a una elevación baja					
Verificó que el corte estuviera parejo y preciso					
Cortó la sección de ½ pulgada (1,25 cm)					

Desempeño evaluado	1	2	3	4	Plan de mejoras
Tomó la otra sección de ½ pulgada (1,25 cm) y cortó esta subsección de la sección del flequillo en una elevación baja hasta alcanzar la sección guía del cabello					
Hizo una división vertical a lo largo del contorno del cuero cabelludo que conecte la sección guía del cabello del flequillo y la sección guía del cabello desde la parte delantera de la oreja					
Deslizó la mano lentamente, manteniendo tomadas ambas secciones guía del cabello y se detuvo al tener aproximadamente ¼ pulgada (0,6 cm) de ambas secciones guía del cabello en la mano					
Con la sección guía del cabello que estableció en el paso anterior, tomó subsecciones de ½ pulgada (1,25 cm) y cortó la sección superior en un ángulo de 45 grados, armonizando con los costados					
Terminó la sección superior tomando subsecciones verticales de ½ pulgada (1,25 cm) paralelas a la parte central.					
Sostuvo el cabello con una elevación de 90 grados con respecto de la cabeza e incluyó cabello de la coronilla y de la zona del flequillo y cortó para armonizar con las dos secciones ya cortadas					
Continuó hasta terminar de cortar de esta manera el resto de la sección superior					
Sostuvo el cabello con una elevación de 90 grados con respecto de la cabeza y revisó el corte terminado					
Recortó las puntas disparejas					

EVALUACIÓN DEL PROCEDIMIENTO PARA EL CORTE EN CAPAS UNIFORMES

Desempeño evaluado	1	2	3	4	Plan de mejoras
Dividió el cabello en cinco secciones					
Separó dos divisiones de ½ pulgada (1,25 cm), creando una sección desde la parte frontal del contorno del cuero cabelludo hasta la parte inferior de la nuca					
Sujetó el cabello restante con una pinza de modo que no estorbara					
Comenzó en la coronilla y peinó la sección perpendicular a la cabeza					
Mantuvo los dedos paralelos a la forma de la cabeza y cortó hasta el largo deseado					
Continuó trabajando hacia la zona frontal del contorno del cuero cabelludo, asegurándose de pararse al costado del cliente					
Continuó cortando la sección guía del cabello desde la coronilla hacia la nuca, redondeando las esquinas que encontró y asegurándose que sus dedos se mantuvieran paralelos a la forma de la cabeza					
Separó los lados de la parte posterior dividiendo el cabello desde el vértice hacia la parte posterior de la oreja					
Trabajó primero el área posterior					
Este patrón de división tenía forma de cuña y cada sección comenzaba en el mismo punto de la coronilla y era ligeramente más ancho en la parte inferior de la nuca					

Matrices de valoración básicas continuación

Desempeño evaluado	1	2	3	4	Plan de mejoras
Trabajó primero el lado derecho					
Tomó una división vertical que comenzaba en la coronilla y se conectaba con la sección guía, creando una sección vertical que terminó en el contorno del cuero cabelludo					
Utilizó siempre secciones pequeñas para mantener el control					
Comenzó en la coronilla y utilizó la sección guía del cabello cortada previamente					
Peinó la nueva sección hasta la guía y elevó verticalmente el cabello sin cambiar la dirección natural					
Cortó la línea manteniendo los dedos paralelos a la cabeza y armonizó con la sección guía					
Continuó trabajando con una sección guía para cortes escalonados hacia la parte posterior de la oreja					
Repitió el procedimiento en el lado opuesto					
Armonizó la sección superior con la sección lateral					
Conectó las secciones cortadas anteriormente con la coronilla					
Realizó una verificación cruzada del cabello en el área de la coronilla					
Verificó la sección superior					
Cortó los lados y los conectó con la sección anterior en la parte posterior de la oreja y en la parte superior					
Repitió el procedimiento en el lado opuesto					

Matrices de valoración básicas continuación

Desempeño evaluado	1	2	3	4	Plan de mejoras
Verificó las secciones laterales					
Completó el corte armonizado					

EVALUACIÓN DEL PROCEDIMIENTO PARA EL CORTE EN CAPAS LARGAS (180 GRADOS)

Desempeño evaluado	1	2	3	4	Plan de mejoras
Dividió el cabello en cinco secciones					
Comenzó en la parte superior de la coronilla, tomando una subsección transversal de la cabeza de ½ pulgada (1,25 cm)					
Peinó el cabello hacia arriba desde la forma de la cabeza e hizo un corte recto					
Trabajó hacia el frente de la sección superior tomando una segunda subsección de ½ pulgada (1,25 cm)					
Dirigió la primera subsección (sección guía del cabello) hacia la segunda y cortó a la misma longitud					
Continuó utilizando como sección guía del cabello la subsección cortada previamente para cortar una nueva subsección de ½ pulgada (1,25 cm) hasta terminar la sección superior					
En la sección frontal izquierda, utilizó subsecciones horizontales de ½ pulgada (1,25 cm)					
Peinó el cabello hacia arriba y emparejó con el cabello cortado previamente (sección guía) de la sección superior					
Continuó trabajando hacia abajo por el costado, utilizando subsecciones de ½ pulgada (1,25 cm) hasta que el cabello ya no llegaba a la guía					

	1	2	3	4	
Repitió el procedimiento en el lado derecho					
Completó las secciones posteriores					
Siguió cortando con subsecciones horizontales de ½ pulgada [1,25 cm] y trabajó desde la parte superior hacia la inferior hasta que el cabello ya no alcanzaba la sección guía del cabello					
Revisó que los largos laterales estuvieran parejos					

EVALUACIÓN DEL PROCEDIMIENTO PARA EL CORTE BÁSICO CON MAQUINILLA PARA HOMBRES

Desempeño evaluado	1	2	3	4	Plan de mejoras
Hizo una división en forma de herradura de cerca de 2 pulgadas (5 cm) debajo del vértice de la cabeza, empezando y terminando en el contorno del cuero cabelludo frontal					
Peinó el cabello sobre la división delantera					
Comenzando en el área de la nuca, ubicó el peine de corte contra el cuero cabelludo, con los dientes hacia arriba					
Ubicó el peine contra el cuero cabelludo en un ángulo de 0 a 45 grados para poder seguir el contorno natural de la cabeza					
Cortó el cabello que sobresalía de los dientes del peine					
Repitió el paso 2 a medida que se desplazaba hacia arriba por la parte posterior de la cabeza					
Armonizó los largos de la curva de la cabeza cortando de manera cruzada horizontalmente, de lado a lado					

Desempeño evaluado	1	2	3	4	Plan de mejoras
Primero dio forma a la parte central posterior, desde la nuca hasta el surco parietal					
Cortó ambos lados de la parte posterior de oreja a oreja usando la técnica de maquinilla sobre peine					
Armonizó cuidadosamente los largos de la curva de la cabeza cortando de manera cruzada					
Usó una guarda accesoria de número bajo en la maquinilla para cortar cada lado desde la patilla hasta el surco parietal					
Midió la distancia entre las cejas y el contorno natural del cuero cabelludo para establecer una sección guía para el largo de la coronilla					
Cortó una sección guía angosta en el extremo de la coronilla de la división en forma de herradura					
Determinó el largo con base en la medición de la frente					
Comenzó en el extremo, cortó la parte superior con la maquinilla al largo exacto de la sección guía inicial de la coronilla					
A medida que avanzaba hacia la frente, cambió la dirección del cabello hacia la sección guía para aumentar el largo en la frente					
Utilizando la maquinilla con la guarda, acortó y dio forma al cabello alrededor de las orejas y las patillas					
Continuó con el corte hasta armonizar la estructura de la cabeza y el largo del cabello					
Utilizó la maquinilla o cortadora para armonizar o delinear el perímetro					

Complete el siguiente repaso del Capítulo 16, Corte de cabello.
Encierre en un círculo la respuesta correcta a cada pregunta.

1. Cortar el cabello en un solo largo es un corte _____.

   a) de elevación   b) recto

   c) escalonado   d) desfilado

2. El corte que tiene mechones alrededor del exterior y se corta con una elevación de baja a media es un corte _____.

   a) de elevación   b) recto

   c) escalonado   d) desfilado

3. El corte que utiliza las puntas de las tijeras para crear textura se conoce como _____.

   a) cortes en capas   b) corte sesgado

   c) elevación   d) entresacado

4. Las subdivisiones de una sección que se utilizan para tener control al realizar un corte se conocen como _____.

   a) subsecciones   b) guías

   c) secciones   d) tensión

5. Si el cabello se corta parcialmente mojado y parcialmente seco, el resultado será _____.

   a) uniforme   b) perfecto

   c) disparejo   d) rizado

6. Las herramientas que también se conocen como cortadoras y se emplean para limpiar la línea del cuello y alrededor de las orejas son las _____.

   a) maquinillas   b) terminadoras

   c) navajas   d) tijeras

7. Las herramientas para cortar líneas rectas se conocen como _____.

   a) maquinillas   b) terminadoras

   c) navajas   d) tijeras

8. La herramienta que se usa para hacer un corte con un borde más suave se conoce como_____.

a) maquinillas

b) terminadoras

c) navajas

d) tijeras

9. El peine que se utiliza para crear efectos en punta cortos en la nuca y los costados es el peine de _____.

a) peinado

b) barbero

c) dientes anchos

d) cola

10. El peine que se utiliza principalmente para desenredar el cabello es el peine de _____.

a) peinado

b) barbero

c) dientes anchos

d) cola

11. Los puntos _____ son puntos en la cabeza que marcan áreas donde la superficie de la cabeza o el comportamiento del cabello cambian, como las orejas, la mandíbula, el hueso occipital o el vértice.

a) parietales

b) de la coronilla

c) de elevación

d) de referencia

12. Las líneas _____ son paralelas al piso.

a) horizontales

b) perpendiculares

c) diagonales

d) verticales

13. Las líneas perpendiculares al piso son las líneas _____.

a) paralelas

b) perpendiculares

c) diagonales

d) verticales

14. La técnica de corte que se mide en grados es la técnica de _____.

a) tallado

b) elevación

c) maquinilla sobre peine

d) guía para cortes escalonados

15. Las líneas que se utilizan para armonizar e integrar son las líneas _____.

a) paralelas

b) perpendiculares

c) diagonales

d) verticales

16. Una guía estable que no se mueve también se conoce como guía _____.

   a) en movimiento   b) para cortes escalonados

   c) para cortes rectos   d) móvil

17. Cuando se corta el cabello a 90 grados o más, el resultado es un corte _____.

   a) recto   b) en capas

   c) escalonado   d) armonizado

18. Un corte realizado a 180 grados también se conoce como _____.

   a) corte de elevación baja   b) corte de elevación combinada

   c) corte en capas largo   d) corte de elevación armonizada

19. Un corte de 0 grados también se conoce como elevación _____.

   a) baja   b) alta

   c) inversa   d) armonizada

20. La técnica de barbería que se ha vuelto popular entre los cosmetólogos es el método de _____ sobre peine.

   a) maquinilla   b) navaja

   c) recortadora   d) tijeras

21. Un(a) _____ es una marca continua y delgada que se usa como guía.

   a) ángulo   b) línea

   c) elevación   d) sección

22. Deslizar los dedos y las tijeras a lo largo del borde del cabello para disminuir el largo se conoce como corte _____.

   a) de despunte   b) de deslizamiento

   c) entresacado   d) con navaja

23. El proceso de afinar el cabello usando tijeras se conoce como
_____ .

    a) desfilado   b) afeitado

    c) deslizamiento   d) recorte

24. Las guías _____ se utilizan principalmente para cortes rectos (de un solo largo) o cuando se usa un cambio de la dirección natural con el fin de aumentar la longitud o el peso en un corte.

    a) para cortes escalonados   b) móviles

    c) para cortes rectos   d) portátiles

25. El(la) _____ se emplea en cortes graduados y en capas y en aquellas situaciones en las que se quiere aumentar la longitud del corte.

    a) desfilado   b) recorte

    c) elevación   d) cambio de la dirección natural

Conocimientos básicos y logros académicos

A continuación escriba en el espacio provisto algunos comentarios sobre los conceptos del capítulo más difíciles de comprender o recordar. Imagine que usted es el maestro y piense en lo que le diría a sus estudiantes sobre estos conceptos. Comparta sus Conocimientos básicos con sus compañeros de clase y pregúnteles si les parecen útiles. Si es necesario revise sus apuntes de clase tomando las ideas de sus compañeros que le parezcan buenas.

Conocimientos básicos:

_____

_____

_____

_____

_____

_____

_____

_____

_____

_____

Indique por lo menos tres cosas que haya aprendido en relación con los objetivos de su carrera profesional desde la última anotación.

Logros académicos:

_____

_____

_____

_____

_____

17

Peluquería

*Un momento de motivación: "Si busca una gran
oportunidad, consiga un gran problema".*
—Anónimo

Objetivos básicos

**Al terminar este capítulo y las secciones de Un complemento indispensable,
usted podrá:**

1. Demostrar la ondulación con los dedos, los rizos con horquillas,
la colocación de rulos y la envoltura de cabello.

2. Demostrar varias técnicas de peinado con secador.

3. Demostrar el uso adecuado de las planchas térmicas.

4. Demostrar varios manejos de la plancha térmica y explicar cómo
se aplican.

5. Describir los tres tipos de planchado del cabello.

6. Demostrar los procedimientos para el planchado suave y el planchado
intenso.

7. Demostrar tres técnicas básicas de peinado del cabello largo.

Peinado en húmedo básico

¿Qué tan importantes son el peinado en húmedo, el peinado térmico y el planchado del cabello para tener éxito como cosmetólogo?

Al igual que la moda, los peinados son cíclicos. De la misma manera que los pantalones acampanados de finales de los sesenta se volvieron a poner de moda, los peinados que eran populares en los años veinte se ponen de moda por momentos en la sociedad. La historia nos muestra que los miembros de todas las sociedades se han cortado y arreglado el cabello para cambiar su estado natural; los libros ilustran grandes diferencias de una década a otra. Ellos nos han mostrado las pelucas rubias de las matronas romanas, las pelucas grises de los juristas ingleses y las pelucas negras de las geishas japonesas. También hemos visto los estilos de cabellos sedosos y ondulados de las mujeres de la década de 1920 y las tendencias informales e individuales del siglo XXI.

Las encuestas recientes de los salones modernos indican que los nuevos estilistas que se unen a sus equipos deben ser expertos en muchas de las técnicas de peinado, incluidos el peinado y el ondulado térmicos. La historia nos demuestra que las técnicas térmicas o de calor se han usado durante siglos para crear ciertos estilos. El calor del sol se usaba para acelerar el proceso de los aclarantes, ondulaciones permanentes y coloración del cabello. Para obtener ciertos estilos, el cabello se envolvía en tallos o varas y se secaba con el sol. Por fortuna, las herramientas e implementos han mejorado drásticamente desde entonces.

En 1875, Marcel Grateau inventó la técnica de la plancha térmica, la cual se sigue conociendo como ondulación Marcel. A finales de los años sesenta, el uso del secador y los rizadores se volvió muy común con el primer corte *paje*, que en el siglo XXI se ha vuelto cada vez más popular, ya que muchas mujeres han ingresado al mundo empresarial y ahorrar tiempo es muy importante. Estas técnicas se utilizan para lo que se conoce como *servicios rápidos* del salón. Sin embargo, con ellas se debe tener el mismo cuidado que para el peinado en húmedo.

El planchado del cabello es un servicio popular y rentable que hoy en día se usa en muchos establecimientos profesionales. El cabello muy rizado tiene muchos colores, texturas y orígenes étnicos. Todos hemos escuchado el dicho, "el césped siempre está más verde al otro lado de la cerca". De acuerdo a esto, los seres humanos nunca estamos satisfechos con lo que tenemos. Si tenemos el cabello liso, queremos que sea rizado; y para lograrlo, utilizamos los servicios de textura química. Si tenemos el cabello con rizos naturales, queremos que sea liso; y para lograrlo, utilizamos los servicios químicos o de plancharlo. Todos esos deseos contribuyen a su éxito como cosmetólogo profesional.

Peinado en húmedo básico
continuación

Cuando sea un cosmetólogo profesional, tendrá su autorización o licencia durante muchos años y, esperemos, durante varias décadas. Debe estar preparado para cumplir los deseos y necesidades de sus clientes, sin importar qué peinados estén de moda. Por tanto, es muy importante que aprenda los conceptos básicos del peinado para ser competente al realizarle al cliente el peinado que desea.

Los cosmetólogos deben estudiar peluquería y comprenderla bien porque:

- La peluquería es una destreza importante y básica que permite al profesional expresar su creatividad y ofrecer el resultado específico que el cliente desea.

- Los clientes confían en que usted les enseñe acerca de su cabello y cómo peinarlo de modo de poder tener una variedad de opciones basándose en las necesidades de su estilo de vida y de la moda. ¡Usted es el experto!

- El cliente acude a usted para obtener ese estilo especial que desea para ese día especial.

- Las destrezas de peluquería le permitirán ayudar a los clientes a ser tan modernos como les gustaría ser y permitirles seguir las tendencias.

¿Cuáles son los elementos más importantes del peinado del cabello que debo conocer?

El peinado es una forma de arte, donde el cabello es el medio y usted el artista. El peinado es producto de un conjunto de principios, elementos, herramientas e implementos detallados. Necesitará dominar el uso de las herramientas e implementos empleados en el peinado y preparar adecuadamente el cabello para este servicio. Se familiarizará con una variedad de productos de peluquería que sirven para crear la apariencia o estilo deseados. Aprenderá que la ondulación con los dedos es el arte de dar forma y dirigir el cabello en ondas paralelas alternadas con crestas bien definidas mediante el uso de los dedos, los peines, la loción para ondular y las horquillas o pinzas.

Aprenderá cómo el concepto de ondas evoluciona hacia el concepto de rizos, incluidos los rizos con horquillas o con rulos. Existen diversas técnicas para crear rizos con horquillas y enrulados que lo dejarán demostrar su talento como artirsta al manejar el cabello. También dominará varios procedimientos de cepillado y peinado que darán la apariencia final al peinado que diseñó.

Además de esto, el peinado térmico es el arte de secar, ondular y rizar el cabello mediante calor utilizando técnicas especiales de manipulación. Esto incluye secar o peinar el cabello, rizarlo u ondularlo y alisarlo. Cada equipo que se emplea en el peinado térmico está diseñado para una técnica específica de peinado. Las técnicas básicas que debe dominar son el uso del secador y rizador. Deberá conocer cómo funciona cada equipo y cómo crear diversos estilos con cada uno.

También necesitará aprender sobre los tres tipos de técnicas de planchado del cabello: el planchado suave, el planchado mediano y el planchado intenso. Es importante comprender qué clase de planchado se utiliza en cada tipo de cabello. Desde luego, también tendrá que dominar cada una de las técnicas. Aprender acerca de los problemas especiales del planchado y dominar las medidas de seguridad que se deben seguir, también le ayudará a tener éxito.

Mapa didáctico sobre el peinado en húmedo

Al realizar un mapa didáctico simplemente creamos un resumen diagramático (libre) con objetos o información y con el punto clave o principal ubicado en el centro. El punto clave de este mapa didáctico es el peinado en húmedo. Haga un esquema de las diferentes herramientas, implementos y elementos o categorías del peinado en húmedo. Use palabras, dibujos y símbolos según lo prefiera. El uso de colores reforzará su capacidad de retención. Piense libremente y no se preocupe por la ubicación de los trazos ni de las palabras. Verá que el mapa se organiza por sí solo.

Peinado en húmedo

Cuadro por cuadro: Rizos con horquillas

Cuadro por cuadro consiste en transformar manualmente en imágenes los elementos, puntos o pasos clave de una lección plasmándolas en los cuadros o *paneles* de una matriz. Piense en imágenes y dibuje los conceptos básicos impresos en los siguientes cuadros. No se preocupe por el aspecto artístico. Use líneas y figuras lineales para ilustrar los conceptos indicados.

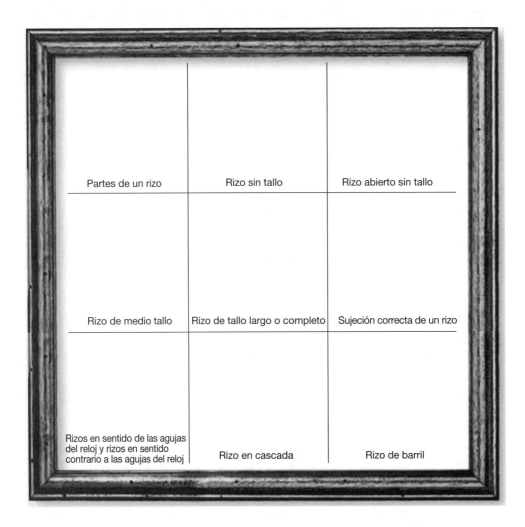

Partes de un rizo	Rizo sin tallo	Rizo abierto sin tallo
Rizo de medio tallo	Rizo de tallo largo o completo	Sujeción correcta de un rizo
Rizos en sentido de las agujas del reloj y rizos en sentido contrario a las agujas del reloj	Rizo en cascada	Rizo de barril

Actividad de seguimiento: Para que el instructor le otorgue una calificación, realice cada uno de los siguientes rizos o movimientos en un maniquí.

____ Rizo sin tallo   ___ Rizo de medio tallo   ___ Rizo de tallo completo

____ Rizo en sentido de las agujas del reloj   ___ Rizo en cascada   ___ Rizos de barril

Ejercicio de relación de conceptos

Relacione cada uno de los siguientes términos básicos con la frase
o definición correspondiente.

_____ **Circular**

1. Rizos con horquillas sacados de un modelado que se forman sin levantar el cabello de la cabeza

_____ **Oblongo**

2. Forma circular con el extremo abierto más pequeño que el extremo cerrado; en un patrón de ondulación, la dirección se alterna

_____ **Modelado**

3. Se recomienda para el contorno frontal o facial del cuero cabelludo, para evitar las interrupciones o separaciones en el peinado terminado

_____ **Rizos de cresta**

4. Mantiene el mismo ancho durante el modelado

_____ **Rizo en espiral**

5. Se utiliza para una construcción uniforme adecuada para peinados rizados sin demasiado volumen o elevación

_____ **Rizos tallados**

6. Se conoce como base en forma de *media luna* o en forma de *C*

_____ **Cerrados**

7. Se recomienda para la parte frontal del contorno del cuero cabelludo para lograr un efecto delicado y elevado

_____ **Rectangular**

8. Sección del cabello que se moldea con un movimiento circular

_____ **Triangular**

9. Rizos con horquillas que producen ondas que se hacen más pequeñas hacia el extremo

_____ **Base en arco**

10. Rizos con horquillas que se ubican detrás o debajo de una cresta para formar una onda

_____ **Base cuadrada**

11. Forzar el mechón a través del peine mientras se aplica presión con el pulgar en la parte posterior del mismo para crear tensión

_____ **Alistonado**

12. Método de rizado del cabello entrelazando una hebra alrededor de la varilla

Cuadro por cuadro: Colocación de rulos

Cuadro por cuadro consiste en transformar manualmente en imágenes los elementos, puntos o pasos clave de una lección plasmándolas en los cuadros o *paneles* de una matriz. Piense en imágenes y dibuje los conceptos básicos impresos en los siguientes cuadros. No se preocupe por el aspecto artístico. Use líneas y figuras lineales para ilustrar los conceptos indicados.

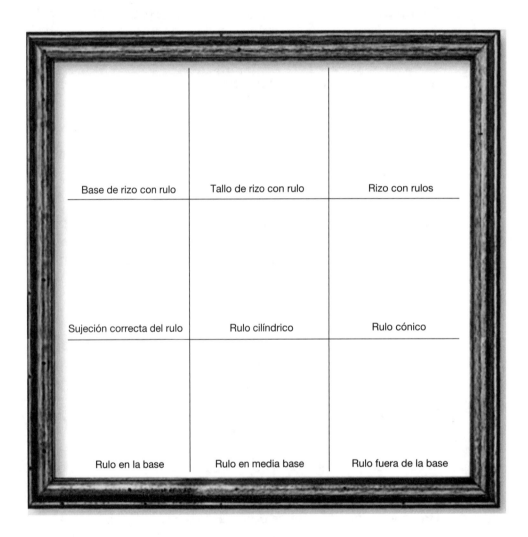

Base de rizo con rulo	Tallo de rizo con rulo	Rizo con rulos
Sujeción correcta del rulo	Rulo cilíndrico	Rulo cónico
Rulo en la base	Rulo en media base	Rulo fuera de la base

Capítulo 5

Experiencia básica

Búsqueda de palabras

Forme la palabra correcta siguiendo las pistas provistas y después encuentre las palabras en la sopa de letras.

Palabra	Pista
_____	También se denomina *alborotado*
_____	Rizos con horquillas con grandes aberturas, sujetados a la cabeza en posición vertical sobre una base rectangular
_____	Rizos con horquillas sacados de un modelado que se forman sin levantar el cabello de la cabeza
_____	Accesorio de boquilla que dirige el flujo de aire
_____	Accesorio del secador de cabello que hace que el aire fluya más suavemente
_____	Técnica que consiste en pasar un rizador caliente por el cabello antes de realizar un planchado intenso
_____	Forma un rizo firme con gran volumen
_____	Elimina el 100% del rizo al aplicar el peine térmico dos veces en cada lado del cabello
_____	Rizo que se coloca directamente en la base
_____	Fuerza el cabello entre el pulgar y la parte posterior del peine para crear tensión
_____	Rizos con horquillas que se colocan inmediatamente detrás o debajo de una cresta para formar una onda
_____	Punta redondeada y sólida de una plancha térmica
_____	Parte de las planchas térmicas donde permanece la varilla cuando éstas están cerradas
_____	Dos hileras de rizos de cresta, generalmente en los lados de la cabeza
_____	Método de rizado del cabello entrelazando una hebra alrededor de la varilla
_____	También se conocen como *rizos en cascada*
_____	Sección del rizo con horquillas que se ubica entre la base y el primer arco
_____	Peinado que se arregla hacia arriba y fuera de los hombros
_____	Tipo de gel que deja el cabello flexible para la ondulación con los dedos

```
S A T P L A N C H A D O D O B L E L
O T O R I Z O E N E S P I R A L O C
D S A S A E I R N I L N R T T C E U
A E L E N I D R L O O O O N I P B S
L R I L I E R R I H D S L Ó I T A A
L C S E A O T N I A O I N L A D S T
A E T E E N D N R D R D L L A S E E
T D O L L A R T I R E A L E N I D L
S S N E A Z N G A O D O T T D I E P
O O A E Z E O B N O D L O I N S A M
Z Z D E C C E D I L A A F E V S P O
I I O N E D U N I S O U H A N L O C
R R O R S L V I S L S A R C O L Y E
C C D O A E D A O O O I L C N L O S
E A Z C R L D I R A L O T T N A C A
D I I S A N I O L L A T N I S L L B
R Ó O N O A P A A T E C N S C C C P
N S E L A C I T R E V S O Z I R U D
```

Manejo de tenacillas y planchas

Use una plancha térmica fría, un maniquí y otros implementos requeridos y practique los ejercicios del libro de texto sobre el manejo de las planchas térmicas.

Ejercicio 1: Debido a la importancia de desarrollar un suave movimiento rotatorio, practique girando las tenacillas mientras las abre y las cierra a intervalos regulares. Practique girando la plancha hacia abajo en su dirección, y hacia arriba, en dirección opuesta a usted.

Ejercicio 2: Practique soltar el cabello abriendo y cerrando las tenacillas con un movimiento rápido.

Ejercicio 3: Practique guiar el mechón hacia el centro del rizo mientras hace girar las tenacillas. Este ejercicio asegurará que el extremo del mechón quede firme en el centro del rizo.

Ejercicio 4: Practique retirar de las tenacillas el rizo tirando del peine a la izquierda y girando la varilla hacia la derecha. Use el peine para evitar quemar el cuero cabelludo.

Al terminar los ejercicios, use el espacio en blanco y explique las dificultades que haya tenido al realizarlos. Comente las dificultades con su instructor.

_____

_____

_____

_____

_____

_____

_____

_____

Precauciones de seguridad

Use los espacios en blanco y explique por qué son necesarias las siguientes precauciones de seguridad al utilizar la ondulación y rizado térmico.

1. Las planchas no deben sobrecalentarse.

   _____

2. Antes de pasar las planchas por el cabello, se debe probar la temperatura.

   _____

3. Las planchas deben manejarse con cuidado.

   _____

4. Las planchas deben colocarse en un lugar seguro para que se enfríen.

   _____

   _____

5. Cuando se caliente una plancha, los mangos no deben dejarse cerca del calentador.

   _____

6. Las planchas deberán quedar bien apoyadas sobre el calentador.

   _____

7. No se deben utilizar peines de celuloide o metálicos.

   _____

8. No se deben utilizar peines con dientes rotos.

   _____

   _____

9. Al hacer ondulados o rizados, se debe colocar un peine entre el cuero cabelludo y la plancha térmica.

   _____

10. No debe permitir que las puntas del cabello sobresalgan de la plancha.

_____

11. Por lo general, las planchas térmicas no se utilizan en cabello alisado químicamente.

_____

12. Debe haber un botiquín de primeros auxilios a la mano.

_____

Preparación para el rizado térmico

Haga una lista de los cinco pasos generales para la preparación de
un procedimiento con plancha térmica calentada eléctricamente
o con calentador. Tenga presente que su instructor puede cambiar
estos métodos.

1. _____

2. _____

3. _____

4. _____

_____

_____

_____

_____

5. _____

Cuadro por cuadro: Rizado térmico

Cuadro por cuadro consiste en transformar manualmente en imágenes los elementos, puntos o pasos clave de una lección plasmándolas en los cuadros o *paneles* de una matriz. Piense en imágenes y dibuje los conceptos básicos impresos en los siguientes cuadros. No se preocupe por el aspecto artístico. Use líneas y figuras lineales para ilustrar los conceptos anotados.

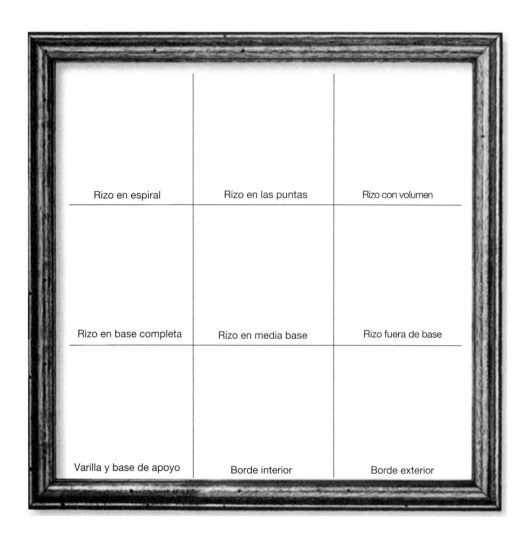

Rizo en espiral	Rizo en las puntas	Rizo con volumen
Rizo en base completa	Rizo en media base	Rizo fuera de base
Varilla y base de apoyo	Borde interior	Borde exterior

Ondulación con planchas térmicas convencionales

Enumere el equipo, los implementos y los materiales que se utilizan en una ondulación térmica con una plancha térmica convencional (de Marcel)

_____

_____

Enumere con sus propias palabras los pasos básicos del procedimiento que se pueden utilizar para crear un peinado con una plancha térmica convencional (de Marcel) para una onda hacia la izquierda.

1. _____

2. _____

   _____

   _____

3. _____

   _____

   _____

   _____

   _____

4. _____

   _____

   _____

   _____

   _____

5. _____

   _____

6. _____

   _____

   _____

   _____

   _____

7. _____
   _____
   _____

8. _____
   _____

9. _____
   _____
   _____

10. _____
    _____
    _____
    _____

11. _____
    _____
    _____
    _____
    _____
    _____
    _____

12. _____

Tipos de planchado del cabello

Use el espacio en blanco y explique con sus propias palabras cada técnica de planchado y cómo se logra cada una.

Planchado suave: _____

_____

_____

Planchado mediano: _____

_____

_____

Planchado intenso: _____

_____

_____

_____

Conocimiento de los productos

Realice una investigación sobre las diversas cremas o aceites para alisar disponibles en su escuela y en las tiendas de insumos locales. Anote los resultados en la siguiente tabla.

Nombre del producto	Ingredientes principales	Objetivo	Beneficios	Instrucciones de uso

Análisis del cabello y del cuero cabelludo

Enumere los ocho puntos que se deben cumplir durante el análisis del cabello y el cuero cabelludo antes de realizar un servicio de planchado del cabello.

1. _____

2. _____

3. _____

4. _____

5. _____

6. _____

7. _____
   _____

8. _____

Enumere al menos cinco recordatorios y consejos sobre la presión suave.

1. _____

2. _____

3. _____
   _____

4. _____

5. _____
   _____

6. _____
   _____
   _____

7. _____
   _____

Concurso de conocimientos

Como en un concurso de conocimientos, escriba las preguntas que corresponden a las respuestas.

Planchado del cabello por $100.

1. Alisar temporalmente el cabello muy rizado o rebelde.

_____

2. Una serie de tratamientos acondicionadores.

_____

_____

3. Suave, mediano e intenso.

_____

Planchado del cabello por $200.

1. Planchado doble.

_____

2. Resquebrajamiento.

_____

3. Cabello medio.

_____

Planchado del cabello por $300.

1. Excoriaciones, afección contagiosa y herida en el cuero cabelludo, cabello tratado químicamente.

_____

_____

2. Cabello rizado y áspero.

_____

3. Normales y eléctricos.

_____

Planchado del cabello por $400.

1. Carbono.

_____

_____

2. Aplicar menos presión en las puntas.

_____

_____

Matrices de valoración básicas

Las matrices de valoración se utilizan en la educación para organizar e interpretar la información reunida a partir de las observaciones del desempeño del estudiante. Es un documento de evaluación claramente desarrollado para diferenciar entre los niveles de desarrollo del desempeño de una destreza específica o conducta. En esta guía de estudio se brinda una matriz de valoración como herramienta de autoevaluación para ayudarlo a desarrollar su comportamiento.

Califique su desempeño de acuerdo a la siguiente escala.

(1) Oportunidad de desarrollo: Hay poca o nula evidencia de competencia; se necesita ayuda; el desempeño presenta errores múltiples.

(2) Fundamental: Comienza a haber evidencia de competencia; la tarea se realiza de forma individual; el desempeño tiene pocos errores.

(3) Competente: Existe evidencia detallada y consistente de competencia; la tarea se realiza de forma individual; el desempeño tiene muy pocos errores.

(4) Fortaleza: Existe evidencia detallada de competencia altamente creativa, inventiva y desarrollada.

Se proporciona un espacio para hacer comentarios, ayudarlo a mejorar su desempeño y alcanzar una calificación más alta.

PROCEDIMIENTO DE LA ONDULACIÓN HORIZONTAL CON LOS DEDOS

Desempeño evaluado	1	2	3	4	Plan de mejoras
Después de lavar el cabello con champú, lo dividió, lo alisó con el peine y lo arregló de acuerdo con el estilo planeado					
El uso de los dientes anchos del peine le permitió al cabello moverse con mayor facilidad					
Siguió el patrón de crecimiento natural al peinar y dividir el cabello					
Aplicó la loción para ondular con una botella aplicadora a un lado del cabello mientras estaba húmedo					
Distribuyó la loción con el peine en toda la sección					

Desempeño evaluado	1	2	3	4	Plan de mejoras
Comenzó la primera onda en el lado derecho de la cabeza					
Con el dedo índice de la mano izquierda como guía, modeló la zona superior del cabello con un peine para comenzar la forma de S aplicando un movimiento circular					
Comenzó en el contorno del cuero cabelludo y trabajó hacia la coronilla en secciones de 1½ a 2 pulgadas (3,7 a 5 cm) hasta alcanzar la coronilla					
Para formar la primera cresta, colocó el dedo índice de la mano izquierda sobre la posición para la primera cresta					
Con los dientes del peine apuntando levemente hacia arriba, insertó el peine directamente debajo del dedo índice y deslizó el peine hacia delante aproximadamente 1 pulgada (2,5 cm) a lo largo de la punta del dedo					
Con los dientes todavía insertados en la cresta, aplanó el peine contra la cabeza para mantener la cresta en su lugar					
Retiró la mano izquierda de la cabeza y colocó el dedo medio sobre la cresta y el índice sobre los dientes del peine					
Terminó la cresta cerrando los dos dedos y presionando contra la cabeza					
No intentó aumentar la altura o profundidad de la cresta pellizcando o empujando con los dedos					
Sin retirar el peine, giró los dientes hacia abajo y peinó el cabello en forma semicircular para formar una depresión en la parte hueca de la onda					

Matrices de valoración básicas continuación

Desempeño evaluado	1	2	3	4	Plan de mejoras
Siguió este procedimiento sección por sección hasta alcanzar la coronilla, donde finaliza la cresta					
La cresta y la onda combinaron de manera uniforme sin mostrar separaciones en la cresta y en la parte hueca de la onda					
Para formar la segunda cresta, comenzó en el área de la coronilla; utilizó movimientos inversos a los que se utilizaron en la primera cresta; se deslizó el peine desde la punta del dedo índice hacia la base					
Todos los movimientos se realizaron en un patrón inverso hasta alcanzar el contorno del cuero cabelludo, completando de este modo la segunda cresta					
Los movimientos para la tercera cresta fueron semejantes a los realizados para crear la primera					
La tercera cresta comenzó en el contorno del cuero cabelludo y se extendió hasta la zona posterior de la cabeza					
Continuó alternando las direcciones hasta completar el lado de la cabeza					
Utilizó en el lado izquierdo (ligero) el mismo procedimiento utilizado para el lado derecho (pesado) de la cabeza					
Primero modeló el cabello peinándolo en la dirección de la primera onda					
Comenzando en el contorno del cuero cabelludo, formó la primera cresta, sección por sección, hasta alcanzar la segunda cresta del lado opuesto					

Desempeño evaluado	1	2	3	4	Plan de mejoras
Tanto la cresta como la onda se armonizaron sin separaciones ni interrupciones, con la cresta y la onda del lado derecho de la cabeza					
Comenzó con la cresta y la onda de la parte de atrás de la cabeza y continuó, sección por sección, hacia el lado izquierdo de la cara					
Continuó trabajando hacia atrás y hacia delante hasta terminar todo el lado					
Colocó la red sobre el cabello, la sujetó en caso necesario y protegió la frente y orejas del cliente con protectores de algodón, gasa o papel mientras estaba bajo el secador					
Ajustó el secador a temperatura media y permitió que el cabello se secara por completo					
Retiró al cliente del secador y dejó que el cabello se enfriara					
Retiró del cabello las pinzas y la red					
Peinó y reajustó las ondas dejando un peinado delicado y ondulado					
Agregó spray fijador para brindar fijación y brillo					

PROCEDIMIENTO PARA LOS RIZOS TALLADOS O ESCULPIDOS

Desempeño evaluado	1	2	3	4	Plan de mejoras
Dividió el cabello adecuadamente para el diseño					
Formó el primer modelado					
Creó el primer rizo comenzando los rizos en el extremo abierto del modelado					
Dirigió el dedo índice no dominante hacia abajo y sostuvo el mechón en su lugar					

Matrices de valoración básicas continuación

Desempeño evaluado	1	2	3	4	Plan de mejoras
Alistonó el mechón					
Enrolló el rizo hacia delante, manteniendo las puntas del cabello dentro del centro del rizo					
Sujetó el rizo con una pinza					
Colocó la pinza en el círculo de forma paralela al tallo					
No puso la horquilla atravesando el círculo					
Colocó algodón entre la piel y la pinza si era necesario					

PROCEDIMIENTO PARA LA FIJACIÓN EN HÚMEDO CON RULOS

Desempeño evaluado	1	2	3	4	Plan de mejoras
Peinó el cabello lavado en la dirección del patrón de fijación					
Comenzando en el contorno frontal del cuero cabelludo, dividió una sección del mismo largo y ancho que el rulo					
Eligió el tipo de base según el volumen deseado					
Peinó el cabello desde el cuero cabelludo hacia las puntas utilizando los dientes finos del peine					
Repitió varias veces para asegurarse de que el cabello estaba desenredado					
Sostuvo el cabello con tensión entre el dedo pulgar y el dedo medio de la mano izquierda					
Colocó el rulo debajo del pulgar de la mano izquierda					
No hizo convergir las puntas del cabello					
Enrolló las puntas del cabello suavemente alrededor del rulo hasta que el cabello quedara sujeto y no se soltara					
Ubicó los pulgares sobre los extremos del rulo y enrolló el cabello firmemente hacia el cuero cabelludo					

Desempeño evaluado	1	2	3	4	Plan de mejoras
Aseguró con pinzas el rulo al cabello del cuero cabelludo					
Puso al cliente bajo el secador de pie y lo ajustó en una temperatura cómoda					
Cuando el cabello estaba seco, lo dejó enfriar y luego retiró los rulos					
Peinó y modeló el cabello según lo deseado					

PROCEDIMIENTO PARA EL SECADO CON SECADOR DEL CABELLO CORTO, EN CAPAS Y RIZADO

Desempeño evaluado	1	2	3	4	Plan de mejoras
Distribuyó con los dedos el producto de peluquería en el cabello y lo peinó con un peine de dientes anchos					
Usó el peine para moldear el cabello con la forma deseada mientras todavía estaba húmedo					
Para crear volumen y elevación, utilizó un cepillo redondo pequeño					
Aplicó un mousse o spray para dar volumen en la base					
Seccionó y dividió el cabello de acuerdo al tamaño del rizo deseado					
Insertó el cepillo redondo en la base del rizo					
Con la técnica de fijación con rulos, secó cada sección en base completa o media					
Para lograr la máxima elevación, insertó el cepillo en la base y dirigió la sección del cabello en un ángulo ascendente de 125 grados					
Enrolló el cabello a la base aplicando tensión media					

Matrices de valoración básicas continuación

Desempeño evaluado	1	2	3	4	Plan de mejoras
Dirigió el chorro de aire del secador sobre el rizo con un movimiento de vaivén					
Cuando la sección estaba completamente seca, oprimió el botón de frío y enfrío la sección para fortalecer la formación del rizo					
Liberó el cepillo desenrollando la sección correspondiente; para obtener una menor elevación en el cuero cabelludo, sostuvo la sección en un ángulo de 70 a 90 grados y siguió el mismo procedimiento					
Se aseguró de que el cuero cabelludo y el cabello estaban completamente secos antes de hacer el peinado					
Terminó con spray para el cabello					

PROCEDIMIENTO DE ONDULACIÓN TÉRMICA

Desempeño evaluado	1	2	3	4	Plan de mejoras
Secó el cabello del cliente por completo					
Volvió a cubrir al cliente para un servicio de cabello en seco					
Calentó la plancha					
Peinó el cabello para darle la forma general deseada					
Con el peine, levantó un mechón de cabello de alrededor de 2 pulgadas (5 cm) de ancho					
Introdujo la plancha en el cabello con la ranura hacia arriba					
Cerró la plancha y la giró un ¼ de vuelta hacia delante					
Al mismo tiempo, tiró del cabello con la plancha alrededor de ¼ pulgada (0,6 cm) a la izquierda y con el peine dirigió el cabello ¼ pulgada (0,6 cm) a la derecha					

Desempeño evaluado	1	2	3	4	Plan de mejoras
Enrolló la plancha una vuelta completa hacia delante					
Mantuvo el cabello parejo con el peine durante unos segundos para que se caliente					
Inviertió el movimiento desenrollando el cabello de la plancha					
Abrió la plancha y la colocó justo debajo del surco o cresta y la cerró					
Manteniendo la plancha completamente inmóvil, la dirigió hacia arriba el cabello con el peine alrededor de 1 pulgada (2,5 cm), formando un medio círculo con el cabello					
Sin abrir la plancha, la enrolló media vuelta hacia delante en dirección opuesta, manteniendo el peine fijo y sin cambiar su posición					
Deslizó la plancha hacia abajo aproximadamente 1 pulgada (2,5 cm) abriéndola ligeramente, sujetándola con muy poca presión y luego deslizándola hacia abajo del mechón					
Comenzó la segunda cresta para crear una cresta hacia la derecha					
Levantó el siguiente mechón con el peine e incluyó una pequeña sección del mechón ya ondulado como guía					
Continuó hasta terminar la onda					

PROCEDIMIENTO DE PLANCHADO SUAVE

Desempeño evaluado	1	2	3	4	Plan de mejoras
Calentó el peine térmico					
Suelte una de las secciones de cabello a la vez y subdivídala en secciones más pequeñas					

Matrices de valoración básicas continuación

Desempeño evaluado	1	2	3	4	Plan de mejoras
Comenzó en el lado derecho de la cabeza y trabajó de adelante hacia atrás					
Si era necesario, aplicó aceite para alisar uniforme pero moderadamente sobre todas las pequeñas secciones					
Probó la temperatura del peine térmico en una tela o papel blancos para determinar la intensidad del calor antes de aplicarlo en el cabello					
Levantó el extremo de una pequeña sección de cabello con los dedos pulgar e índice de la mano izquierda, y lo sostuvo alejado del cuero cabelludo					
Sostuvo el peine térmico en la mano derecha e introdujo los dientes en la parte superior del cabello					
Retiró ligeramente el peine térmico y realizó un giro rápido para que el mechón se envolviera parcialmente alrededor del peine					
La varilla posterior del peine efectuó el alisado					
Presionó lentamente el peine dentro del cabello hasta que las puntas pasaron a través de los dientes del peine					
Reubicó cada sección terminada sobre el lado opuesto de la cabeza					
Repitió el procedimiento en ambas secciones en el lado derecho de la cabeza					
Repitió el mismo procedimiento en ambas secciones del lado izquierdo de la cabeza					

Desempeño evaluado	1	2	3	4	Plan de mejoras
Aplicó un poco de pomada en el cabello cerca del cuero cabelludo y la cepilló por todo el cabello; si el cliente lo deseaba, colocó rulos térmicos o realizó un rizado térmico croquignole en este momento					
Arregló y peinó el cabello según el deseo del cliente					

PROCEDIMIENTO DE NUDOS

Desempeño evaluado	1	2	3	4	Plan de mejoras
Aplicó los productos de peluquería y secó el cabello					
Preparó el cabello					
Con un cepillo de cerdas, dividió del lado deseado					
Formó una cola de caballo baja en la nuca					
Aseguró la cola de caballo con ligas elásticas, manteniendo el cabello tan parejo como fue posible					
Utilizó los costados de las cerdas del cepillo para suavizar el cabello					
Insertó dos pasadores dentro de la liga elástica y los separó					
Colocó un pasador en la base					
Aseguró los dos pasadores entre sí					

Matrices de valoración básicas continuación

Desempeño evaluado	1	2	3	4	Plan de mejoras
Separó una pequeña sección de cabello de debajo de la cola de caballo y la enrolló alrededor de la misma para cubrir la liga; la aseguró por debajo con un pasador					
Suavizó la cola de caballo y la sostuvo con una mano; luego con la otra mano, realizó el cepillado inverso por debajo de la cola de caballo					
Después del cepillado inverso, alisó con suavidad la cola de caballo usando los costados de las cerdas					
Enrolló el cabello por debajo y hacia la cabeza para formar el moño					
Fijó con pasadores los lados inferiores derecho e izquierdo del moño					
Abrió ambos lados en abanico separando el moño con los dedos					
Aseguró con horquillas insertadas cerca de la cabeza					
Utilizó pasadores si se necesitaba más sujeción					
Terminó con un spray fijador fuerte					
Agregó adornos si se deseaba					

Llene los espacios en blanco con las siguientes palabras para repasar el Capítulo 17, Peluquería. Puede usar las palabras y los términos más de una vez.

acabado	en sentido contrario a las agujas del reloj	pomada
afilado		rectangular
alborotar	en sentido de las agujas del reloj	rizos
alistonado	favorecedor	rizos con horquillas
arco	fuera de	rulos
base	gel	sequen
cardado	hendidura	silicona
cilíndrico	horizontal	sin pigmentación
circular	horquillas	sin tallo
círculo	invisible	suaves
cuadrada	karaya	sujetar
de barril	manejable	superficial
de cresta	oblongo	tallados
dirección	ondulación con los dedos	tallo
empujando		tallo largo o completo
en	pasadores	tensión
en cascada	pellizcando	vertical
en forma de C	pequeñas	visible

1. El objetivo de un estilista es crear un peinado que sea _____ y fácil de manejar.

2. Los rizos de centro abierto forman ondas _____ y parejas y rizos uniformes.

3. En la ondulación _____ con los dedos, las crestas están paralelas alrededor de la cabeza.

4. Un giro completo alrededor del rulo formará un rizo _____.

5. El arte de dar forma y dirigir el cabello en ondas paralelas alternadas y diseños se conoce como _____.

6. Las tres partes de un rizo con horquillas son _____, _____ y _____.

7. El resultado final lo determinará la _____ del tallo del rizo.

8. Los rizos formados en la dirección opuesta al movimiento de las agujas del reloj se conocen como _____ _____.

9. Forzar el mechón a través del peine mientras se aplica presión con el pulgar en la parte posterior del mismo para crear tensión se conoce como _____.

10. Los _____ se utilizan para crear muchos de los efectos de los rizos en cascada con horquillas.

11. Dos giros y medio alrededor del rulo formarán _____.

12. Los rizos formados en la misma dirección del movimiento de las agujas del reloj se conocen como _____.

13. La base más común que utiliza es la base en forma de _____.

14. Los rizos _____ se utilizan para crear altura.

15. Para lograr el menor volumen, el rulo se coloca _____ la base.

16. Las herramientas e implementos que se requieren para un peinado en húmedo incluyen rulos, horquillas, peines, cepillos y _____.

17. La loción para ondular deja el cabello _____ y lo fija en su lugar durante el procedimiento de ondulación con los dedos.

18. Un rizo de _____ permite la mayor movilidad.

19. La loción de ondulación se aplica en un lado de la cabeza a la vez para impedir que se _____.

20. Los _____ son la base de los patrones, líneas, ondas, rizos y rulos que puede utilizar para crear peinados.

21. Los rizos de centro cerrado producen ondas que se hacen cada vez más _____.

22. No intente aumentar la altura o profundidad de la cresta _____ o _____ con los dedos.

23. La loción de ondulación se elabora con goma de _____.

24. Un rulo suelto perderá su _____, lo que causará una fijación débil.

25. Si es necesario, afirme una red sobre las ondas logradas con los dedos con _____ o pinzas.

26. En la ondulación _____ con los dedos, las crestas corren de arriba a abajo.

27. El cepillado inverso también se conoce como _____.

28. El _____ es firme y por lo general es un producto transparente que viene en tubo o botella y tiene una fijación fuerte.

29. Para asegurar que el rizo se sostenga con firmeza, se debe _____ correctamente.

30. Los rizos con horquillas que se recomiendan para el costado frontal del contorno del cuero cabelludo para lograr un efecto delicado y elevado son las bases _____.

31. Los rizos con horquillas sacados de un modelado sin levantar el cabello de la cabeza se denominan rizos _____.

32. Para lograr el volumen total, el rulo se coloca _____ la base.

33. Los rizos en cascada con horquillas sobre una base rectangular que tienen grandes aberturas centrales se conocen como rizos _____.

34. El cardado, enredado, trenzado o enlazado francés también se conocen como _____.

35. La _____ o cera agrega más peso al cabello mediante la unión de las hebras.

36. El rizo _____ forma un rizo apretado, firme y de larga duración.

37. La _____ agrega brillo y lustre al cabello y a la vez crea una definición de textura.

38. Un rizo de _____ es una onda detrás de la cresta.

39. El producto de peluquería más utilizado es el spray para el cabello o el spray de _____.

Conteste el siguiente ejercicio. Encierre en un círculo la respuesta correcta.

40. Al secar con secador, determine el tamaño del cepillo que va a utilizar según el peinado deseado y el(la) _____ del cabello.
    a) elasticidad   b) textura
    c) longitud   d) porosidad

41. Las partes de la plancha térmica son la varilla y el(la) _____.
    a) ranura   b) mango
    c) base de apoyo   d) pinza

42. La temperatura de la plancha térmica caliente se prueba en un(una) _____.
    a) papel de cera   b) hebra de cabello
    c) paño húmedo   d) papel tisú

43. El rizado con dos lazadas se conoce como rizado _____.
    a) extremo   b) en espiral
    c) en forma de ocho   d) de media base

44. La técnica de ondular y rizar el cabello que se conoce como ondulación Marcel, también se llama _____.

a) usar secador
b) ondulación térmica
c) enrollamiento caliente
d) ondulación con los dedos

45. Los peines que se utilizan en el rizado térmico deben ser de _____.

a) celuloide
b) caucho duro
c) plástico
d) caucho blando

46. Para dar una apariencia terminada a las puntas del cabello, use rizos _____.

a) en forma de ocho
b) en bucle
c) en forma de seis
d) en las puntas

47. Para lograr un buen peinado con secador, se debe dirigir el aire desde el cuero cabelludo hasta el(las) _____.

a) piso
b) techo
c) rostro
d) puntas

48. Al completar el peinado con secador, el cuero cabelludo debe estar _____.

a) grasoso
b) húmedo
c) mojado
d) seco

49. Las planchas que se sobrecalientan a menudo se arruinan porque el metal pierde su _____.

a) color
b) equilibrio
c) templado
d) resistencia

50. Las planchas de vapor eléctricas no se deben utilizar en el cabello planchado porque provocan que el cabello _____.

a) se rompa
b) se seque
c) se alise
d) vuelva a su estado anterior

51. El cabello _____ soporta menos calor que el normal en un servicio de peinado térmico.

a) aclarado
b) saludable
c) grueso
d) rizado

52. Una plancha térmica convencional se calienta _____.

a) con electricidad
b) por sí sola
c) con carbón
d) con un calentador

53. Como regla, el cabello _____ soporta más calor que el cabello fino.

    a) rojo   b) grueso

    c) grasoso   d) corto

54. Los rizos en espiral son rizos colgantes adecuados para peinados _____.

    a) cortos   b) recortados

    c) largos   d) rectos

55. Hasta que se tenga destreza y se domine el manejo, es mejor practicar con planchas _____.

    a) frías   b) calientes

    c) templadas   d) rígidas

56. ¿Cuánto tiempo dura el planchado del cabello?

    a) una semana   b) hasta el siguiente corte

    c) durante toda la noche   d) hasta el siguiente lavado

57. Los tipos de planchado del cabello son suave, mediano y(e) _____.

    a) ligero   b) intenso

    c) extremo   d) pesado

58. La temperatura del peine térmico y la presión se ajustan de acuerdo a _____ del cabello.

    a) la textura   b) la longitud

    c) el estilo   d) la limpieza

59. ¿Qué tipo de cabello requiere más presión y calor?

    a) fino   b) mediano

    c) normal   d) áspero

60. ¿Qué tipo de cabello requiere menos presión y calor que cualquier otro?

    a) fino   b) mediano

    c) grueso   d) áspero

61. Al planchar el cabello canoso, se utiliza calor moderado
y _____.

a) más aceite para alisar   b) presión moderada

c) menor presión   d) un peine térmico más grande

62. Aplicar el peine caliente dos veces a cada lado del cabello se
conoce como _____.

a) planchado regular   b) planchado intenso

c) planchado suave   d) planchado con peine

63. Pruebe la temperatura del peine térmico en _____.

a) la muñeca   b) una toalla de felpa

c) un trozo de papel delgado   d) un trozo de papel oscuro

64. Las hebras de cabello quemadas _____.

a) necesitan más aceite
para alisar

b) son causadas por el
planchado intenso

c) no se pueden alisar   d) no se pueden acondicionar

65. Utilizar calor excesivo en el cabello canoso, teñido o aclarado
puede _____ el cabello.

a) decolorar   b) resaltar

c) fortalecer   d) rizar

66. Si no se corrige la condición de los cabellos secos y quebradizos,
se puede provocar _____ durante el planchado.

a) rizado   b) decoloración

c) fortalecimiento   d) resquebrajamiento

67. Los tratamientos de planchado del cabello entre los lavados con
champú se conocen como _____.

a) repeticiones del
planchado

b) repeticiones del servicio

c) retoques   d) planchado suave

68. Antes de planchar el cabello, éste debe dividirse en
_____ secciones principales.

a) 3   b) 4

c) 5   d) 9

69. El carbón se puede eliminar del peine térmico frotándolo con
_____.

    a) una toalla húmeda   b) aceite para alisado

    c) alcohol fuerte   d) una fibra fina de acero

70. En un procedimiento de planchado, el alisado del cabello se logra
con _____ del peine.

    a) la varilla posterior   b) los dientes anchos

    c) el mango tibio   d) la cola angosta

71. Después de limpiar la superficie del peine, sumérjalo durante 1 hora
en una solución caliente de _____ para que el metal quede
suave y brillante.

    a) Alcohol al 70%   b) bicarbonato de sodio

    c) agua y jabón   d) amoníaco libre de impurezas

72. Al planchar el cabello _____, aplique el peine térmico
moderadamente caliente con presión suave.

    a) grueso   b) duro

    c) largo   d) sin pigmentación

73. Los peines térmicos deben estar fabricados de acero inoxidable
o _____ de buena calidad.

    a) zinc   b) caucho

    c) bronce   d) plástico

74. Al planchar el cabello grueso, se necesita más calor porque tiene
mayor _____.

    a) elasticidad   b) longitud

    c) porosidad   d) diámetro

75. Por lo general, los mangos de los peines térmicos están hechos
de _____.

    a) madera   b) acero

    c) carbono   d) bronce

Conocimientos básicos y logros académicos

A continuación escriba en el espacio provisto algunos comentarios sobre los conceptos del capítulo más difíciles de comprender o recordar. Imagine que usted es el maestro y piense en lo que le diría a sus estudiantes sobre estos conceptos. Comparta sus Conocimientos básicos con sus compañeros de clase y pregúnteles si les parecen útiles. Si es necesario revise sus apuntes de clase tomando las ideas de sus compañeros que le parezcan buenas.

Conocimientos básicos:

_____
_____
_____
_____
_____
_____
_____
_____
_____
_____
_____
_____

Indique por lo menos tres cosas que haya aprendido en relación con los objetivos de su carrera profesional desde la última anotación.

Logros académicos:

_____
_____
_____
_____
_____

18 Trenzas y extensiones trenzadas

*Un momento de motivación: "Todos tenemos problemas.
Lo que importa es cómo los solucionamos".*
—Merle Miller

Objetivos básicos

Al terminar este capítulo y las secciones de Un complemento indispensable, usted podrá:

1. Explicar cómo se prepara el cabello para el trenzado.

2. Demostrar el procedimiento para trenzado en hilera.

Conceptos básicos de trenzado

¿Por qué necesito aprender sobre el trenzado si no estoy interesado en brindar este servicio?

Los peinados de cabello largo con trenzas se han vuelto cada vez más populares en todas las culturas, generaciones y orígenes étnicos. Pero ocurre que muchos cosmetólogos con licencia no ofrecen este tipo de servicios. Esto constituye un problema para los clientes que los solicitan. Por otro lado, esto es una oportunidad para los profesionales expertos en estos servicios y que están dispuestos a ofrecerlos. Al ofrecer todos los servicios de cuidado del cabello a los clientes, creará más fácilmente una clientela estable y nunca tendrá que remitir un cliente a otro estilista o salón. Al final, obtendrá los beneficios de un incremento en sus ingresos y clientes satisfechos.

Los cosmetólogos deben estudiar y comprender bien la importancia de las trenzas y las extensiones trenzadas porque:

- Estos servicios son muy populares y los consumidores están interesados en utilizar peinados específicos para la textura de su cabello.

- Estas técnicas son una oportunidad para que los estilistas expresen sus habilidades artísticas y agreguen otro servicio bien pagado al menú de servicios existentes.

- Todos los cosmetólogos profesionales deben estar preparados para trabajar con todo tipo de cabello y las tendencias de peinados de cada cultura.

- Trabajar con las extensiones trenzadas expone a los cosmetólogos a las técnicas fundamentales de agregar extensiones de cabello, otro servicio lucrativo para el estilista y el salón.

Conceptos básicos

¿Qué necesito saber sobre el trenzado para brindar servicios de calidad?

Con el fin de estar bien preparado para ofrecer servicios de trenzado de calidad, el primer paso que tiene que perfeccionar es la consulta con el cliente. Como con cualquier otro servicio, la clave del éxito es aprender a comunicarse con el cliente y escuchar verdaderamente sus deseos, intereses y peticiones. Necesitará aprender los pasos importantes para la preparación del cabello texturizado para servicios de trenzas o extensiones de cabello. Por último, deberá demostrar dominio en las técnicas para realizar una amplia variedad de tipos de trenzas, incluyendo las trenzas invisibles, de cordel, de espinazo de pescado y simples. Querrá perfeccionar sus destrezas para realizar trenzas simples y en hilera, ya sea con o sin extensiones. Una vez que domine estas destrezas, habrá dado el primer paso para establecer un negocio de trenzas próspero.

Preparación del cabello con textura para el trenzado

Enumere los siguientes pasos en el orden apropiado del procedimiento.

_____ Cubra al cliente

_____ Divida el cabello

_____ Complete el procedimiento previo al servicio

_____ Peine el cabello aplicando una solución desenredante según sea necesario

_____ Divida el cabello de oreja a oreja

_____ Divida la sección en dos partes iguales, enróllelas juntas hasta la punta

_____ Lave el cabello con champú

_____ Tuerza las secciones restantes hasta que toda la cabeza esté dividida en secciones

_____ Complete el procedimiento de la etapa posterior al servicio

_____ Abra las secciones peinadas y aplique crema para el secado, desde el cuero cabelludo hasta las puntas

_____ Seque a una temperatura media durante 5 a 10 minutos

_____ Seque el cabello usando accesorios para recoger el cabello en el secador

_____ Seque suavemente el cabello con una toalla

Las etapas del desarrollo de los rizos de rasta

En el espacio provisto de la columna izquierda, enumere las cinco fases del desarrollo de los rizos de rasta. En la columna de la derecha, explique cada etapa.

FASE	DESARROLLO

Procedimiento para trenzas en hilera básicas

Enumere los siguientes pasos en el orden apropiado del procedimiento.

_____ **Seque el cabello.** Seque suavemente el cabello con una toalla, luego séquelo por completo con el secador.

_____ **Realice el Procedimiento previo al servicio.**

_____ **Determine el tamaño de la base y aplique aceite.** Dependiendo del peinado deseado, determine el tamaño y la dirección correcta de la base de la trenza en hilera. Con el peine de cola, divida el cabello en secciones de 2 pulgadas (5 cm) y aplique aceite esencial suave en el cuero cabelludo. Masajee con aceite todo el cuero cabelludo y el cabello.

_____ **Haga dos divisiones iguales.** Comience tomando dos secciones iguales para formar una hilera ordenada para la base de la trenza en hilera. Con un peine de cola, divida el cabello en un panel, utilizando pinzas de mariposa para mantener el resto del cabello sujeto a cada lado.

_____ **Siga tomando mechones con cada vuelta.** A medida que avanza por el panel de la trenza, tome en cada vuelta un mechón del cuero cabelludo y añádalo al mechón exterior antes de cruzarlo por debajo. Alterne el lado de la trenza del cual toma cabello.

_____ **Divida el panel en tres mechones iguales.** Para asegurar que la trenza sea pareja en toda su longitud, asegúrese de que los mechones sean del mismo tamaño. Coloque los dedos cerca de la base. Cruce el mechón izquierdo (1) por debajo del mechón central (2). El mechón central ahora se encuentra a la izquierda y el mechón (1) que antes era el izquierdo, ahora es el nuevo centro.

_____ **Trence el siguiente panel.** Trence el siguiente panel en la misma dirección y de la misma manera. Mantenga las divisiones limpias y parejas.

_____ **Comience la trenza en hilera oculta.** Cruce el mechón derecho (3) por debajo del mechón central (1). Al pasar los mechones exteriores por debajo del mechón central se forma la trenza en hilera de tejido oculto.

_____ **Trence hasta las puntas y termine.** Para finalizar la trenza en hilera simplemente se continúa trenzando hasta las puntas; puede utilizar ligas elásticas pequeñas para sujetar las puntas. Otros acabados opcionales, como quemar las puntas (sellado con calor), se consideran métodos avanzados y requieren capacitación especial.

_____ **Tome un nuevo mechón con cada vuelta.** En cada cruce por debajo o vuelta, recoja de la base del panel un mechón nuevo del mismo tamaño y añádalo al mechón exterior antes de cruzarlo por debajo del mechón central.

_____ **Lave con champú.** Lave con champú, enjuague, aplique acondicionador y enjuague completamente.

_____ **Complete el Procedimiento posterior al servicio.**

_____ **Cubra al cliente.** Cubra al cliente para el lavado con champú. Peine y desenrede el cabello si es necesario antes del lavado con champú.

_____ **Continúe la trenza hasta terminarla.** La trenza adquirirá más volumen a medida que agrega mechones nuevos.

_____ **Repita hasta que todo el cabello esté trenzado y aplique aceite para brillo.**

Búsqueda de palabras

Identifique la palabra correcta siguiendo las pistas provistas y después encuentre las palabras en la sopa de letras.

Palabra	Pista
_____	Aparece después de varios años de maduración del rizo de rasta
_____	Otro nombre para las trenzas en hilera
_____	Filas estrechas de trenzas visibles pegadas al cuero cabelludo
_____	Almohadilla de piel plana, con dientes finos y juntos
_____	Otro nombre para los rizos de rasta
_____	Trenza simple de dos hebras en la que el cabello se toma desde los lados y se agrega a las hebras cuando se entrecruzan
_____	Etapa en la que se puede sentir un bulbo en el extremo de cada rizo de rasta
_____	Tabla con dientes finos verticales
_____	Otro nombre para las trenzas visibles
_____	Trenza de tres hebras formada por la superposición de las hebras de cabello unas sobre otras
_____	Fibra sintética similar a los tipos de cabello recogido
_____	Hermosa fibra de lana de África
_____	Cabello natural con textura que se entreteje y entrelaza para formar una red única o separada.
_____	Etapa de desarrollo del rizo de rasta, donde se encuentra completamente cerrado en la punta
_____	Método de rizos de rasta que aprovecha la habilidad natural del cabello para formar bucles
_____	Etapa de desarrollo cuando el cabello es suave y adquiere formas en espiral
_____	Trenza que se realiza con dos hebras de cabello enroscadas entre sí
_____	Trenzas sueltas, con o sin extensiones, que se pueden elaborar en forma oculta o visible

_____ Etapa de desarrollo del rizo de rasta donde el
cabello comienza a entrelazarse y entretejerse

_____ Se refiere al diámetro, la sensación al tacto
y el patrón de ondulación del cabello

_____ Trenza de tres hebras hecha con la técnica oculta

_____ Fibra resistente obtenida del buey

E	L	B	I	S	I	V	N	I	A	Z	N	E	R	T	L	I	Y
T	R	E	N	Z	A	C	O	R	D	E	L	T	E	N	L	O	W
A	E	N	T	R	E	N	Z	A	S	E	N	H	I	L	E	R	A
E	E	A	R	I	Z	O	S	D	E	R	A	S	T	A	Z	R	K
E	T	R	E	N	Z	A	D	O	I	N	V	E	R	T	I	D	O
O	Z	I	R	L	A	O	I	V	E	R	P	O	D	O	T	É	M
P	T	R	E	N	Z	A	S	E	N	F	I	L	A	S	C	E	K
S	D	R	R	E	R	I	T	E	X	T	U	R	A	N	C	D	A
F	A	S	E	L	P	M	I	S	S	A	Z	N	E	R	T	N	N
A	O	D	A	C	S	E	P	E	D	O	Z	A	N	I	P	S	E
D	S	A	A	R	A	S	T	R	I	L	L	O	A	V	N	P	K
O	T	N	E	I	M	I	C	E	R	C	N	T	O	I	U	M	A
D	A	N	Ó	I	C	A	R	U	D	A	M	I	L	S	E	H	L
E	E	T	O	R	B	I	I	I	R	A	F	A	T	S	A	R	Ó
N	A	A	T	E	L	A	P	R	I	O	O	L	N	S	A	G	N
T	R	E	N	Z	A	V	I	S	I	B	L	E	I	V	O	B	K
E	N	R	O	L	L	A	D	O	E	N	L	A	P	A	L	M	A
E	Z	E	L	A	T	R	O	F	I	A	O	T	N	D	U	F	Y

Investigación y diseño

Póngase en contacto con diferentes salones de su zona y realice entrevistas formulando las siguientes preguntas.

■ ¿Su salón brinda el servicio de trenzado y extensiones?

■ Si respondió afirmativamente, ¿qué servicios de trenzado ofrece?

■ ¿Qué tipos de trenzas son más populares en su salón?

■ ¿Cuál es el tiempo promedio que tardan sus estilistas en terminar las trenzas en hilera en toda la cabeza?

■ ¿Qué precios cobra su salón por los servicios de trenzado?

■ ¿Tiene algún consejo para los nuevos profesionales recién egresados respecto a brindar estos servicios?

■ Mire varias revistas de peinados y encuentre al menos tres peinados de trenzas diferentes. Reprodúzcalos en un maniquí o un modelo.

■ Utilice su imaginación y las destrezas de trenzado que domina para crear trenzas con efectos especiales. Los estilistas han creado estilos de trenzas con figuras como sombreros, flores, canastas o jaulas de pájaros. Explore sus habilidades creativas y diseñe su propio estilo especial.

Matrices de valoración básicas

Las matrices de valoración se utilizan en la educación para organizar e interpretar la información reunida a partir de las observaciones del desempeño del estudiante. Es un documento de evaluación claramente desarrollado para diferenciar entre los niveles de desarrollo del desempeño de una destreza específica o conducta. En esta guía de estudio se brinda una matriz de valoración como herramienta de autoevaluación para ayudarlo a desarrollar su comportamiento.

Califique su desempeño de acuerdo a la siguiente escala:

(1) Oportunidad de desarrollo: Hay poca o nula evidencia de competencia; se necesita ayuda; el desempeño presenta errores múltiples.

(2) Fundamental: Comienza a haber evidencia de competencia; la tarea se realiza de forma individual; el desempeño tiene pocos errores.

(3) Competente: Existe evidencia detallada y consistente de competencia; la tarea se realiza de forma individual; el desempeño tiene muy pocos errores.

(4) Fortaleza: Existe evidencia detallada de competencia altamente creativa, inventiva y desarrollada.

Se proporciona un espacio para hacer comentarios, ayudarlo a mejorar su desempeño y alcanzar una calificación más alta.

PROCEDIMIENTO DE PREPARACIÓN DEL CABELLO TEXTURIZADO PARA EL TRENZADO

Desempeño evaluado	1	2	3	4	Plan de mejoras
Cubrió al cliente para el lavado con champú					
Peinó y desenredó el cabello					
Lavó con champú, aplicó acondicionador y enjuagó completamente					
Secó suavemente el cabello con una toalla					
Dividió el cabello húmedo de oreja a oreja a lo largo de la coronilla					
Utilizó unas pinzas de mariposa para separar la sección frontal de la posterior					
Dividió la parte posterior de la cabeza en cuatro a seis secciones					

Desempeño evaluado	1	2	3	4	Plan de mejoras
Separó las secciones con pinzas					
Comenzando en la sección izquierda de la parte posterior, peinó las puntas del cabello y trabajó subiendo hasta la base del cuero cabelludo					
Dividió la sección en dos partes iguales, las enrolló juntas hasta la punta y fijó la sección en su sitio					
Continuó la división en secciones					
Colocó al cliente debajo de un secador de pie a una temperatura media durante cinco a diez minutos para eliminar el exceso de humedad					
Abrió una de las secciones peinadas					
Aplicó crema para el secado del cabello, desde el cuero cabelludo hasta las puntas					
Para secar, utilizó un accesorio de boquilla con peineta en el secador, manteniendo el cabello hacia abajo y lejos de la cabeza del cliente					
Usó un movimiento de peinado hacia fuera con la peineta					
Usó tensión moderada y un flujo de aire directo bajando por el tallo del cabello para alisar y sellar la cutícula					

PROCEDIMIENTO PARA LA TRENZA CORDEL

Desempeño evaluado	1	2	3	4	Plan de mejoras
Cubrió al cliente para el lavado con champú					
Lavó con champú, aplicó acondicionador y enjuagó completamente					
Secó suavemente el cabello con una toalla, luego lo secó por completo con el secador					

Matrices de valoración básicas continuación

Desempeño evaluado	1	2	3	4	Plan de mejoras
Tomó una sección triangular de cabello de la parte frontal. Si el cliente/modelo tenía flequillo, empezó detrás de este					
Dividió la sección en dos mechones iguales					
Cruzó el mechón derecho sobre el izquierdo					
Sujetó los mechones con la mano derecha					
Ubicó el dedo índice entre los mechones y su palma hacia arriba					
Torció el mechón izquierdo dos veces en el sentido de las manecillas del reloj (hacia el centro)					
Tomó una sección de 1 pulgada (2,5 cm) del lado izquierdo					
Agregó esta sección al mechón izquierdo					
Sujetó ambos mechones con la mano izquierda, con el dedo índice entre ellos y la palma hacia arriba					
Tomó una sección de 1 pulgada (2,5 cm) del lado derecho y la agregó al mechón derecho					
Sujetó ambos mechones con la mano izquierda, con el dedo índice entre ellos y la palma hacia arriba					
Giró la palma hacia la izquierda (hacia el centro) hasta que estuvo volteada hacia abajo					
Trabajó en dirección a la nuca hasta terminar el peinado					
Sujetó con una liga elástica					
Creó una cola de caballo con el cabello restante					
Repitió los pasos hasta el terminar con el cabello de todas las secciones					
Sujetó las puntas con una liga elástica					

Matrices de valoración básicas continuación

PROCEDIMIENTO PARA UNA TRENZA ESPINAZO DE PESCADO

Desempeño evaluado	1	2	3	4	Plan de mejoras
Cubrió al cliente para el lavado con champú					
Lavó con champú, aplicó acondicionador y enjuagó completamente					
Secó suavemente el cabello con una toalla, luego lo secó por completo con el secador					
Tomó una sección triangular de cabello de la parte frontal					
Dividió la sección en dos mechones iguales					
Cruzó el mechón derecho sobre el izquierdo.					
Sujetó ambos mechones con la mano derecha, con el dedo índice entre ellos y la palma hacia arriba					
Cruzó esta sección sobre el mechón izquierdo y la agregó al mechón derecho					
Sostuvo los dos mechones externos con la mano izquierda, con el dedo índice entre los mechones y con la palma mirando hacia arriba					
Cruzó esta sección sobre el mechón derecho y la agregó al mechón izquierdo					
Sujetó ambos mechones con la mano derecha					
Bajó la mano en dirección a la nuca con cada nueva sección que recogió					
Aseguró el cabello con una liga elástica para sostenerlo					

Matrices de valoración básicas continuación

PROCEDIMIENTO PARA LA TRENZA INVISIBLE

Desempeño evaluado	1	2	3	4	Plan de mejoras
Cubrió al cliente para el lavado con champú, si era necesario, peinó y desenredó el cabello					
Lavó con champú, aplicó acondicionador y enjuagó completamente					
Secó suavemente el cabello con una toalla y lo secó por completo con el secador					
Tomó una sección triangular de cabello de la coronilla y la sujetó con la mano izquierda					
Dividió la sección en tres mechones iguales, sostenga dos en la mano izquierda y uno en la derecha					
Cruzó el mechón derecho sobre el mechón central					
Colocó los dedos cerca del cuero cabelludo para realizar una puntada apretada					
Cruzó el mechón derecho (1) sobre el mechón central (2)					
Cruzó el mechón izquierdo (3) sobre la sección central y sujételo con la mano derecha					
Sujetó los tres mechones con la mano izquierda, con los dedos separando cada mechón					
Con la mano derecha, sujetó una sección del pelo de 1" $\times$ 1" (2,5 $\times$ 2,5 cm) en el lado derecho y la agregó a la hebra 2 en lado izquierdo					
Tomó los mechones combinados con la mano derecha y crúcelos sobre el mechón central					
Sujetó todos los mechones con la mano derecha					
Con la mano izquierda, tomó una sección de 1 pulgada (2,5 cm) del lado izquierdo					

Matrices de valoración básicas continuación

Desempeño evaluado	1	2	3	4	Plan de mejoras
Agregó esta sección al mechón exterior izquierdo (1) en la mano derecha					
Tomó los mechones combinados y los cruzó sobre el mechón central					
Sujetó las tres secciones con la mano izquierda, tomó un mechón del lado derecho y lo agregó al mechón exterior (3)					
Continuó con estos movimientos hasta completar la trenza					
Aseguró la trenza					

PROCEDIMIENTO PARA TRENZAS SIMPLES SIN EXTENSIONES

Desempeño evaluado	1	2	3	4	Plan de mejoras
Cubrió al cliente para el lavado con champú					
Lavó con champú, aplicó acondicionador y enjuagó completamente					
Secó suavemente el cabello con una toalla, luego lo secó por completo con el secador					
Aplicó el aceite esencial suave y masajeó en todo el cabello y el cuero cabelludo					
Dividió el cabello por la mitad separándolo de oreja a oreja a lo largo de la coronilla					
Apartó con pinzas la sección frontal					
Determinó el tamaño y la dirección de la base de la trenza					
Dividió una sección diagonal en la parte posterior de la cabeza de aproximadamente 1 pulgada (2,5 cm) de ancho, teniendo en cuenta la textura y el largo del cabello del cliente					
Dividió la sección en tres mechones iguales					

Matrices de valoración básicas continuación

Desempeño evaluado	1	2	3	4	Plan de mejoras
Colocó los dedos cerca de la base					
Cruzó el mechón izquierdo por debajo del mechón central y después el derecho por debajo					
Pasó los mechones exteriores por debajo de los centrales, bajando la trenza simple hasta la punta					
Amarró la punta como deseaba					
Continuó con la subsección siguiente o trenza y repitió el movimiento de trenzado					
Pasó a la parte posterior y tomó la próxima división diagonal					
Continuó el procedimiento hasta que terminó con la parte posterior					
Pasó a la parte delantera y repitió el procedimiento en la sección frontal					
Utilizó ligas elásticas para asegurar cada trenza					
Aplicó un producto de aceite para dar un acabado brillante					

PROCEDIMIENTO PARA TRENZAS EN HILERA BÁSICAS

Desempeño evaluado	1	2	3	4	Plan de mejoras
Cubrió al cliente para el lavado con champú					
Lavó con champú, aplicó acondicionador y enjuagó completamente					
Secó suavemente el cabello con una toalla, luego lo secó por completo con el secador					
Determinó el tamaño de la base y aplicó aceite					
Con el peine de cola, dividió el cabello en secciones de 2 pulgadas (5 cm)					

Desempeño evaluado	1	2	3	4	Plan de mejoras
Aplicó un aceite esencial ligero en el cuero cabelludo					
Masajeó con aceite todo el cabello y el cuero cabelludo					
Comenzó tomando dos secciones iguales para formar una hilera ordenada para la base de la trenza en hilera					
Con un peine de cola, dividió el cabello en un panel, utilizando pinzas de mariposa para mantener el resto del cabello sujeto a cada lado					
Dividió el panel en tres mechones iguales					
Colocó los dedos cerca de la base					
Cruzó el mechón izquierdo (1) por debajo del mechón central (2)					
Cruzó el mechón derecho (3) por debajo del mechón central (1)					
En cada cruce por debajo o vuelta, recogió de la base del panel un mechón nuevo del mismo tamaño y añadiéndolo al mechón exterior antes de cruzarlo por debajo del mechón central					
A medida que avanzaba por el panel de la trenza, tomó en cada vuelta un mechón del cuero cabelludo y lo añadió al mechón exterior antes de cruzarlo por debajo. Alternó el lado de la trenza del cual tomó cabello					
Trenzó hasta las puntas					
Aseguró las puntas					
Repitió el procedimiento hasta trenzar todo el cabello					

Repaso básico

Llene los espacios en blanco con las siguientes palabras para repasar el Capítulo 18, Trenzas y extensiones trenzadas. Puede usar las palabras y los términos más de una vez.

acabado mate	frente	red
bucle	frente pequeña	redondeada
buey	invisible	rizo natural
cordel	longitud	rizos rasta
desafíos	madurativa	sienes
diámetro	mandíbula	similar a una cuerda
dientes	más corto	suaviza
difusor	mechón central	subsecciones humedecidas
doble giro	movimiento de rotación	sustancias químicas
enrollado con la palma	ocupación	trenzas afro
fibra sintética	ovalada	trenzas en hilera
flequillo parcial	patrón de bucle	varias semanas
formas en espiral	pomadas	visible

1. Los peinados con trenzas podían señalar la tribu, edad, posición económica, _____, ubicación geográfica, religión y estado civil de las personas.

2. Se dice que el cabello es *natural o virgen* si no ha sido teñido o aclarado previamente, no ha sido expuesto a _____ o no ha sufrido abuso físico.

3. El peinado natural no utiliza sustancias químicas ni tintes y no altera el patrón del _____ o de bucle del cabello.

4. Cuando nos referimos al trenzado u otra estilo de peinado natural, el término *textura* se refiere al _____ del cabello, el patrón de ondulación y la sensación al tacto del cabello.

5. Con respecto al patrón de ondulación, un _____ es un patrón de rizo muy apretado en forma de espiral que, al ser estirado o alargado, se asemeja a una serie de lazadas.

6. Al efectuar un peinado con trenzas, añada altura para crear la ilusión de esbeltez para el rostro de forma _____ .

7. La mayoría de los peinados trenzados le quedan bien a los rostros de forma _____ .

8. Elabore estilos con volumen alrededor de la frente o la _____ para ayudar a crear una apariencia más ovalada en el rostro con forma de diamante.

9. Para crear la ilusión de longitud y suavizar las líneas faciales del rostro cuadrado, escoja estilos que enmarquen el rostro alrededor de la _____, las sienes y la mandíbula.

10. El flequillo suave alrededor de la frente disimulará una _____ sin ocultar el rostro triangular.

11. Los peinados voluminosos pueden hacer que el rostro oblongo parezca _____ y ancho.

12. Lo que se busca lograr en el rostro en forma de triángulo invertido es reducir la amplitud de la frente mediante un peinado con _____ o mechones de cabello o trenzas que enmarquen el rostro.

13. Las cepillos naturales, también conocidos como cepillos de cerdas de jabalí, son los mejores para la estimulación del cuero cabelludo, así como para eliminar el polvo y las pelusas de los _____.

14. La herramienta que seca el cabello sin afectar el peinado terminado y sin deshidratar el cabello se denomina _____.

15. La tabla hecha con _____ finos verticales que se usa para peinar las extensiones de cabello natural se conoce como _rastrillo_.

16. Una _____ fabricada de excelente calidad que tiene una textura similar a los cabellos rizados o enrollados se denomina _Kanekalón_.

17. La hermosa fibra de lana importada de África que tiene un _____ y se vende sólo en colores negro y marrón, se conoce como _lin_.

18. La fibra resistente que proviene del _____ doméstico que habita en las montañas del Tíbet y Asia Central se conoce como pelo de yak.

19. Puede emplear _____, geles o lociones para mantener el cabello en su lugar y lograr un buen acabado.

20. El cabello texturizado o con un _____ apretado, presenta cierta dificultad al peinarlo ya que es muy frágil, tanto cuando está húmedo como cuando está seco.

21. Secar el cabello con secador lo _____, lo deja más manejable, afloja y alarga el patrón de ondulación a la vez que extiende el tallo del cabello.

22. Trenza invertida es otro término utilizado para referirse a la trenza _____.

23. Una trenza visible es una trenza de tres hebras realizada con la técnica oculta, en la que las hebras de cabello se entrelazan debajo del _____.

24. Una trenza _____ se realiza con dos mechones de cabello enroscados entre sí.

25. Las trenzas simples, las _____, y las trenzas individuales, se consideran como trenzas sueltas, con o sin extensiones, que se pueden extender tanto con una puntada oculta como con una visible.

26. Las trenzas visibles estrechas y pegadas al cuero cabelludo se denominan _____.

27. Existen varias formas de elaborar los rizos de rasta, como el _____, la envoltura con cordón, el enrollado, el trenzado o sencillamente no peinar o cepillar el cabello.

28. Se llama rastafari al cabello natural texturizado que se entreteje y entrelaza para formar una _____ única o separada de cabello; se efectúan sin utilizar químicos.

29. El método de colocar el peine en la base del cuero cabelludo y con un _____, hacer espirales con el cabello hasta formar un rizo se conoce como *técnica con peine.*

30. El método que consiste en aplicar gel en _____, ubicando la porción de cabello entre las palmas de ambas manos y enrollando en dirección circular se conoce como *enrollado con la palma.*

31. Las trenzas o extensiones son una forma eficaz de comenzar los rizos de rasta; requieren dividir el cabello en secciones del tamaño del rizo de rasta deseado y hacer una trenza simple que llegue hasta las puntas, agregando o no extensiones, y esperar durante _____ de crecimiento antes de emplear la técnica de enrollado con la palma.

32. Durante la etapa de maduración de los rizos de rasta, el rizo se encuentra completamente cerrado en la punta y el cabello está sólidamente entretejido, con una forma cilíndrica _____, excepto en la base, donde hay nuevos brotes de cabello.

33. Durante la etapa previa a los rizos de rasta, el cabello es suave y tiene _____ suaves y el extremo está abierto.

Conocimientos básicos y logros académicos

A continuación escriba en el espacio provisto algunos comentarios sobre los conceptos del capítulo más difíciles de comprender o recordar. Imagine que usted es el maestro y piense en lo que le diría a sus estudiantes sobre estos conceptos. Comparta sus Conocimientos básicos con sus compañeros de clase y pregúnteles si les parecen útiles. Si es necesario, revise sus apuntes de clase tomando las ideas de sus compañeros que le parezcan buenas.

Conocimientos básicos:

_____

_____

_____

_____

_____

_____

_____

_____

_____

_____

_____

Indique por lo menos tres cosas que haya aprendido en relación con los objetivos de su carrera profesional desde la última anotación.

Logros académicos:

_____

_____

_____

_____

Pelucas y adiciones de cabello

Un momento de motivación: "Una actitud positiva es contagiosa, pero no espere contraerla de otros. Sea un portador".
—Anónimo

Objetivos básicos

Al terminar este capítulo y las secciones de Un complemento indispensable, usted podrá:

1. Explicar las diferencias entre pelucas sintéticas y de cabello humano.

2. Describir las dos categorías básicas de pelucas.

3. Describir varios tipos de postizos y sus usos.

4. Explicar varios métodos distintos para fijar las extensiones de cabello.

Aspectos básicos de las pelucas y las adiciones de cabello

¿Todavía se usan las pelucas? ¿Por qué debo aprender a manejarlas?

Si, aún se utilizan las pelucas. Las personas las usan por razones que van desde la conveniencia hasta la necesidad debido a la pérdida de cabello. Las celebridades y las personas bajo el escrutinio público, tanto hombres como mujeres, utilizan con regularidad pelucas, postizos o bisoñés para crear una apariencia diferente y dramática. Como muchos otros servicios cosmetológicos que usted aprenderá, el uso de pelucas ha prevalecido a lo largo de la historia, desde los primeros egipcios hasta la actualidad; Las pelucas y los postizos se volvieron nuevamente populares a mediados del siglo XX y actualmente se siguen utilizando extensamente para producciones teatrales, musicales y cinematográficas.

A veces tendrá clientes con problemas médicos o bajo tratamiento de quimioterapia quienes, como resultado, podrían padecer una pérdida parcial o total el cabello y querrán utilizar pelucas para mantener su apariencia personal. Tiene que estar preparado para brindarles el servicio de calidad que merecen, en especial si están pasando por momentos difíciles.

Los cosmetólogos deben estudiar y comprender muy bien las pelucas y las adiciones de cabello porque:

- El mercado de los productos y servicios relacionados con el cabello falso ha alcanzado todos los grupos de clientes, desde los baby boomers con cabello fino y que se les cae hasta los jóvenes que marcan tendencia.

- Las extensiones de cabello, las adiciones y las pelucas personalizadas pueden ser uno de los servicios más lucrativos de un salón.

- Cada fabricante tiene sus propios sistemas, pero si comprende los principios básicos, puede trabajar fácilmente con cualquier empresa del mercado.

- Las destrezas que desarrolle le abrirán muchas puertas, desde trabajar entre bastidores en espectáculos de Broadway hasta trabajar con celebridades, quienes hoy en día siempre usan cabello falso.

Conceptos básicos

¿Qué tan difícil puede ser manejar pelucas? ¿Qué necesito conocer en realidad?

Necesita conocer acerca de la fabricación y los materiales de las pelucas y cómo cuidar cada tipo de producto, ya sea de cabello humano o fibras sintéticas. Es muy importante saber medir el tamaño de la cabeza del cliente para colocar la peluca de forma adecuada, así como dominar el cuidado especial que necesitan las pelucas de cabello humano y entrelazadas a mano. Las pelucas de cabello humano también se pueden teñir para cambiar la apariencia general del cliente, de la misma manera que los postizos, para armonizarlos con el color de cabello del cliente, si es necesario. A pesar de que no será un servicio que le ocupará mucho tiempo, definitivamente querrá brindar servicios de calidad para satisfacer las necesidades de sus clientes.

Historia de las pelucas

Investigue la historia de las pelucas y escriba un breve ensayo al respecto. Prepárese para presentar el reporte ante toda la clase si se lo indica su instructor. Hay muchas fuentes que puede consultar, incluyendo la biblioteca de la institución, las enciclopedias, la Internet y la biblioteca pública. Saque copias de las imágenes y prepare las ilustraciones para explicar su reporte.

_____

_____

_____

_____

_____

_____

_____

_____

_____

_____

_____

_____

_____

_____

_____

_____

Medidas de las pelucas de fabricantes

Escriba a al menos tres fabricantes de pelucas diferentes y consulte cual es la forma para medir pelucas. Mida al menos tres cabezas diferentes (estudiantes o modelos) y registre las medidas requeridas a continuación.

Ejercicio de relación de conceptos

Relacione los siguientes términos básicos con la definición correspondiente.

_____ **Cabello direccionado**

1. Método para pegar las extensiones de cabello en el que las tramas de cabello o las hebras individuales se aplican con un adhesivo o pegamento.

_____ **Pegado por fusión**

2. Postizo en base oblonga con rizos o grupos de rizos que ofrece un sin fin de posibilidades de peinados.

_____ **Cascada**

3. Sección de cabello, trenzada a máquina en una base redonda a lo largo de la parte posterior de la cabeza.

_____ **Peluca sin gorra**

4. También se conoce como *cabello Remi*; el extremo de la raíz de cada hebra de cabello va cosida a la base, de modo que las cutículas de todas las hebras de cabello se mueven en la misma dirección: hacia abajo.

_____ **Bloque**

5. Peluca pequeña que se utiliza para cubrir la parte superior o coronilla de la cabeza.

_____ **Peluca**

6. Adiciones de cabello que se fijan a la base del cabello natural de la clienta para darle mayor longitud, volumen, textura o color.

_____ **Peluca completa**

7. Recubrimiento artificial para la cabeza que consiste en una red de cabello entretejido.

_____ **Extensiones de cabello**

8. Molde con forma de cabeza, por lo general es de corcho o espuma cubiertos en lona, y sobre el cual se coloca la peluca para adaptarla, limpiarla, tinturarla y peinarla.

_____ **Bisoñé**

9. Peluca confeccionada a máquina en la que las hileras de trenzas se cosen a tiras elásticas en un patrón circular, para que se adapte a la forma de la cabeza.

_____ **Pegado**

10. Método para aplicar extensiones en el que la extensión de cabello se fija al cabello del cliente con un material de pegado que se activa por calor con una herramienta especial.

Crucigrama

Horizontal

Palabra	Pista
_____	**2.** Método para aplicar las extensiones de cabello con una pistola de adhesivo
_____	**5.** Método para aplicar extensiones de cabello con un material de pegado que se activa mediante el calor
_____	**6.** Franja de cabello tramado a mano o a máquina en un hilo
_____	**7.** Peluca confeccionada a máquina

Vertical

Palabra	Pista
_____	**1.** Postizo de cabello trenzado largo colocado con una lazada en el extremo
_____	**2.** Peluca formada por fibras en malla elastizadas a las que se sujeta el cabello
_____	**3.** Aplique de cabello que se coloca sobre el cabello y generalmente se sujeta con métodos temporales
_____	**4.** Peluca pequeña utilizada para cubrir la parte superior o coronilla de la cabeza de los hombres
_____	**8.** Postizo con base oblonga y rizos o grupo de rizos

Repaso básico

Llene los espacios en blanco con las siguientes palabras para repasar el Capítulo 19, Pelucas y adiciones de cabello. Puede usar las palabras y los términos más de una vez.

40%	de cabello humano	pegado
60%	de forma libre	películas
70%	diez	peluca
abrirá	emocional	pelucas de gorra
afeitadoras de bronce	fusión	pelucas sin gorra
angora	gorra	postizo
bisoñé	hechas a mano	prueba de la hebra
cerdas de jabalí	integración	seis
confeccionadas a máquina	lista de comprobación de puntos clave	sintéticas
cutícula intacta	ocho	trama
de actitud	oxidantes	trenza y costura

1. Los antiguos egipcios se rasuraban la cabeza con _____ y usaban pelucas pesadas para protegerse del sol.

2. Un servicio de colocación de peluca puede significar una gran inversión económica y _____ para el cliente.

3. Su mejor herramienta para lograr una buena comunicación en una consulta para colocación de pelucas es seguir una _____.

4. Una _____ se puede definir como un recubrimiento artificial para la cabeza que consiste en una malla de cabello entrelazado.

5. Una de las ventajas de las pelucas de _____ es que tienen los mismos requisitos de mantenimiento y peinado que el cabello natural.

6. Una de las desventajas de las pelucas de cabello humano es que si el cabello es maltratado con un cepillado agresivo, peinado inverso o uso excesivo de calor, se resquebrajará y _____ igual que el cabello humano.

7. La mayoría de las pelucas _____ listas para usar se acondicionan a la moda con el corte, color y textura ya establecidos.

8. Las pelucas muy elaboradas, como las que se utilizan en las _____, pueden costar miles de dólares.

9. El pelo animal que puede mezclarse con cabello humano para crear pelucas incluye el de _____, caballo, yak u oveja.

10. El cabello que se ha direccionado también se conoce como cabello con la _____.

11. Las _____ están hechas con una base de malla elástica a la cual se fija el cabello.

12. Las _____ están confeccionadas a máquina en tiras largas de cabello llamadas trenzas.

13. Las pelucas _____ se elaboran insertando hebras de cabello en una base de malla y anudándolas con una aguja.

14. Las pelucas de _____ se dividen en tres secciones: el borde frontal, el borde lateral y el borde posterior.

15. Las cabezas de maniquí de lienzo están disponibles en _____ tamaños.

16. El corte _____ se realiza sobre el cabello seco, lo cual le permite ver más fácilmente la caída del cabello.

17. Por tradición se considera que los cepillos de _____ natural son los mejores para el cabello natural.

18. No utilice coloración con _____ o coloración con peróxido en una peluca que ha sido tratada con tinturas metálicas.

19. Al teñir una peluca o postizo, siempre realice la _____ en el cabello antes de la aplicación del color.

20. Un postizo cubre del 20% al _____ y se coloca sobre el cabello.

21. Los postizos de _____ tienen un aspecto natural, proporcionan longitud y volumen al cabello del cliente y permiten jalar el cabello del cliente para mezclarlo con el cabello del postizo.

22. Un _____ es una peluca pequeña que se utiliza para cubrir la parte superior de la cabeza y la coronilla.

23. Un _____ es cabello trenzado largo colocado con una lazada en el extremo que cubre de 10% a 20% de la cabeza.

24. Un postizo con base de alambre combina una _____ de cabello con un alambre flexible.

25. En el método de _____ las extensiones de cabello se sujetan a la base del cabello del cliente por medio de costuras.

Conocimientos básicos y logros académicos

A continuación escriba en el espacio provisto algunos comentarios sobre los conceptos del capítulo más difíciles de comprender o recordar. Imagine que usted es el maestro y piense en lo que le diría a sus estudiantes sobre estos conceptos. Comparta sus Conocimientos básicos con sus compañeros de clase y pregúnteles si les parecen útiles. Si es necesario revise sus apuntes de clase tomando las ideas de sus compañeros que le parezcan buenas.

Conocimientos básicos:

_____

_____

_____

_____

_____

_____

_____

_____

_____

_____

_____

Anote por lo menos tres cosas que haya aprendido desde que decidió ingresar a la escuela.

Logros académicos:

_____

_____

_____

_____

_____

Servicios de textura química

Un momento de motivación: "Hay dos grandes fuerzas en operación, externas e internas. Tenemos muy poco control sobre las externas tales como tornados, terremotos, inundaciones, desastres, enfermedad y dolor. Lo que en realidad cuenta es la fuerza interna. ¿Cómo respondemos a esos desastres? Sobre eso tenemos completo control".
—Leo F. Buscaglia

Objetivos básicos

Al terminar este capítulo y las secciones de Un complemento indispensable, usted podrá:

1. Explicar la estructura y la finalidad de cada una de las capas del cabello.
2. Explicar las reacciones químicas que ocurren durante la ondulación permanente.
3. Explicar la diferencia entre una onda alcalina y una onda ácida verdadera.
4. Explicar el propósito de la neutralización en la ondulación permanente.
5. Describir la forma en que los alisadores de "thio" alisan el cabello.
6. Describir la forma en que los alisadores de hidróxido alisan el cabello.
7. Describir la reestructuración de rizos y para qué es más adecuada.

Servicios básicos de textura química

¿Qué papel desempeña dentro de mi carrera la ondulación permanente y el alisado químico, si lo que realmente quiero es realizar peinados?

Se dará cuenta de que al ser capaz de brindarle al cliente un servicio de textura apropiado mejorará su efectividad como diseñador de peinados y su capacidad para obtener mayores ingresos. Desde las antiguas civilizaciones egipcia y romana, las personas han tratado cambiar la textura y rizado del cabello. Para lograr la apariencia deseada, las mujeres envolvían su cabello alrededor de varas y los hombres hacían lo mismo con sus barbas, aplicando después barro del río, el cual dejaban secar al sol por más de tres días.

Hemos progresado bastante desde esos métodos primitivos. Los verdaderos avances comenzaron en la primera mitad del siglo XX, cuando Charles Nessler inventó la maquina de ondulación permanente. Después, en 1931, se lanzó el método de ondulación permanente por precalentamiento, seguido al siguiente año por una técnica que utilizaba calor externo generado por una reacción química. En 1941 se descubrió el método de ondulación en frío, el cual utiliza químicos para suavizar y expandir el cabello y después volverlo a endurecer con su nueva forma, sin la necesidad de ninguna aplicación de calor. La tecnología sigue mejorando y con regularidad aparecen nuevos productos que permiten que los cosmetólogos profesionales modifiquen la textura del cabello del cliente y lo acondicionen para el peinado deseado.

En las últimas décadas, la cultura de nuestra clientela ha sufrido grandes cambios. Los clientes de hoy quieren beneficios inmediatos de su visita al salón y casi todos quieren un cabello más manejable. Un servicio de textura desempeña un papel importante ayudando a que el cliente maneje su estilo personal entre cada visita al salón. Los alisadores eliminan las ondas o rizos del cabello en diversos grados. Muchas personas querrán disminuir su cantidad de rizos. Los servicios de alisado producen ingresos significativos tanto para usted como para el salón. Como profesional, querrá estar bien preparado para brindar un servicio de calidad cuando lo soliciten.

Los cosmetólogos deben estudiar los servicios de textura química y comprenderlos bien porque:

- Los servicios de textura química son grandes aliados de los estilistas y los clientes porque cambian la textura del cabello y permiten que una persona use casi cualquier textura posible en su cabello.

- Saber cómo se realizan estos servicios de manera precisa y profesional le ayudarán a crear una clientela confiada y fiel.

Servicios básicos de textura química continuación

- Son de los servicios más lucrativos del salón y muchos productos que se encuentran a la venta son específicos para la condición del cabello y el servicio químico al que se ha sometido.

- Sin una comprensión cabal de química, los cosmetólogos podrían dañar el cabello.

Conceptos básicos

¿Qué necesitaré aprender exactamente sobre la ondulación permanente y el alisado químico del cabello para que me consideren un profesional competente en esta destreza en particular?

El éxito que tenga en los servicios de texturación química depende de su conocimiento del cabello, su entendimiento sobre los químicos que se utilizan y su habilidad para realizar el servicio, además de la condición o la integridad del cabello. Para crear el aspecto deseado, el cosmetólogo profesional sabrá cómo analizar apropiadamente el cabello y cuero cabelludo del cliente y seleccionar los productos adecuados. También necesitará aprender a seleccionar y utilizar las herramientas correctas para "fijar" la permanente. Además, necesitará recomendar el cuidado adecuado en casa para mantener la apariencia del servicio durante el mayor tiempo posible.

La investigación y el desarrollo de los sistemas de alisado continúa diariamente. Como resultado, vemos que hay fórmulas y productos de vanguardia disponibles para el uso en el salón. Estará expuesto a estas fórmulas mientras esté en la escuela, así como en el establecimiento profesional. Muchos fabricantes brindan una capacitación excelente para el uso de sus productos y usted querrá aprovechar todo lo que tiene disponible. Además de la tecnología de productos, usted querrá asegurar su éxito aprendiendo todo sobre las herramientas que se utilizan en los alisados químicos al igual que sobre los procedimientos que se deben seguir. Finalmente, debe dominar todas las precauciones de seguridad que se deben seguir al realizar el servicio de textura química.

Definición de ondulación permanente e identificación de las texturas

La ondulación permanente es un proceso químico y físico en el cual el cabello se envuelve alrededor de un rulo, se expande y suaviza mediante químicos y finalmente se vuelve a endurecer para que tome su nueva forma.

Para comprender mejor el concepto de textura, examine cuidadosamente revistas viejas (que no necesariamente deben estar relacionadas con la industria de la belleza) para encontrar ejemplos de diferentes tipos de texturas. No busque texturas de cabello humano. Recorte ejemplos de las diversas texturas (como telas) y péguelas en el espacio provisto a continuación, para crear un collage de texturas. Debajo del collage, describa las diversas texturas seleccionadas y la diferencia entre cada una. Puede crear su collage en una cartulina grande en lugar de hacerlo en el libro de texto.

_____

_____

_____

_____

Análisis del cabello

Escoja tres estudiantes y realíceles una consulta y un análisis del cabello. Llene por completo la ficha de registro del cliente que utiliza la escuela. Determine qué producto y tamaño de bigudí son los correctos para crear la textura deseada. Pídale al instructor que revise la ficha de registro y que evalúe los resultados que podría lograr.

Investigación sobre productos

Investigue cuáles son los diversos productos para permanente que se utilizan en la escuela. Elabore una tabla con los nombres de los productos, el pH, los ingredientes principales y para qué tipo de cabello se recomiendan.

Nombre del producto	pH del producto	Ingredientes principales	Tipo de cabello

Ejercicio de relación de conceptos

Relacione cada uno de los siguientes términos básicos con la frase o definición correspondiente.

_____ **Textura gruesa**	**1.** Resultado del procesamientoexcesivo
_____ **Corteza**	**2.** Se procesa más rápido que otras texturas
_____ **Cutícula**	**3.** Generalmente requiere más procesamiento que otras texturas
_____ **Buena porosidad**	**4.** Cabello normal
_____ **Textura fina**	**5.** Cabello resistente
_____ **Textura media**	**6.** Sección interna del cabello
_____ **Médula**	**7.** Generalmente el procesamiento no le causa problemas
_____ **Extremadamente poroso**	**8.** Capa externa del cabello
_____ **Porosidad insuficiente**	**9.** Componente principal de la estructura del cabello
_____ **Procesamiento insuficiente**	**10.** Permanente de sulfito
_____ **Gorra de plástico**	**11.** Un papelillo doblado sobre la hebra de cabello
_____ **Elasticidad**	**12.** Las puntas del cabello enrolladas desde las puntas hasta el cuero cabelludo
_____ **Densidad**	**13.** La cantidad de cabellos por pulgada cuadrada (2,5 cm cuadrados)
_____ **Ondas con cuerpo**	**14.** Capacidad del cabello de estirarse y contraerse
_____ **Loción de ondulación**	**15.** Papelillos porosos para cubrir las puntas del cabello
_____ **Plegado**	**16.** El producto genera calor químicamente
_____ **Exotérmico**	**17.** Se fija sobre los bigudíes envueltos
_____ **Croquignole**	**18.** Los aminoácidos se unen entre sí y forman estos
_____ **Papelillos**	**19.** Lo provoca un tiempo insuficiente de procesamiento
_____ **Polipéptidos**	**20.** Líquido que suaviza e hincha el cabello

Investigación sobre productos

Realice una investigación sobre los diversos alisadores disponibles en su escuela y en las tiendas distribuidoras locales. Anote los resultados en la siguiente tabla.

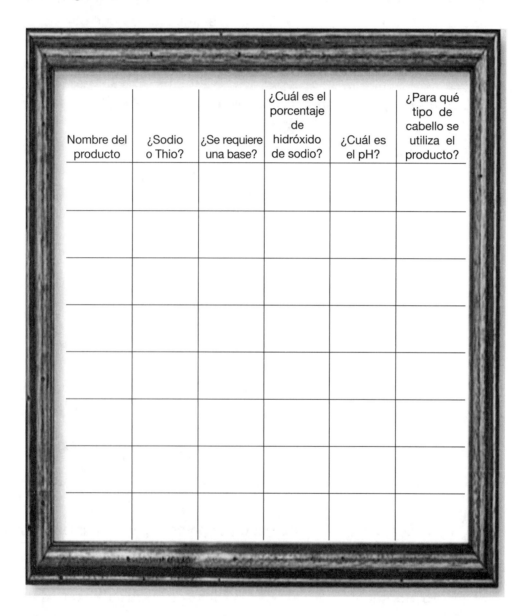

Nombre del producto	¿Sodio o Thio?	¿Se requiere una base?	¿Cuál es el porcentaje de hidróxido de sodio?	¿Cuál es el pH?	¿Para qué tipo de cabello se utiliza el producto?

Objetivo y función del alisado químico del cabello

Enumere los productos que se utilizan en los alisadores de hidróxido de sodio.

_____

_____

Con sus propias palabras, explique el efecto de los alisadores de hidróxido en el cabello.

_____

_____

_____

_____

_____

_____

_____

_____

¿Cuál es el ingrediente en común en un alisador de "thio" y una solución permanente?

_____

Explique el efecto de este ingrediente en común.

_____

_____

¿Cuál es el objetivo del neutralizador en los tratamientos alisadores de "thio"?

_____

_____

_____

Con sus propias palabras, explique la diferencia entre las fórmulas *con* y *sin base*, y por qué se utiliza un producto con base.

_____

_____

_____

_____

_____

Búsqueda de palabras

Forme la palabra correcta siguiendo las pistas provistas y después encuentre las palabras en la sopa de letras.

Palabra	Pista
_____	Permanente que tiene un pH entre 7,8 y 8,2
_____	Permanente que tiene un pH entre 9,0 y 9,6
_____	Crema aceitosa utilizada para proteger la piel y el cuero cabelludo durante el alisado del cabello
_____	Envoltura de permanente en la que se dobla el papelillo por la mitad sobre las puntas del cabello
_____	Bigudí que tiene una menor circunferencia en el centro que en las puntas
_____	Los mechones de cabello se envuelven desde las puntas hasta el cuero cabelludo
_____	Las divisiones y las bases se organizan en forma circular en los paneles para seguir la curvatura de la cabeza
_____	Enlaces laterales entre las cadenas polipéptidas en la corteza
_____	Ondas que se activan con una fuente externa de calor
_____	Enlaces laterales físicos relativamente débiles que son el resultado de la atracción entre cargas eléctricas opuestas
_____	Proceso por el cual los alisadores de hidróxido alisan el cabello en forma permanente
_____	Proceso que consiste en detener la acción de la solución para ondulación permanente y endurecer el cabello en su nueva forma
_____	También se conocen como enlaces terminales
_____	Alisador que tiene un pH mayor a 10 y una mayor concentración de tioglicolato de amonio
_____	Técnica de envoltura que usa divisiones del cabello en zigzag para dividir las áreas de base

```
E N L A C E S D E B I S U L F U R O D E
E N V O L T U R A P L E G A D A N I E N
N Ó I C A Z I L A R T U E N Y E E D T D
N R O C P I O D A M A R T E G A A I N O
E R O C P R L A I L S M P Ó W Q A O L T
A R U T A V R U C N E A R U T L O V N É
N E E U D J B R I T S D I D K C A O E R
E S U D Q Q A R O E I Z T G F A N O N M
E A T P W R O A O H L S N A V T R T I I
L B T P E E A L E I L Q M A X R A C L C
E A N M A C I D E Z B A L A N C E A D A
U M N H E E S I T N C C H B Z E R L A S
E E N G K E A A C R O Q U I G N O L E P
U R E B C U U R I E E F O N I L A C L A
A C S A V E L A N T I O N I Z A C I Ó N
A I L L D U B I D N C U V F E E R T S O
A N S E N L A C E S P E P T Í D I C O S
E I L T X A U V A R C D B N J E I T L L
N I B F Z A L I S A D O R D E T H I O L
R D L Y I E B I G U D Í C Ó N C A V O C
```

Matrices de valoración básicas

Las matrices de valoración se utilizan en la educación para organizar e interpretar la información reunida a partir de las observaciones del desempeño del estudiante. Es un documento de evaluación claramente desarrollado para diferenciar entre los niveles de desarrollo del desempeño de una destreza específica o conducta. En esta guía de estudio se brinda una matriz de valoración como herramienta de autoevaluación para ayudarlo a desarrollar su comportamiento.

Califique su desempeño de acuerdo a la siguiente escala.

(1) Oportunidad de desarrollo: Hay poca o nula evidencia de competencia; se necesita ayuda; el desempeño presenta errores múltiples.

(2) Fundamental: Comienza a haber evidencia de competencia; la tarea se realiza de forma individual; el desempeño tiene pocos errores.

(3) Competente: Existe evidencia detallada y consistente de competencia; la tarea se realiza de forma individual; el desempeño tiene muy pocos errores.

(4) Resistencia: Existe evidencia detallada de competencia altamente creativa, inventiva y desarrollada.

Se proporciona un espacio para hacer comentarios, ayudarlo a mejorar su desempeño y alcanzar una calificación más alta.

PROCEDIMIENTO DE ONDULACIÓN PERMANENTE Y PROCESAMIENTO CON ENVOLTURA DE PERMANENTE BÁSICA

Desempeño evaluado	1	2	3	4	Plan de mejoras
Utilizó el largo del bigudí para medir el ancho de los paneles e hizo una división en nueve paneles					
Mantuvo el cabello húmedo mientras envolvía					
Comenzó a envolver la parte frontal del contorno del cuero cabelludo					
Hizo una división horizontal del tamaño del bigudí					
Sostuvo el cabello en un ángulo de 90 grados					
Utilizando dos papelillos, enrolló el cabello en dirección del cuero cabelludo					
Colocó el bigudí en posición de media base					

Desempeño evaluado	1	2	3	4	Plan de mejoras
No se torcieron las bandas y se ubicaron en línea recta a través de la parte superior del bigudí					
Insertó alfileres para estabilizar los bigudíes y eliminar la tensión causada por la banda					
Continuó envolviendo los ocho paneles restantes siguiendo el orden numérico con la misma técnica					
Aplicó crema protectora en el contorno del cuero cabelludo y en las orejas					
Colocó un rollo de algodón alrededor de todo el contorno del cuero cabelludo					
Ofreció al cliente una toalla para secar cualquier escurrimiento					
Aplicó la solución para permanente con una botella en cada bigudí sobre el cabello de manera lenta y cuidadosa					
Le pidió al cliente que se inclinara hacia delante mientras aplicaba la solución en el área posterior					
Le pidió al cliente que se inclinara hacia atrás mientras aplicaba la solución en el área frontal y en los costados					
Evitó que la solución goteara y salpicara					
Continuó aplicando la solución hasta saturar completamente cada bigudí					
Si utilizó una gorra plástica, la perforó en algunas partes y cubrió el cabello por completo					
No permitió que la gorra tocara la piel					

Matrices de valoración básicas continuación

Desempeño evaluado	1	2	3	4	Plan de mejoras
Revisó el algodón y las toallas					
Si estaban saturados de solución, los reemplazó					
Procesó de acuerdo con las instrucciones del fabricante					
Verificó frecuentemente el desarrollo de los rizos					
Al terminar el procesamiento, enjuagó el cabello muy bien durante al menos cinco minutos					
Secó con toalla el cabello en cada bigudí para eliminar el exceso de humedad					
Aplicó el neutralizador de forma lenta y cuidadosa en el cabello de cada bigudí					
Le pidió al cliente que se inclinara hacia delante mientras aplicaba el neutralizador en el área posterior					
Le pidió al cliente que se inclinara hacia atrás mientras aplicaba el neutralizador en el área frontal y en los costados					
Evitó que la solución goteara y salpicara					
Continuó aplicando el neutralizador hasta saturar completamente cada bigudí					
Tomó el tiempo con el temporizador de acuerdo con las instrucciones del fabricante					
Después de procesar, retiró los bigudíes, aplicó el neutralizador restante y lo distribuyó en todo el cabello con las manos					
Enjuagó bien					
Peinó el cabello como el cliente deseaba					

Matrices de valoración básicas continuación

PROCEDIMIENTO PARA LA ENVOLTURA DE PERMANENTE DE CURVATURA

Desempeño evaluado	1	2	3	4	Plan de mejoras
Comenzó dividiendo la parte frontal del cuero cabelludo de un lado de la raya					
Peinó el cabello en la dirección de su crecimiento					
Dividió los paneles individuales para que coincidieran con la longitud del bigudí					
Alternó los lados a medida que dividía los paneles de curvatura en toda la cabeza					
Comenzó a envolver el primer panel en la parte frontal del cuero cabelludo de un lado de la raya					
Peinó una sección de la base que tuviera el mismo ancho que el diámetro del bigudí					
La dirección base apuntó en dirección opuesta a la cara					
Sostuvo el cabello en un ángulo de 90 grados					
Utilizando dos papelillos, enrolló el cabello en dirección del cuero cabelludo					
Colocó el bigudí en posición de media base					
Las secciones de la base restantes en el panel fueron más anchas en el lado externo del panel (el lado más alejado de la cara)					
Continuó envolviendo en el panel el resto de los bigudíes, alternando los diámetros					

Matrices de valoración básicas continuación

Desempeño evaluado	1	2	3	4	Plan de mejoras
Al llegar al último bigudí de la línea del contorno del cuero cabelludo, peinó el cabello para aplanarlo en la base y dirigió el bigudí hacia arriba y hacia la base, manteniendo plana el área de la base					
Continuó con el segundo panel y repitió el procedimiento del primer panel					
Continuó con el tercer panel y repitió el mismo procedimiento hasta llegar a los dos últimos bigudíes en el contorno del cuero cabelludo					
Peinó el cabello para aplanarlo en la base y dirigió los últimos dos bigudíes hacia arriba y en dirección a la base, manteniendo plana el área de la base					
Continuó con el cuarto panel, que se encuentra en el otro lado de la cabeza, detrás del segundo panel					
Repitió el mismo procedimiento que realizó para el tercer panel					
Siguió el mismo procedimiento con el quinto panel					
La dirección base concordaba con el patrón ya establecido					
La dirección base en la parte posterior fluyó por el contorno del cuero cabelludo y siguió su perímetro					
Todos los paneles se ajustaron a la curvatura de la cabeza y armonizaron con los paneles que los rodeaban					

Matrices de valoración
básicas continuación

PROCEDIMIENTO PARA LA ENVOLTURA DE PERMANENTE TIPO ENLADRILLADO

Desempeño evaluado	1	2	3	4	Plan de mejoras
Comenzó dividiendo una sección de la base paralela al contorno frontal del cuero cabelludo, del largo y el ancho del bigudí utilizado					
La dirección base apuntaba hacia atrás, en dirección opuesta a la cara					
Sostuvo el cabello en un ángulo de 90 grados					
Utilizando dos papelillos, enrolló el cabello en dirección del cuero cabelludo					
Colocó el bigudí en posición de media base					
En la segunda hilera directamente detrás del primer bigudí, dividió dos secciones de la base para los bigudíes que queden descentrados con respecto al primero					
Sostuvo el cabello en un ángulo de 90 grados					
Utilizando dos papelillos, enrolló el cabello en dirección del cuero cabelludo					
Colocó los bigudíes en posición de media base					
Comenzó la tercera hilera dividiendo una sección de la base en el punto donde se unen los dos bigudíes de la hilera anterior					
Utilizó este mismo patrón para toda la envoltura					
Continuó haciendo hileras en forma radial alrededor de la curva de la cabeza por toda la zona de la coronilla					

Desempeño evaluado	1	2	3	4	Plan de mejoras
Extendió hileras alrededor y hacia abajo del contorno lateral del cuero cabelludo, partiendo las secciones de base en el centro del punto donde se unían los dos bigudíes de la hilera anterior					
Dejó de hacer hileras curvas cuando terminó de envolver toda la zona de la coronilla					
Dividió secciones horizontales a lo largo de la parte posterior de la cabeza y continuó con el mismo patrón de enladrillado					
La longitud de los bigudíes cambió de una hilera a otra para mantener el patrón, según fue necesario					

PROCEDIMIENTO PARA LA ENVOLTURA DE PERMANENTE EN ESPIRAL

Desempeño evaluado	1	2	3	4	Plan de mejoras
Comenzó en la nuca, trabajando hacia la parte superior de la cabeza					
Dividió la primera hilera a lo largo del contorno del cuero cabelludo en el área de la nuca					
Peinó el cabello restante y lo sujetó de modo que no estorbara					
Dividió la primera sección de la base en uno de los lados de la primera hilera					
Sostuvo el cabello en un ángulo de 90 grados					
Comenzó a envolver en uno de los extremos del bigudí utilizando uno o dos papelillos					
Enrolló las dos primeras vueltas completas formando un ángulo de 90 grados con respecto al bigudí para inmovilizar las puntas del cabello					

Matrices de valoración
básicas continuación

Desempeño evaluado	1	2	3	4	Plan de mejoras
Luego comenzó a enrollar el cabello en espiral en el bigudí, cambiando el ángulo a uno diferente					
Continuó formando la espiral de cabello hasta el otro extremo del bigudí					
Enrolló el cabello hacia abajo en el cuero cabelludo					
Colocó el bigudí en posición de media base					
Lo fijó uniendo los extremos del bigudí					
Continuó envolviendo con la misma técnica en la misma dirección hasta completar la primera hilera					
Dividió la segunda hilera arriba y de forma paralela a la primera					
Peinó el cabello restante hacia arriba y lo sujetó para que no estorbara					
Comenzó a envolver en el lado opuesto al que empezó en la primera hilera					
Siguió el proceso en dirección opuesta a la de la primera hilera					
Siguió el mismo procedimiento para envolver la segunda hilera pero comenzó envolviendo cada bigudí en el extremo contrario al de la primera hilera					
Continuó envolviendo con la misma técnica en la misma dirección hasta completar la segunda hilera					
Dividió la tercera hilera arriba y de forma paralela a la segunda					
Siguió el mismo procedimiento de envoltura alternando las hileras a la izquierda y a la derecha a medida que se desplazaba hacia arriba en la cabeza					

PROCEDIMIENTO PARA EL ALISADOR DE "THIO" EN CABELLO VIRGEN

Desempeño evaluado	1	2	3	4	Plan de mejoras
Dividió el cabello en cuatro secciones, desde el centro de la parte frontal del contorno del cuero cabelludo hacia el centro de la nuca y de oreja a oreja					
Sostuvo las secciones de cabello hacia arriba con una pinza para que no estorbaran					
Aplicó crema protectora en el contorno del cuero cabelludo y en las orejas					
Usó guantes en ambas manos					
Comenzó la aplicación en las áreas más resistentes, generalmente en la parte posterior de la cabeza					
Hizo divisiones horizontales de ¼ a ½ pulgada (0,6 a 1,25 cm) y aplicó el alisador, primero en la parte superior del mechón y después por debajo del mismo					
Aplicó alisador entre ¼ y ½ pulgada (0,6 a 1,25 cm) del cuero cabelludo y hasta las puntas porosas					
No permitió que el alisador tocara el cuero cabelludo hasta los últimos minutos					
Continuó aplicando el alisador hacia abajo de la sección, en dirección al contorno del cuero cabelludo					
Continuó con el mismo procedimiento en las demás secciones, terminando las más resistentes primero					
Después de aplicar el alisador en todas las secciones, utilizó la parte trasera del peine o las manos para alisar cada sección					

Desempeño evaluado	1	2	3	4	Plan de mejoras
Procesó de acuerdo con las instrucciones del fabricante					
Realizó pruebas periódicas de la hebra					
Durante los últimos minutos del procesamiento, llevó el alisador hasta el cuero cabelludo y las puntas. Utilizó más alisador si fue necesario					
Con cuidado peinó, dividió y alisó las secciones					
Enjuagó muy bien con agua tibia para eliminar todos los residuos de alisador					
Lavó con champú con pH balanceado					
Secó el cabello con toalla para eliminar el exceso de agua					
Aplicó neutralizador en secciones de ¼ a ½ pulgada (0,6 a 1,25 cm)					
Alisó con las manos o con la parte trasera del peine					
Procesó el neutralizador según las instrucciones					
Enjuagó bien					
Lavó con champú y acondicionó el cabello					

PROCEDIMIENTO DE RETOQUE PARA EL ALISADOR DE "THIO"

Desempeño evaluado	1	2	3	4	Plan de mejoras
Dividió el cabello en cuatro secciones, desde el centro de la parte frontal del contorno del cuero cabelludo hacia el centro de la nuca, y de oreja a oreja					

Desempeño evaluado	1	2	3	4	Plan de mejoras
Sostuvo las secciones de cabello hacia arriba con una pinza para que no estorbaran					
Usó guantes en ambas manos					
Aplicó crema protectora en el contorno del cuero cabelludo y en las orejas					
Comenzó la aplicación en las áreas más resistentes, generalmente situadas en la parte posterior de la cabeza					
Hizo divisiones horizontales de ¼ a ½ pulgada (0,6 a 1,25 cm) y aplicó el alisador sobre el mechón					
Aplicó el alisador a entre ¼ y ½ pulgada (0,6 a 1,25 cm) de distancia del cuero cabelludo y solamente al nuevo crecimiento del cabello					
No permitió que el alisador tocara el cuero cabelludo hasta los últimos minutos del procesamiento					
No aplicó alisador sobre el cabello que fue alisado previamente					
Continuó aplicando el alisador con el mismo procedimiento, trabajando hacia abajo de la sección, en dirección al contorno del cuero cabelludo					
Continúo con el mismo procedimiento en las demás secciones, terminando las más resistentes primero					
Después de aplicar el alisador en todas las secciones, utilizó la parte trasera del peine o las manos para alisar cada sección					
Procesó de acuerdo con las instrucciones del fabricante					

Desempeño evaluado	1	2	3	4	Plan de mejoras
Realizó pruebas periódicas de la hebra					
Durante los últimos minutos del procesamiento, aplicó suavemente el alisador hasta el cuero cabelludo					
Si las puntas requerían de alisado adicional, distribuyó el alisador en ellas durante los últimos minutos del procesamiento					
Enjuagó completamente con agua tibia					
Lavó el cabello tres veces con un champú neutralizante de acidez balanceada					
Secó el cabello con toalla para eliminar el exceso de agua					
Aplicó neutralizador en secciones de ¼ a ½ pulgada (0,6 a 1,25 cm) en todo el cabello					
Alisó con las manos o con la parte trasera del peine					
Procesó el neutralizador según las instrucciones					
Enjuagó bien					
Lavó con champú y acondicionó el cabello					

PROCEDIMIENTO PARA LA PERMANENTE DE RIZOS SUELTOS

Desempeño evaluado	1	2	3	4	Plan de mejoras
NOTA: Esta evaluación comienza después de los primeros 12 pasos del Procedimiento 20–10, Aplicación de alisador de hidróxido en cabello virgen.					
Dividió el cabello en nueve paneles usando la longitud del bigudí para medir la anchura de los paneles					

Desempeño evaluado	1	2	3	4	Plan de mejoras
Enrolló el cabello en los bigudíes de permanente del tamaño adecuado					
Usó guantes en ambas manos					
Comenzó envolviendo el área más resistente					
Aplicó y distribuyó el estimulador de rizos de "thio" en cada panel al envolver el cabello					
Hizo una división horizontal del tamaño del bigudí					
Sostuvo el mechón de cabello en un ángulo de 90 grados con respecto a la cabeza					
Utilizando dos papelillos, enrolló el cabello en dirección del cuero cabelludo					
Colocó el bigudí en posición de media base					
Insertó pinzas para estabilizar los bigudíes y eliminar la tensión causada por la banda					
Continuó envolviendo el primer panel utilizando la misma técnica					
Mantuvo una humedad pareja a medida que trabajaba					
Continuó envolviendo los ocho paneles restantes siguiendo el orden numérico con la misma técnica					
Puso algodón en el contorno del cuero cabelludo y en el cuello					
Aplicó estimulador de rizos de "thio" hasta que todos los rizos estuvieron completamente saturados					
Perforó la gorra plástica en algunas partes y cubrió el cabello por completo					

Matrices de valoración básicas continuación

Desempeño evaluado	1	2	3	4	Plan de mejoras
No permitió que la gorra tocara la piel del cliente					
Reemplazó los algodones y toallas saturados					
Procesó de acuerdo con las instrucciones del fabricante					
Revisó frecuentemente el desarrollo apropiado de los rizos					
Al terminar el procesamiento, enjuagó el cabello muy bien durante al menos cinco minutos					
Secó con una toalla cada bigudí para eliminar el exceso de humedad					
Opción: aplicó acondicionador pre-neutralizador de acuerdo con las instrucciones del fabricante					
Aplicó el neutralizador de forma lenta y cuidadosa en el cabello de cada bigudí					
Evitó que la solución goteara y salpicara					
Se aseguró de saturar por completo cada bigudí					
Distribuyó el resto del neutralizador					
Colocó un temporizador y neutralizó de acuerdo con las instrucciones del fabricante					
Retiró los bigudíes, distribuyó el resto del neutralizador sobre las puntas del cabello y enjuagó muy bien					
Opción: lavó con champú y acondicionó el cabello					

Complete el siguiente repaso del Capítulo 20, Servicios de textura química. Encierre en un círculo la respuesta correcta.

1. Los bigudíes _____ tienen un diámetro más pequeño al centro que aumenta gradualmente a un diámetro mayor en las puntas, lo que da como resultado un rizo muy cerrado en las puntas del cabello y un rizo flojo y más ancho en el cuero cabelludo.

a) convexos

b) rectos

c) cóncavos

d) de colores

2. El método adecuado para envolver una ondulación permanente para cabello muy largo es _____.

a) el método halo doble

b) la envoltura con bigudí doble

c) el método halo simple

d) el método de alisado inverso

3. Un(una) _____ es un ejemplo de un cambio físico causado por enlaces de hidrógeno que se rompen y vuelven a formar en el cabello.

a) serviciode secado con secador

b) fijación en húmedo

c) servicio de coloración

d) peinado

4. Todas las envolturas para permanente deben comenzar por dividir el cabello en secciones o paneles que más adelante se dividen en subsecciones que se conocen como _____.

a) paneles

b) secciones de la base

c) paneles de la base

d) control de la base

5. Enjuague siempre la solución de permanente durante al menos _____ minutos antes de aplicar el neutralizador.

a) 2

b) 3

c) 4

d) 5

6. Si el cabello está dañado, se puede aplicar un acondicionador _____ de proteína líquida y secar el cabello con un secador tibio durante 5 minutos o más, antes de la neutralización.

a) alcalino

b) emulsionado

c) neutro

d) ácido

7. Cuando el cabello ha sido alisado lo suficiente, se debe enjuagar rápida y abundantemente con agua _____.

a) caliente

b) fría

c) fresca

d) tibia

8. El control de la base se refiere a la posición de la herramienta en relación con el(la) _____ y está determinado por el ángulo según el cual se envuelve el cabello.

a) panel

b) sección de la base

c) base de panel

d) posición del cuero cabelludo

9. Las envolturas para las puntas son de papel absorbente y se usan para _____ del cabello cuando se envuelve y enrolla en las herramientas para permanente.

a) disminuir la humedad

b) controlar las puntas

c) controlar la elasticidad

d) disminuir la elasticidad

10. La textura del cabello describe _____ de una hebra de cabello y se clasifica como grueso, medio o fino.

a) la longitud

b) el color

c) el rizo

d) el diámetro

11. Si el cabello no se _____, el peróxido de hidrógeno del neutralizador puede reaccionar al hacer contacto con la loción de ondulación y provocar que se aclare la coloración.

a) lava con champú abundantemente

b) enjuaga adecuadamente

c) lava con champú ligeramente

d) enjuaga ligeramente

12. Si se rompen demasiados enlaces _____ durante el proceso de la permanente, el cabello quedará demasiado débil para formar rizos firmes.

a) de bisulfuro

b) de hidrógeno

c) salinos

d) polipéptidos

13. Al completar el procesamiento de una permanente de rizos sueltos, ¿qué se debe hacer después de enjuagar el cabello abundantemente con agua tibia?

a) cada rizo se seca con una toalla

b) se aplica acondicionador

c) se coloca al cliente debajo del secador

d) se realiza una prueba de rizos

14. Si el cabello se rompe con muy poca tensión, tiene _____.

a) excelente elasticidad

b) muy buena elasticidad

c) elasticidad promedio

d) poca o ninguna elasticidad

15. Para lograr una transición suave entre una sección enrollada y una sección de cabello sin enrollar, utilice una herramienta más grande al final junto a una sección sin enrollar al realizar una _____.

a) permanente en curvatura
b) permanente parcial
c) permanente en espiral
d) permanente completa

16. En la neutralización, los enlaces del cabello se reestructuran _____.

a) inmediatamente
b) lentamente
c) esporádicamente
d) al azar

17. En la ondulación permanente, la mayor parte del procesamiento se realiza en cuanto la solución penetra en el cabello, durante los primeros _____ minutos.

a) 1 a 2
b) 2 a 3
c) 3 a 4
d) 5 a 10

18. Muchos clientes masculinos buscan obtener mayor _____, cuerpo, estilo y pocos requisitos de mantenimiento que solamente una permanente les puede proporcionar.

a) color
b) brillo
c) textura
d) longitud

19. Las sales metálicas dejan una capa que puede provocar _____, decoloración considerable o cabellos resquebrajados.

a) olor suave
b) rizos disparejos
c) calcificación
d) rizos suaves

20. La neutralización reconstruye _____ mediante la eliminación de enlaces de hidrógeno adicionales que crea la solución de ondulación.

a) los enlaces salinos
b) los enlaces de hidrógeno
c) los enlaces de bisulfuro
d) las cadenas polipéptidas

21. Realizar una permanente sólo en una sección del cabello se conoce como _____.

a) permanente en sección
b) permanente moteada
c) permanente parcial
d) permanente limitada

22. Algunos fabricantes recomiendan aplicar un _____ después de secar con la toalla y antes de aplicar el neutralizador.

a) acondicionador pre-neutralizador
b) champú pre-neutralizador
c) hidratante para después del proceso
d) champú para después del proceso

23. La envoltura de _____ usa particiones en zigzag para dividir las áreas de base.

a) permanente en curvatura
b) técnica de tramado
c) permanente tipo enladrillado
d) permanente recta

24. La envoltura de _____ crea un movimiento que forma curvas en los paneles divididos.

a) permanente en curvatura
b) permanente tipo enladrillado
c) técnica de tramado
d) permanente recta

25. La envoltura básica para permanente también se conoce como envoltura _____.

a) de permanente en curvatura
b) de permanente tipo enladrillado
c) de técnica de tramado
d) recta

26. La acción química del(de la) _____ rompe los enlaces de bisulfuro y suaviza el cabello.

a) amoníaco
b) peróxido de hidrógeno
c) loción de ondulación
d) neutralizador

27. La mayor parte de la composición química del cabello es una proteína conocida como _____.

a) polipéptidos
b) queratina
c) cisteína
d) melanina

28. Los enlaces que están formados por dos aminoácidos de cisteína y se ubican en cadenas polipéptidas adyacentes son _____.

a) salinos
b) químicos
c) de hidrógeno
d) de bisulfuro

29. Las cadenas polipétidas de esta capa de cabello se conectan por medio de enlaces terminales y están unidas mediante enlaces laterales que forman las fibras y la estructura del (de la) _____.

a) médula
b) cutícula
c) corteza
d) folículo

30. La permanente que se activa mediante el calor que genera químicamente el producto se conoce como _____.

a) endotérmica
b) alcalina
c) exotérmica
d) hidróxido de sodio

31. La acción de la loción para ondular es _____.

   a) decolorar el cabello   b) encoger el cabello

   c) aumentar el volumen   d) acondicionar el cabello
       del cabello

32. El grado de absorción de la loción para ondular el cabello se relaciona con su _____.

   a) textura   b) longitud

   c) elasticidad   d) porosidad

33. El tiempo que requiere el mechón para absorber la loción de ondulación y para que el cabello vuelva a rizarse se conoce como _____.

   a) tiempo de aplicación   b) duración del proceso

   c) tiempo de enjuague   d) tiempo de desarrollo

34. El principal ingrediente activo en las lociones para ondular de acidez balanceada es _____.

   a) monotioglicolato de glicerol   b) tioglicolato de amonio

   c) peróxido de hidrógeno   d) hidróxido de sodio

35. El principal ingrediente activo o agente reductor de las permanentes alcalinas es _____.

   a) monotioglicolato de glicerol   b) tioglicolato de amonio

   c) peróxido de hidrógeno   d) hidróxido de sodio

36. La envoltura _____ evita divisiones visibles e integra el flujo del cabello.

   a) de permanente en curvatura   b) de permanente tipo
                                         enladrillado

   c) de permanente en espiral   d) de permanente básica

37. La envoltura _____ se realiza en un ángulo que hace que el cabello forme una espiral a lo largo de la herramienta, como la cinta que cubre la empuñadura de una raqueta de tenis.

   a) en espiral   b) croquignole

   c) de enladrillado   d) de poste de barbero

38. Los átomos de hidrógeno en los enlaces de bisulfuro son atraídos hacia el oxígeno del neutralizador tan poderosamente que liberan sus lazos con los átomos de azufre para unirse con el _____.

   a) enlace salino   b) nitrógeno

   c) hidrógeno   d) oxígeno

39. La falta deprocesamiento es causada por un tiempo de procesamiento _____ de la loción de ondulación.

a) excesivo
b) creciente
c) insuficiente
d) exacto

40. Las ondas que se procesan más rápido y producen rizos más firmes que los de las ondas ácidas verdaderas se consideran _____.

a) alcalinas
b) de acidez balanceada
c) de tioglicolato de amonio
d) de hidróxido de sodio

41. Al hacer una permanente por primera vez en un cliente, ¿qué se puede utilizar para determinar el tiempo de procesamiento para lograr rizos óptimos?

a) prueba del parche
b) prueba de la hebra
c) prueba de porosidad
d) prueba preliminar de rizo

42. ¿Qué tipo de cabello es más frágil y susceptible al daño causado por las permanentes?

a) textura gruesa
b) textura media
c) sin elasticidad
d) textura fina

43. ¿Qué tipo de cabello requiere mayor procesamiento que el cabello fino o medio, y también puede ser más resistente al mismo?

a) textura gruesa
b) textura media
c) sin elasticidad
d) textura fina

44. Cuando el mechón se envuelve en un ángulo de 45 grados más allá de la perpendicular de su sección de base, el resultado es una _____.

a) colocación de media base
b) colocación fuera de base
c) colocación en la base
d) colocación en el tallo

45. Cuando se dobla el papelillo por la mitad sobre las puntas del cabello, como un sobre, se conoce como _____.

a) apliques de papel dobles para las puntas
b) envoltura plegada
c) apliques de papel simples para las puntas
d) envoltura con el dorso de la mano

46. Cuando el mechón se envuelve en un ángulo de 90 grados (perpendicular) de su sección de base, el resultado es una _____.

a) colocación de media base
b) colocación fuera de la base
c) colocación en la base
d) colocación en el tallo

47. Cuando realice un procedimiento para rizo de prueba preliminar, envuelva una herramienta en diferentes áreas de la cabeza, incluyendo la parte superior, el costado y el (la)_____.

a) flequillo

b) sien

c) nuca

d) occipital

48. Cuando el cabello tenga la forma deseada, los enlaces de bisulfuro rotos deben volver a enlazarse _____.

a) químicamente

b) físicamente

c) temporalmente

d) semi permanentemente

49. Cuando coloca un papelillo para las puntas encima del mechón y lo sostiene con exactitud, se conoce como _____.

a) envoltura plana doble

b) envoltura plegada

c) envoltura plana simple

d) envoltura con el dorso de la mano

50. Se debe evitar el alisado químico cuando un examen muestra presencia de _____.

a) abrasiones en el cuero cabelludo

b) rizos firmes

c) oleosidad excesiva

d) pitiriasis esteatoide

51. Después de impregnar con neutralizador los bigudíes en una permanente de rizos sueltos, el siguiente paso es _____.

a) enjuagar con agua caliente

b) retirar los bigudíes con cuidado

c) secar el cabello completamente

d) aplicar base protectora

52. Después de procesar el cabello con un alisador de hidróxido de sodio y antes de lavarlo, el cabello debe estar completamente _____.

a) lubricado

b) enjuagado

c) seco

d) acondicionado

53. Antes de realizar un alisado químico en el cabello extremadamente rizado, el cosmetólogo debe evaluar su textura, porosidad, _____.

a) largo y elasticidad

b) elasticidad y suavidad

c) elasticidad y magnitud del daño, de haberlo

d) suavidad y magnitud de los daños, si existe

54. Si utiliza un alisador *sin base*, se recomienda aplicar una crema protectora _____.

a) en la nuca
b) sobre los lóbulos de las orejas
c) en el contorno frontal del cuero cabelludo
d) en el contorno del cuero cabelludo y alrededor de las orejas

55. Revisar la acción de alisador estirando las hebras para ver qué tan rápido se eliminan los rizos naturales, se conoce como _____.

a) prueba periódica de parche
b) prueba periódica de alisador
c) prueba periódica de la hebra
d) prueba periódica de elasticidad

56. De los tipos generales de alisadores de cabello, ¿cuál es el que no requiere un lavado con champú previo?

a) hidróxido de sodio
b) tioglicolato de sodio
c) tioglicolato de amonio
d) alisadores de base ácida

57. Una de las precauciones de seguridad para los alisadores de cabello es evitar _____ el cuero cabelludo con el peine o con las uñas.

a) masajear
b) rasguñar
c) suavizar
d) estimular

58. Los alisadores que tienen compuestos iónicos formados por un metal combinado con oxígeno e hidrógeno, se conocen como _____.

a) alisadores de hidróxido de guanidina
b) alisadores con hidróxido de metal
c) alisadores de pH bajo
d) alisadores sin base

59. El nombre común de los alisadores de hidróxido de sodio es _____.

a) alisadores de hidróxido de guanidina
b) alisadores de pH bajo
c) alisadores de hidróxido de litio
d) alisadores de lejía

60. La acción de alisadores de hidróxido de sodio provoca que el cabello _____.

a) aumente el volumen
b) se encoja
c) se endurezca
d) se asiente

61. El proceso que rompe los enlaces de bisulfuro del cabello durante el procesamiento y los convierte en enlaces de lantionina cuando se enjuaga el alisador del cabello, se conoce como _____.

a) lanolización
b) lantionización
c) neutralización
d) normalización

62. El cuero cabelludo y la piel se protegen de posibles quemaduras durante el alisado aplicando _____.

a) algodón
b) un estabilizador
c) una base
d) champú

63. El tiempo de procesamiento de un alisado químico se ve afectado por _____.

a) los productos para peinar utilizados
b) la edad del cliente
c) la porosidad del cabello
d) la marca del alisador

64. La crema para alisar se aplica de último cerca del cuero cabelludo, ya que el procesamiento se acelera en esta área debido _____.

a) al calor corporal
b) a la velocidad de la aplicación
c) a la transpiración corporal
d) a las glándulas sebáceas

65. El químico que se requiere para detener la acción del alisador químico es un(a) _____.

a) vaselina
b) neutralizador
c) acondicionador
d) loción para ondular

66. El mejor champú para usar después de un alisador químico es _____.

a) un champú orgánico
b) un champú antibacterial
c) un champú neutralizante
d) un champú seco

67. La potencia de un alisador se determina con la prueba de la hebra. Las pautas generales sugieren que para el cabello grueso virgen se utilice la potencia: _____.

a) extra suave
b) media
c) suave
d) fuerte o potente

68. La potencia de un alisador se determina con la prueba de la hebra. Las pautas generales sugieren que para el cabello fino, teñido o aclarado se utilice la potencia: _____.

a) extra suave
b) media
c) suave
d) fuerte o potente

69. El proceso que consiste en reordenar permanentemente la estructura básica del cabello muy rizado para darle forma más lisa, se conoce como _____.

a) alisado térmico

b) alisado químico del cabello

c) ondulación permanente

d) suavizado químico del cabello

70. La combinación de alisador de "thio" con una permanente de "thio" que se envuelve en herramientas grandes se conoce como una(un) _____.

a) permanente de rizos sueltos

b) reconstructor de tioglicolato

c) permanente de rizos lisos

d) permanente de rizos intensos

71. Los métodos más utilizados de alisado de cabello son el método de hidróxido de sodio y el método _____.

a) térmico

b) de thio

c) de amoníaco

d) de peróxido

72. Para revisar el procesamiento de alisado, puede suavizar y presionar la hebra sobre el cuero cabelludo con el dorso del peine o el dedo. Si se vuelve a rizar, _____.

a) enjuague inmediatamente

b) agregue neutralizador

c) continúe con el procesamiento

d) agregue acondicionador

73. ¿Qué se utiliza para restaurar la acidez normal del pH del cabello y del cuero cabelludo?

a) una crema acondicionadora

b) champú medicado

c) un acondicionador de cutículas

d) una loción neutralizante

74. ¿Qué detiene el efecto de cualquier alisador químico que haya podido quedar en el cabello después de haberlo enjuagado?

a) un suavizante

b) una crema descompuesta

c) un compuesto para dar volumen

d) un neutralizador

75. ¿Cuáles son las dos fórmulas del alisador químico de hidróxido de sodio?

a) con base y sin base

b) con lejía y sin lejía

c) con estabilizador y sin estabilizador

d) con crema y sin crema

76. ¿Qué precaución de seguridad se debe seguir con todos los servicios de alisado químico?

   a) lavar con champú el cabello del cliente

   b) acondicionar previamente el cabello

   c) aconsejar al cliente con respecto al tiempo de procesamiento

   d) usar guantes protectores

77. ¿Cuáles son los tres pasos básicos que se utilizan en el alisado químico del cabello?

   a) envolver, aplicar y enjuagar

   b) procesar, neutralizar y acondicionar

   c) lavar con champú, aplicar y acondicionar

   d) procesar, neutralizar y estabilizar

78. Al aplicar alisador de hidróxido de sodio, la crema para el procesamiento se aplica al final en _____ y _____.

   a) el cuero cabelludo, el centro del tallo del cabello

   b) el cuero cabelludo, las puntas del cabello

   c) el centro del tallo del cabello, las puntas del cabello

   d) la nuca, las puntas del cabello

79. Cuando se realiza un retoque de hidróxido de sodio, ¿en dónde se debe aplicar primero el producto?

   a) en las puntas del cabello

   b) solamente en el nuevo brote

   c) en el centro del tallo del cabello

   d) solamente en el cuero cabelludo

80. Al usar el método de aplicación con el peine, ¿cómo se aplica la crema alisadora?

   a) con la parte posterior del peine

   b) con los dedos

   c) con la brocha aplicadora

   d) con los dientes del peine

Conocimientos básicos y logros académicos

A continuación escriba en el espacio provisto algunos comentarios sobre los conceptos del capítulo más difíciles de comprender o recordar. Imagine que usted es el maestro y piense en lo que le diría a sus estudiantes sobre estos conceptos. Comparta sus Conocimientos básicos con sus compañeros de clase y pregúnteles si les parecen útiles. Si es necesario revise sus apuntes de clase tomando las ideas de sus compañeros que le parezcan buenas.

Conocimientos básicos:

_____
_____
_____
_____
_____
_____
_____
_____
_____
_____
_____

Indique por lo menos tres cosas que haya aprendido en relación con los objetivos de su carrera profesional desde la última anotación.

Logros académicos:

_____
_____
_____
_____
_____

Coloración del cabello

Un momento de motivación: "Si aprendemos a apreciar más lo que ya tenemos, nos daremos cuenta que tenemos mucho que apreciar".
—Michael Angier

Objetivos básicos

Al terminar este capítulo y las secciones de Un complemento indispensable, usted podrá:

1. Listar los motivos por los que las personas se tiñen el cabello.

2. Explicar cómo afecta la porosidad en la coloración de cabello.

3. Comprender los tipos de melanina del cabello.

4. Definir e identificar los niveles y su función en las fórmulas de las coloraciones de cabello.

5. Identificar los colores primarios, secundarios y terciarios.

6. Conocer la función del tono y la intensidad en la coloración del cabello.

7. Enumerar y describir las categorías de coloraciones del cabello.

8. Explicar la función del peróxido de hidrógeno en una fórmula de coloración del cabello.

9. Explique la acción de los aclaradores de cabello.

10. Enumerar las cuatro preguntas clave que se deben hacer cuando se prepara la fórmula de coloración.

11. Comprender por qué es útil realizar la prueba del parche en la coloración del cabello.

12. Definir lo que es una prueba preliminar de la hebra y por qué se usa.

13. Enumerar y describir el procedimiento para un servicio de coloración de proceso simple en cabello virgen.

14. Comprender los dos procesos involucrados en la coloración en dos pasos.

15. Describir las diversas formas de los aclaradores del cabello.

16. Comprender el propósito y el uso de los tonificantes.

17. Nombrar y describir los tres métodos más utilizados para crear mechas.

18. Saber cómo cubrir de manera adecuada el cabello canoso.

19. Conocer las reglas de la corrección del color.

20. Conocer las precauciones de seguridad que se deben seguir durante el proceso de coloración.

Coloración básica del cabello

¿Superaré mi temor a la coloración y podré realizarla y aplicarla con éxito en el salón?

¡Sin duda! La coloración es un arte y usted ha comenzado a entrenarse como artista. Este capítulo está diseñado para ayudarlo a que comience a desarrollar su confianza respecto a la coloración de manera práctica y comprensible. Actualmente en el mercado, la coloración se considera el "cosmético para el cabello". Su clientela ya no le tiene miedo a la coloración, y sus clientes variarán desde adolescentes hasta abuelas. Si se toma el tiempo y esfuerzo que se requieren para aprender sobre la coloración, se dará cuenta que es tanto una ciencia como un arte. Verá que es divertida y fácil, y que todos sus esfuerzos serán recompensados económicamente en el salón.

Los cosmetólogos deben estudiar los servicios de textura química y comprenderlos bien porque:

- Los servicios de textura química son grandes aliados de los estilistas y los clientes porque cambian la textura del cabello y permiten que una persona use casi cualquier textura posible en su cabello.

- Saber cómo se realizan estos servicios de manera precisa y profesional le ayudarán a crear una clientela confiada y leal.

- Son de los servicios más lucrativos del salón y muchos productos que se encuentran a la venta son específicos para la condición del cabello y el servicio químico al que se ha sometido.

- Sin una comprensión cabal de química, los cosmetólogos podrían dañar el cabello.

Conceptos básicos

¿Cuáles son los conceptos o elementos clave de la coloración que debo conocer para tener éxito?

Comenzará por aprender sobre la teoría básica del color, un repaso de lo que aprendió en la escuela primaria cuando estudió los colores del arco iris. Aprenderá cómo aclarar el cabello oscuro a un tono rubio claro y también a oscurecer el cabello claro. Conocerá las razones que tienen las personas para teñirse el cabello y los efectos psicológicos que la coloración puede tener en un individuo. Aprenderá el sistema de niveles que utilizan los profesionales y los fabricantes de tintes para analizar la claridad u oscuridad de un color. Como on cualquier otro servicio profesional, va a adquirir la práctica para realizar una consulta con el cliente antes de brindar un servicio de coloración. La capacitación en coloración le enseñará desde la coloración temporal hasta la coloración semipermanente, permanente, el aclarado del cabello y los procedimientos para la coloración con efectos especiales.

La rueda de colores

En el siguiente diagrama, ubique los colores que corresponden con el color que se encuentra en la rueda. Puede utilizar colores, marcadores, acuarelas o recortes de diferentes colores sacados de revistas. El objetivo es representar los colores primarios, secundarios y terciarios y etiquetar cada uno como corresponde.

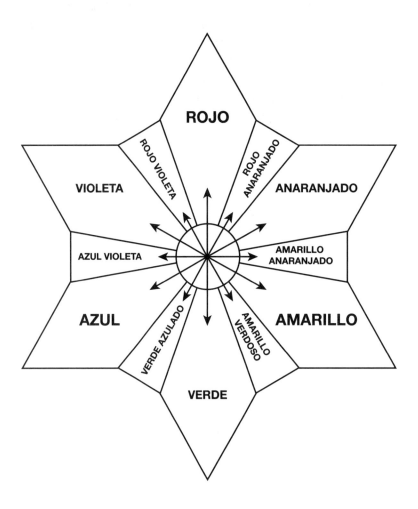

Desafíos y soluciones correctivas en la coloración

En la siguiente cuadrícula, explique las soluciones para los desafíos en la coloración mencionados a continuación.

Desafío	Solución
Decoloración amarillenta	
Canas muy resistentes	
Cabello dañado (a causa del secador, el viento, los productos agresivos y los tratamientos químicos)	
Cabello dañado y demasiado poroso	
Cabello rojizo	
Cabello castaño	

El sistema de niveles

Busque en revistas viejas imágenes de todo aquello (cabello, ropa, etc.) que muestre los 10 niveles de color o decoloración que se indican en la siguiente tabla. Recorte los colores y péguelos en el cuadro adecuado. Opción: Reúna hebras de cabello reales de los distintos niveles. Nota: Los nombres de los niveles de color pueden variar de un fabricante a otro.

Nivel 1: Negro	**Nivel 2: Marrón muy oscuro**
Nivel 3: Marrón oscuro	**Nivel 4: Marrón medio**
Nivel 5: Marrón claro	**Nivel 6: Rubio oscuro**
Nivel 7: Rubio medio	**Nivel 8: Rubio claro**
Nivel 9: Rubio muy claro	**Nivel 10: Rubio más claro**

Las cuatro clasificaciones de color

Las cuatro clasificaciones de la coloración son: temporal, semipermanente tradicional, semipermanente de larga duración y permanente. Las clasificaciones indican la duración del color, o su capacidad para permanecer en el cabello. Se determinan por su composición química y el peso molecular de los pigmentos y tinturas dentro de los productos que se encuentran en cada clasificación. En la siguiente tabla, indique las diferentes características de tres clasificaciones del color. Para la estructura molecular, describa el tamaño y también haga el dibujo. Investigue en otros lugares si es necesario.

Clasificación	Temporal	Semipermanente/de larga duración tradicional	Permanente
Peso molecular de la molécula de tintura			
Tipo de pH (ácido o alcalino)			
Reacción o cambio (físico o químico)			
Inalterabilidad del color			
Efectos de color (realza/otorga)			

Cuadro por cuadro: Aplicación del color

Cuadro por cuadro consiste en transformar manualmente en imágenes los elementos, puntos o pasos clave de una lección plasmándolas en los cuadros o *paneles* de una matriz. Piense en imágenes y dibuje los conceptos básicos impresos en los siguientes cuadros. Haga una investigación adicional si se requiere.

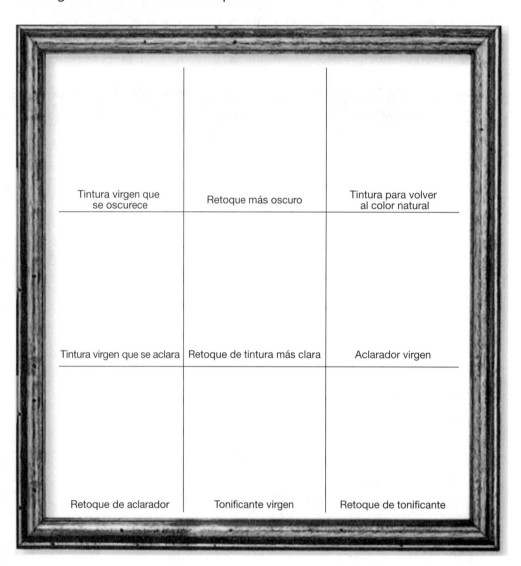

Tintura virgen que se oscurece	Retoque más oscuro	Tintura para volver al color natural
Tintura virgen que se aclara	Retoque de tintura más clara	Aclarador virgen
Retoque de aclarador	Tonificante virgen	Retoque de tonificante

Crucigrama

Identifique la palabra correcta siguiendo las pistas enumeradas
a continuación y después ubique la palabra en el crucigrama siguiente.

Pistas:

Horizontal

5. Sección de cabello ⅛ de
de? pulgada (0,3 cm) que se
coloca encima de la lámina

6. Se utiliza para tratar las canas
o el cabello resistente

10. Colores opuestos en la rueda
de colores

11. Color que queda en el cabello
después de atravesar las diez
etapas del aclarado

Vertical

1. Agente oxidante que se mezcla
con un color de oxidación
y suministra oxígeno

2. Técnica en la que se deslizan
o se traman secciones

3. Oxidante que se agrega al
peróxido de hidrógeno para
aumentar su acciónquímica

4. Compuesto químico para
decolorar el cabello

7. Término industrial que se refiere
a los productos de coloración
artificial

8. Coloración de algunas hebras
en tono más claro que el color
natural

9. Unidad de medida de la claridad
u oscuridad de un color

Búsqueda de palabras

Identifique la palabra correcta siguiendo las pistas provistas y después encuentre las palabras en la sopa de letras.

Palabra	Pista
_____	Pintar un aclarador
_____	Consiste en sacar el cabello a través de una gorra perforada
_____	Se utiliza para asegurar un tono uniforme
_____	Coloración de algunas hebras en tono más claro que el color natural
_____	Intensidad del tono de un color
_____	Coloración que contiene sales metálicas
_____	Primer paso en la coloración de doble proceso
_____	Proceso para tratar el cabello canoso o muy resistente con el fin de permitir una mejor penetración
_____	Color puro o fundamental que no se puede obtener a partir de una mezcla
_____	Color producto de la mezcla en partes iguales de dos colores primarios
_____	Consiste en tomar una sección de cabello de ⅛ pulgada (0,3 cm) y colocarlo sobre una lámina
_____	Color intermedio que se obtiene al mezclar un color secundario con el color primario contiguo
_____	Coloración permanente con oxidante que realza y da color en el mismo proceso
_____	Se utiliza principalmente en el cabello preaclarado para obtener colores delicados y pálidos

_____   Medida de las distintas intensidades del
                     peróxido de hidrógeno

_____   Tomar mechones con un movimiento en
                     zigzag del peine

T	É	C	N	I	C	A	C	O	N	G	O	R	R	A
R	O	D	A	N	E	L	L	E	R	G	I	W	V	T
T	E	O	P	R	I	M	A	R	I	O	F	T	D	Q
E	T	T	U	A	A	T	A	C	I	L	Á	T	E	M
R	O	N	A	E	O	I	O	D	A	M	A	R	T	T
C	N	E	O	D	A	R	A	L	C	A	E	R	P	E
I	I	I	P	R	E	S	U	A	V	I	Z	A	D	O
A	F	M	O	I	R	A	D	N	U	C	E	S	X	E
R	I	A	I	N	T	E	N	S	I	D	A	D	E	B
I	C	Z	L	M	O	N	E	C	P	H	T	K	A	N
O	A	I	A	R	L	N	L	U	C	I	M	L	F	E
D	N	L	V	O	L	U	M	E	N	N	I	O	Z	E
O	T	S	D	R	T	S	M	T	A	Y	R	J	A
E	E	E	O	I	T	S	E	D	G	T	A	T	D	C
E	C	D	S	I	O	N	L	E	H	B	N	A	A	A

Ejercicio de relación de conceptos

Relacione cada uno de los siguientes términos básicos con la frase o definición correspondiente.

_____ **Análisis**	**1.** El color y el tono predominantes
_____ **Coloración rubia**	**2.** Examen del cabello
_____ **Cobertura**	**3.** Término para el aclarado del cabello
_____ **Grado**	**4.** Pigmento fundamental y que no puede elaborarse
_____ **Color base**	**5.** La cutícula está levantada y el cabello es muy poroso
_____ **Brillo**	**6.** Residuo en el exterior del tallo del cabello
_____ **Intensidad**	**7.** Intensidad del tono de un color
_____ **Porosidad alta**	**8.** Línea visible que separa el cabello teñido del nuevo crecimiento
_____ **Línea de demarcación**	**9.** Coloración que solo da color sin realzarlo y agrega brillo y tono al cabello
_____ **Color primario**	**10.** Varias unidades de medida

La consulta con el cliente

En los espacios provistos a continuación, escriba los pasos requeridos para completar una consulta completa de coloración del cabello. Después escoja a otro estudiante como compañero. Realicen en cada uno una consulta de coloración con el cliente. Anote los resultados en la tarjeta de registro del cliente de la escuela y en un formulario estándar de consulta.

1. _____

_____

2. _____

_____

_____

3. _____

_____

_____

4. _____

_____

5. _____

_____

6. _____

_____

7. _____

_____

8. _____

_____

9. _____

_____

_____

10. _____

_____

Matrices de valoración básicas

Las matrices de valoración se utilizan en la educación para organizar e interpretar la información reunida a partir de las observaciones del desempeño del estudiante. Es un documento de evaluación claramente desarrollado para diferenciar entre los niveles de desarrollo del desempeño de una destreza específica o conducta. En esta guía de estudio se brinda una matriz de valoración como herramienta de autoevaluación para ayudarlo a desarrollar su comportamiento.

Califique su desempeño de acuerdo a la siguiente escala.

(1) Oportunidad de desarrollo: Hay poca o nula evidencia de competencia; se necesita ayuda; el desempeño presenta errores múltiples.

(2) Fundamental: Comienza a haber evidencia de competencia; la tarea se realiza de forma individual; el desempeño tiene pocos errores.

(3) Competente: Existe evidencia detallada y consistente de competencia; la tarea se realiza de forma individual; el desempeño tiene muy pocos errores.

(4) Fortaleza: Existe evidencia detallada de competencia altamente creativa, inventiva y desarrollada.

Se proporciona un espacio para hacer comentarios, ayudarlo a mejorar su desempeño y alcanzar una calificación más alta.

PROCEDIMIENTO DE LA PRUEBA DEL PARCHE

Desempeño evaluado	1	2	3	4	Plan de mejoras
Seleccionó un área de prueba detrás de la oreja o la parte interna del codo					
Limpió y secó el área de prueba del tamaño de una moneda					
Mezcló el producto					
Aplicó el producto en el área de prueba					
Dejó la mezcla intacta por 24 a 48 horas					
Examinó el área de prueba					
Anotó los resultados en la ficha de registro					

Matrices de valoración básicas continuación

PROCEDIMIENTO PARA LA PRUEBA PRELIMINAR DE LA HEBRA

Desempeño evaluado	1	2	3	4	Plan de mejoras
Realizó un análisis del cuero cabelludo y del cabello					
Cubrió adecuadamente al cliente					
Separó una sección de ½ pulgada (1,25 cm) cuadrada de cabello en la parte inferior de la coronilla					
Con pinzas de plástico, sujetó el resto del cabello en otra dirección					
Colocó la hebra de cabello sobre el laminado o la envoltura plástica.					
Aplicó la mezcla de color					
Aplicó el color siguiendo el método de aplicación adecuado					
Revisó el progreso en intervalos de 5 minutos					
Lavó el cabello con champú					
Enjuagó el cabello					
Retiró la lámina de aluminio o envoltura plástica					
Colocó una toalla debajo de la hebra y la roció con agua					
Agregó champú y masajeó el cabello					
Roció con agua para enjuagar					
Secó la hebra con la toalla y observó los resultados					
Hizo los ajustes necesarios y continuó con el servicio de color					

Matrices de valoración básicas continuación

PROCEDIMIENTO DE APLICACIÓN DE COLORACIÓN TEMPORAL

Desempeño evaluado	1	2	3	4	Plan de mejoras
Cubrió al cliente para el servicio de coloración					
Lavó el cabello con champú					
Secó el cabello con una toalla					
Sentó al cliente cómodamente en el lavatorio del champú					
Se puso guantes					
Utilizó correctamente la botella aplicadora					
Agitó el producto para mezclar el pigmento					
Aplicó el color y lo distribuyó en toda la cabeza					
Mezcló el color con un peine y aplicó más color cuando fue necesario					
No enjuagó el cabello					
Secó con toalla el exceso de producto					

PROCEDIMIENTO DE APLICACIÓN DE COLORACIÓN SEMIPERMANENTE

Desempeño evaluado	1	2	3	4	Plan de mejoras
Lavó el cabello del cliente con champú suave					
Secó el cabello con una toalla					
Se puso guantes					
Aplicó crema protectora en el contorno del cuero cabelludo y en las orejas					
Dividió el cabello en cuatro secciones: de oreja a oreja y del centro de la parte frontal a la mitad de la nuca					

Matrices de valoración básicas continuación

Desempeño evaluado	1	2	3	4	Plan de mejoras
Utilizó divisiones de ½ pulgada (1,25 cm)					
Aplicó color al nuevo crecimiento o al área del cuero cabelludo de las cuatro secciones					
Extendió el producto hasta las puntas					
Preparó el temporizador para comenzar el proceso					
Masajeó el color para formar espuma y enjuagó bien					
Quitó con suavidad las manchas del contorno del cuero cabelludo utilizando una toalla					
Enjuagó bien					
Lavó con champú y acondicionó el cabello					

PROCEDIMIENTO DE APLICACIÓN DE COLOR EN UN SOLO PASO PARA EL CABELLO VIRGEN

Desempeño evaluado	1	2	3	4	Plan de mejoras
Cubrió al cliente para el servicio de coloración					
Se puso guantes					
Dividió el cabello seco en cuatro secciones					
Aplicó crema protectora en el contorno del cuero cabelludo y en las orejas					
Preparó la fórmula de la coloración para la aplicación con botella o brocha					
Comenzó en el área más resistente o donde se esperaba que el cambio de color fuera mayor					
Dividió una subsección de ¼ pulgada (0,6 cm) con el aplicador					

Desempeño evaluado	1	2	3	4	Plan de mejoras
Levantó la subsección y aplicó color a la zona media del tallo					
Se detuvo al menos a ½ pulgada (1,25 cm) del cuero cabelludo					
No aplicó producto en las puntas porosas					
Revisó la evolución del color siguiendo los mismos pasos de la prueba de la hebra					
Aplicó color al cabello del cuero cabelludo					
Distribuyó el color en las puntas del cabello					
Masajeó el color hasta formar una espuma y enjuagó completamente con agua tibia					
Quitó con suavidad las manchas del contorno del cuero cabelludo utilizando una toalla					
Lavó el cabello con champú					
Usó acondicionador según fue necesario					

PROCEDIMIENTO DE RETOQUE PERMANENTE DE UN PASO CON BRILLO

Desempeño evaluado	1	2	3	4	Plan de mejoras
Cubrió al cliente para el servicio de coloración					
Se puso guantes					
Dividió el cabello seco en cuatro secciones					
Aplicó en el área del nuevo crecimiento usando divisiones de ¼ de pulgada (0,6 cm)					

Desempeño evaluado	1	2	3	4	Plan de mejoras
Completó los cuatro lados y puso el temporizador por 45 minutos o por el tiempo indicado por el fabricante					
Preparó una fórmula de brillo sin realce, sólo con depósito de color					
Aplicó el brillo de depósito sin realce a la mitad de la hebra y lo expandió hacia el cabello					
Revisó los resultados antes de enjuagar					

PROCEDIMIENTO PARA ACLARADO DEL CABELLO VIRGEN

Desempeño evaluado	1	2	3	4	Plan de mejoras
Cubrió al cliente para el servicio de coloración					
Se puso guantes					
Dividió el cabello en cuatro secciones					
Aplicó crema protectora alrededor del contorno del cuero cabelludo y las orejas					
Preparó la fórmula de aclarado y la usó de inmediato					
Puso algodón en las cuatro secciones para evitar que el aclarador tocara el cuero cabelludo					
Aplicó el aclarador a ½ pulgada (1,25 cm) del cuero cabelludo, esparciéndolo por la mitad de la hebra hasta las puntas porosas					
Puso bandas de algodón en el cuero cabelludo, entre las secciones en toda la cabeza					
Volvió a verificar la aplicación y agregó más aclarador cuando fue necesario					

Matrices de valoración básicas continuación

Desempeño evaluado	1	2	3	4	Plan de mejoras
No peinó el aclarador sobre el cabello					
Mantuvo el aclarador humedecido					
Comprobó la acción de aclarado aproximadamente 15 minutos antes del tiempo de la prueba de la hebra					
Roció un mechón de cabello con agua y retiró el aclarador con una toalla húmeda					
Examinó la hebra					
Volvió a aplicar la mezcla y continuó probando con frecuencia hasta alcanzar el nivel deseado					
Aplicó el aclarador en el cuero cabelludo y en las puntas					
Quitó el algodón de la zona del cuero cabelludo					
Aplicó el aclarador al cabello cerca del cuero cabelludo con una división de ⅛ de pulgada (0,3 cm)					
Aplicó el aclarador en las puntas porosas					
Procesó hasta alcanzar la etapa deseada					
Enjuagó el cabello completamente con agua tibia					
Lavó suavemente con champú y acondicionó según fue necesario, manteniendo las manos debajo del cabello para evitar que se enredara					
Aplicó acondicionador de acidez balanceada					
Reacondicionó según fue necesario					
Secó el cabello con toalla o con un secador de aire frío según las instrucciones del fabricante					

Matrices de valoración básicas continuación

Desempeño evaluado	1	2	3	4	Plan de mejoras
Examinó el cuero cabelludo en busca de abrasiones					
Analizó la condición del cabello					
Continuó con la aplicación del tonificante, si el cliente lo deseaba					

PROCEDIMIENTO DE APLICACIÓN DEL TONIFICANTE

Desempeño evaluado	1	2	3	4	Plan de mejoras
Preaclaró el cabello a la etapa deseada					
Lavó el cabello con champú					
Enjuagó el cabello					
Secó el cabello con una toalla					
Aplicó acondicionador si fue necesario					
Se puso guantes					
Eligió la tonalidad deseada del tonificante					
Aplicó crema protectora alrededor del contorno del cuero cabelludo y las orejas					
Realizó la prueba de la hebra					
Anotó los resultados en la ficha de registro de servicio del cliente					
Si utilizó un tonificante con revelador, los mezcló en una botella o recipiente no metálico, siguiendo las instrucciones del fabricante					
Dividió el cabello en cuatro secciones iguales, utilizando la punta de un peine de cola o una brocha para tinte					
Evitó rasguñar el cuero cabelludo					
En la parte posterior de la coronilla, hizo divisiones de ¼ de pulgada (0,6 cm) y aplicó el tonificante desde el cuero cabelludo hacia arriba, sin incluir las puntas porosas					

Desempeño evaluado	1	2	3	4	Plan de mejoras
Realizó la prueba de la hebra					
Extendió suavemente el tonificante por las puntas del cabello con una brocha o con los dedos					
Si era necesario, aplicó más tonificante					
Juntó el cabello y lo dejó con cierta soltura para permitir la circulación del aire o lo cubrió con una gorra si era necesario					
Tomó el tiempo según la prueba de la hebra					
Eliminó el tonificante mojando el cabello y masajeando hasta formar espuma					
Enjuagó con agua tibia					
Lavó con champú suavemente					
Enjuagó completamente por segunda vez					
Aplicó un acondicionador ácido para cerrar la cutícula, reducir el pH y evitar que la pérdida de color					
Eliminó las manchas de tonificante de la piel, el contorno del cuero cabelludo y el cuello					

PROCEDIMIENTO PARA COLORACIÓN CON EFECTOS ESPECIALES CON LAMINADO

Desempeño evaluado	1	2	3	4	Plan de mejoras
Cubrió al cliente para el servicio de coloración					
Se puso guantes					
Dividió el cabello en cuatro secciones					
Aplicó crema protectora alrededor del contorno del cuero cabelludo y las orejas					
Preparó la fórmula y la usó de inmediato					

Matrices de valoración básicas continuación

Desempeño evaluado	1	2	3	4	Plan de mejoras
Colocó algodón en las cuatro secciones para proteger el cuero cabelludo de forma que el aclarador no lo tocara					
Con un peine de cola, tomó una porción de cabello de la zona inferior de la coronilla y colocó un trozo de papel de aluminio debajo de la porción de cabello					
Sostuvo el cabello con firmeza y aplicó el aclarador con la brocha, desde el extremo superior del laminado hasta las puntas del cabello					
Dobló el laminado por la mitad hasta que las puntas se unieron					
Dobló nuevamente la lámina por la mitad					
Utilizó el peine para plegar la lámina					
Sujetó el laminado con una pinza					
Tomó una subsección de ¾ de pulgada (1,8 cm) entre las láminas					
Sujetó el cabello con una pinza de modo que no estorbara					
Completó la sección central posterior					
Continuó trabajando hacia la parte central posterior de la cabeza hasta completar la sección					
Soltó los laminados sujetos con pinzas					
Avanzó hacia los costados y dividió dos secciones más pequeñas					
Colocó porciones finas de cabello en las láminas y aplicó el aclarador					

Matrices de valoración básicas continuación

Desempeño evaluado	1	2	3	4	Plan de mejoras
Sujetó el laminado con pinzas					
Siguió en el otro lado de la cabeza y emparejó las secciones terminadas					
Separó una porción pequeña de una sección grande de cabello, la colocó en el laminado y aplicó el aclarador					
Dividió una sección más grande, tomó una porción fina de la sección superior, la colocó en la lámina y aplicó el aclarador					
Continuó hacia el frente hasta colocar el último trozo de papel de aluminio					
Revisó los laminados para determinar si había logrado el aclarado deseado					
Retiró los laminados uno por uno en el área de lavado con champú					
Enjuagó el cabello enseguida para que el color no afectara la zona sin tratamiento					
Aplicó brillo de coloración al cabello desde la base hasta las puntas					
Aplicó el brillo en el cabello asegurándose de que estuviera bien saturado					
Procesó de acuerdo con las instrucciones del fabricante					
Enjuagó completamente el cabello					
Lavó el cabello con champú					
Acondicionó el cabello					

Complete el siguiente repaso del Capítulo 21, Coloración del cabello.
Encierre en un círculo la respuesta correcta.

1. Los _____ son preparaciones especializadas que se utilizan
   para igualar la porosidad y dar un color base en una aplicación.

   a) presuavizadores   b) acondicionadores de color
   c) activadores acondicionadores   d) rellenos

2. El sistema que se utiliza para comprender las relaciones entre los
   colores se llama _____.

   a) ley de los colores   b) sistema de niveles
   c) rueda de colores   d) sistema de colores primarios

3. Un aclarador lo bastante fuerte para teñir el cabello de rubio, pero
   lo suficientemente suave para utilizarse sobre el cuero cabelludo
   viene en _____.

   a) aceite   b) crema
   c) polvo   d) pasta

4. Un producto que se prepara mediante la combinación de
   la coloración permanente, peróxido de hidrógeno y champú
   es el _____.

   a) champú con color   b) champú de realce
   c) relleno de color   d) tinte para champú de realce

5. La mezcla de champú y peróxido de hidrógeno crea un
   _____.

   a) champú con color   b) champú de realce
   c) relleno de color   d) tinte para champú de realce

6. La coloración que solo da color sin realzarlo y agrega brillo y tono
   al cabello se conoce como _____.

   a) esmalte   b) cera
   c) atomizador   d) brillo

7. El proceso que aclara y tiñe el cabello en una sola aplicación se
   conoce como _____.

   a) coloración de doble proceso   b) enjuague temporal
   c) coloración de proceso simple   d) coloración de cabello virgen

8. La prueba del parche por lo general se aplica detrás de la oreja o en _____.

   a) la muñeca
   b) la región interna del antebrazo
   c) la sien o la frente
   d) la región interna del codo

9. La combinación de partes iguales de un producto de coloración y un champú que se aplica al cabello como un champú común es un _____.

   a) relleno de color
   b) presuavizador de cabello
   c) champú con color
   d) tinte para champú

10. Un _____ contiene un oxidante en polvo que se agrega al peróxido de hidrógeno para aumentar su potencia de realce.

    a) activador
    b) estimulador
    c) prohibidor
    d) revelador

11. Después de que el cabello pasa por las 10 etapas de la decoloración, el color que queda en el cabello se conoce como su _____.

    a) base
    b) cimiento
    c) ápice
    d) vértice

12. Un ejemplo de coloración natural o vegetal que se obtiene a partir de hojas o cortezas de las plantas es el(la) _____.

    a) henna
    b) tinte
    c) tonificante
    d) semipermanente de larga duración

13. Los compuestos químicos que aclaran el cabello dispersando, disolviendo y decolorando el pigmento natural del cabello son los _____.

    a) dispersadores
    b) disolventes
    c) decolorantes
    d) aclaradores

14. ¿En qué categoría de tintes para el cabello se encuentran las espumas con color y los geles?

    a) permanentes
    b) semipermanentes
    c) semipermanentes de larga duración
    d) temporales

15. Los colores que se obtienen mezclando partes iguales de dos colores primarios se llaman colores _____.

a) secundarios

b) terciarios

c) neutros

d) proteicos

16. Los tonos dorado, naranja, rojo y amarillo se consideran tonos _____.

a) cálidos

b) fríos

c) neutros

d) primarios

17. Los tonos azul, verde y violeta se consideran tonos _____.

a) cálidos

b) fríos

c) neutros

d) primarios

18. Con la mezcla de partes iguales de azul y amarillo siempre se obtiene el _____.

a) rosa

b) violeta

c) verde

d) naranjo

19. Con la mezcla de partes iguales de rojo y amarillo siempre se obtiene el _____.

a) rosa

b) violeta

c) verde

d) naranjo

20. Con la mezcla de partes iguales de rojo y azul siempre se obtiene el _____.

a) rosa

b) violeta

c) verde

d) naranjo

21. La textura de las hebras de cabello se determina por su _____.

a) longitud

b) resistencia

c) diámetro

d) color

22. La coloración que puede dar color sin realzar el cabello porque es menos alcalina y se mezcla con un oxidante de tinte de bajo volumen es la _____.

a) permanente

b) semipermanente

c) semipermanente de larga duración

d) temporal

23. El tinte para el cabello que se mezcla con un oxidante y permanece en el tallo del cabello hasta que brota el cabello nuevo se denomina _____.

a) permanente

b) semipermanente

c) semipermanente de larga duración

d) temporal

24. Los productos de coloración tienen cuatro clasificaciones, incluyendo temporal, semipermanente y _____.

a) permanente y perpetua

b) permanente y semipermanente de larga duración

c) semipermanente de larga duración y perpetua

d) vegetal y semipermanente de larga duración

25. Las coloraciones metálicas también se conocen como colores _____.

a) progresivos

b) graduales

c) retardados

d) acelerados

26. Una de las precauciones de seguridad de la coloración es nunca aplicar el tinte si hay _____.

a) padres

b) hijos

c) abrasiones

d) partículas de caspa

27. La coloración permanente se aplica con el método de aplicación de color con tazón y brocha o con un(a) _____.

a) espátula y cepillo

b) botella aplicadora

c) tazón y botella

d) cepillo y botella

28. El cabello poroso del mismo nivel de color se aclarará más rápido que el que no es poroso, debido a que el agente blanqueador puede ingresar más rápido al(a la)_____.

a) médula

b) corteza

c) cutícula

d) folículo

29. Los colores primarios y secundarios opuestos en la rueda de color se consideran _____.

a) neutros

b) complementarios

c) contradictorios

d) contrarios

30. Los productos diseñados para remover el pigmento artificial del cabello se conocen como _____.

a) eliminadores de color o tinte

b) eliminadores de pigmento o melanina

c) eliminadores de porosidad

d) eliminadores de realce

31. La tonalidad predominante de un color existente se conoce como _____.

a) color base

b) color uniforme

c) color neutro

d) color intenso

32. La corteza o capa media del cabello es la capa que le otorga resistencia y elasticidad a éste y que contribuye a su fuerza general con un _____%.

a) 10

b) 20

c) 60

d) 80

33. La fuerza de un tono se conoce como _____.

a) nivel

b) valor

c) profundidad

d) intensidad

34. La medida de la oxidación potencial de las distintas intensidades del peróxido de hidrógeno es el(la) _____.

a) densidad

b) valor

c) volumen

d) porcentaje

35. La cutícula del cabello protege el interior y contribuye al _____% de la resistencia general del cabello.

a) 10

b) 20

c) 60

d) 80

36. La Ley de Alimentos, Drogas y Cosméticos de los EE. UU. establece que se debe llevar a cabo una prueba de _____ de 24 a 48 horas antes de la aplicación de una coloración derivada de la anilina.

a) predisposición

b) alergia

c) reacción

d) posdisposición

37. El término que se usa para describir si un color es cálido o frío es _____.

a) melanina mezclada

b) pigmento contribuyente

c) tono o tonalidad

d) valor o profundidad

38. La prueba preliminar de la hebra muestra cómo reaccionará el cabello a la fórmula del tinte e indica el(la) _____.

a) método de aplicación   b) duración del proceso

c) satisfacción del cliente   d) tiempo de aplicación

39. El método que se utiliza para analizar la claridad u oscuridad del cabello natural o artificial se conoce como _____.

a) ley de los colores   b) sistema de niveles

c) rueda de colores   d) sistema de colores primarios

40. Los compuestos muy pequeños que pueden extenderse en el tallo del cabello y que se encuentran en la fórmula del tinte en la coloración permanente se denominan _____.

a) sucesores   b) precursores

c) activadores   d) estimuladores

41. La melanina que se encuentra en el cabello rojo se conoce como _____.

a) feomelanina   b) eumelanina

c) neomelanina   d) euromelanina

42. La melanina que le da el color negro y castaño al cabello se conoce como _____.

a) feomelanina   b) eumelanina

c) neomelanina   d) euromelanina

43. La capacidad del cabello para absorber humedad se denomina _____.

a) densidad   b) textura

c) elasticidad   d) porosidad

44. La coloración que penetra parcialmente el tallo del cabello para teñir la cutícula y luego desvanecerse gradualmente con el lavado se denomina _____.

a) permanente   b) semipermanente

c) semipermanente de larga duración   d) temporal

45. El número de cabellos por pulgada cuadrada (2,5 cm cuadrados) se relaciona con la _____ del cabello.

a) densidad   b) textura

c) elasticidad   d) porosidad

46. El oxidante que se agrega al peróxido de hidrógeno para aumentar su acción química se conoce como el _____.

a) generador

b) penetrador

c) activador

d) colaborador

47. Los dos métodos empleados para dividir el cabello en la técnica de laminado son _____.

a) deslizamiento y formación de bandas

b) tramado y formación de bandas

c) deslizamiento y formación de hilos

d) deslizamiento y tramado

48. La técnica de forma libre para la aplicación de tinte también se conoce como _____.

a) tonificación

b) baliage

c) pincelado

d) aplicación con hisopo

49. La primera norma importante en un servicio de coloración que no resulta como estaba previsto es _____.

a) llamar a su instructor

b) aplicar enjuague de color

c) no entrar en pánico

d) devolver el dinero

50. El sistema utilizado para comprender las relaciones entre los colores se conoce como _____.

a) sistema de niveles

b) sistema de colores

c) ley de los colores

d) ley del cabello

51. El proceso que consiste en tratar el cabello canoso o muy resistente para permitir una mejor penetración del color se conoce como _____.

a) presuavizado

b) preaclarado

c) activación

d) aceleración

52. Para proteger hasta cierto grado al dueño de la escuela o salón de la responsabilidad por accidentes o daños se cuenta con el(la) _____.

a) ficha de registro del cliente

b) lista de precios a la vista

c) declaración de exención de responsabilidad

d) seguro de indemnización

53. ¿Qué se le agrega al peróxido de hidrógeno para aumentar su acción química o poder removedor?

a) acelerador   b) difusor

c) disolución   d) aclarador

54. ¿Cuáles son los tres tipos de aclaradores del cabello?

a) aceite, crema y polvo   b) aceite, pasta y polvo

c) crema, polvo y pasta   d) crema, pasta y polvo

55. ¿Qué producto se utiliza para abrir la cutícula de la fibra del cabello para que pueda penetrar la tintura?

a) acondicionador para el cabello   b) relleno de color

c) agente alcalinizador   d) champú medicado

56. Al retocar el cabello rojizo, los tonos rojos durarán más si crea otra fórmula para aplicar a la mitad del tallo del cabello y a las puntas del mechón, con un producto de coloración _____.

a) de alto realce   b) que otorga color sin realce

c) temporal   d) de tinte vegetal

57. Cuando se prepara una consulta de servicio de coloración, se recomienda que las paredes de la habitación sean _____.

a) de color pastel   b) blancas o neutras

c) de color brillante   d) amarillas suaves

58. Al aplicar los productos de coloración, siga siempre _____.

a) las instrucciones del fabricante   b) sus instintos

c) las instrucciones del cliente   d) su preferencia personal

59. ¿Qué tipo de aclarador no se debe usar directamente en el cuero cabelludo?

a) aceite   b) crema

c) polvo   d) pasta

60. ¿Qué producto de coloración usa las moléculas de pigmentos más grandes?

a) permanente   b) semipermanente

c) semipermanente de larga duración   d) temporal

Conocimientos básicos y logros académicos

A continuación escriba en el espacio provisto algunos comentarios sobre los conceptos del capítulo más difíciles de comprender o recordar. Imagine que usted es el maestro y piense en lo que le diría a sus estudiantes sobre estos conceptos. Comparta sus Conocimientos básicos con sus compañeros de clase y pregúnteles si les parecen útiles. Si es necesario, revise sus apuntes de clase tomando las ideas de sus compañeros que le parezcan buenas.

Conocimientos básicos:

_____

_____

_____

_____

_____

_____

_____

_____

_____

_____

_____

Indique por lo menos tres cosas que haya aprendido en relación con los objetivos de su carrera profesional desde la última anotación.

Logros académicos:

_____

_____

_____

_____

CAPÍTULO

22 Depilación

*Un momento de motivación: "Podemos disentir sin ser
desagradables".*
—Zig Ziglar

Objetivos básicos

Al terminar este capítulo y las secciones de Un complemento indispensable,
usted podrá:

1. Describir los elementos de una consulta con el cliente para depilación.
2. Enumerar las condiciones que contraindican la depilación en el salón.
3. Identificar y describir tres métodos de depilación permanente.
4. Demostrar el dominio de las técnicas de depilación temporal.

Depilación básica

¿Por qué debo aprender sobre la depilación si quizás nunca ofrezca ese servicio?

Los términos técnicos para el vello superfluo son *hirsutismo*
e *hipertricosis*. En realidad, los términos significan crecimiento
de cabello en cantidades o lugares inusuales en hombres y mujeres.
Con frecuencia, a estos clientes les gustaría que les eliminaran el
vello, y es entonces cuando se necesita al cosmetólogo profesional.
La historia registra que se han utilizado desde piedras pómez hasta
piedras afiladas y conchas marinas para afeitar y arrancar el vello.
Los registros históricos también muestran que los egipcios elaboraban
un compuesto de barro y alumbre con el mismo propósito, y los
turcos utilizaban una combinación de sulfuro de arsénico amarillo,
cal viva y agua de rosas que creaba una crema depilatoria rudimentaria
denominada rusma.

En algún momento, casi todos los clientes encontrarán vello indeseado
en una u otra área. De hecho, el vello excesivo puede ser demasiado
incómodo y desagradable para las clientes mujeres, en especial
cuando se encuentra en el rostro y el pecho. Es importante dominar
las técnicas de depilación y tener tacto al tratar este tipo de servicio
con un cliente.

Conceptos básicos

¿Qué debo saber sobre la depilación para brindar un servicio de calidad?

La depilación se clasifica en dos tipos principales: permanente y temporal; las técnicas de los salones por lo general se limitan a los métodos temporales. Los métodos de depilación permanente incluyen electrólisis, la cual es realizada por un técnico especializado y con licencia, la fotodepilación y la depilación con láser. Las leyes respecto a los servicios de fotodepilación y depilación con láser varían en los diferentes estados y provincias. Sin embargo, el cosmetólogo autorizado debe ser competente en todos los métodos de depilación temporal, como son el afeitado (si está permitido en su estado o provincia), el depilado con pinzas, el uso de depilatorios y de depiladores.

Los cosmetólogos deben estudiar depilación y comprenderla bien porque:

- La eliminación del vello indeseado es una de las principales preocupaciones para muchos clientes y ser capaz de aconsejarles sobre los distintos tipos de depilación aumentará sus capacidad de satisfacer a sus clientes.

- La posibilidad de ofrecer a sus clientes servicios de depilación que satisfagan sus necesidades y que se puedan programar mientras se encuentran en el salón, puede ser un valioso servicio extra que ofrecer.

- Aprender las técnicas adecuadas de depilación y realizarlas de manera prudente lo transformará en una pieza aún más fundamental en el tratamiento de belleza de sus clientes.

Experiencia básica

Métodos de depilación temporal y permanente

Use el espacio provisto e identifique si los siguientes métodos de depilación son permanentes o temporales.

Cera caliente   _____

Afeitado   _____

Electrólisis   _____

Depilación con pinzas   _____

Depilación con pinzas electrónicas   _____

Depilador   _____

Cera fría   _____

Fotodepilación   _____

Láser   _____

Depilatorio   _____

Depilación con hilos   _____

Depilación con azúcar   _____

Crucigrama

Pistas:

Horizontal

Palabra	Pista
_____	**5.** Sustancia para la depilación temporal, por lo general es una preparación cáustica álcali
_____	**7.** Depilación mediante una corriente eléctrica que destruye la raíz del vello
_____	**8.** Se recomienda al depilar áreas muy grandes
_____	**10.** Método de depilación temporal que consiste en enroscar y hacer rodar hebras de algodón por la superficie de la piel, enroscando el vello en la hebra y levantándolo del folículo

_____

11. Crecimiento de una cantidad inusual de vello en partes del cuerpo que normalmente sólo tienen vello sedoso

Vertical

Palabra

_____

Pista

1. Tratamiento de depilación permanente que utiliza luz intensa para destruir los folículos pilosos

2. Se usa comúnmente para darle forma a las cejas

3. Depilación temporal que consiste en el uso de una pasta espesa con base de azúcar

4. Es recomendable para determinar si la persona es sensible a la acción del depilatorio

6. Sustancia que se utiliza para eliminar vello arrancándolo del folículo

9. Rayo que se aplica sobre la piel para impedir el crecimiento del folículo piloso

Ejercicio de relación de conceptos

Relacione los siguientes términos básicos con la frase o definición correspondiente.

_____ **Depilación con hilos**

1. Elimina el vello en áreas muy grandes utilizando una navaja y crema

_____ **Cera fría**

2. Depilatorio que se puede utilizar en mejillas, mentón, parte superior del labio, nuca, brazos y piernas

_____ **Depilación con láser**

3. La radiofrecuencia transmite energía por el tallo del vello hasta el folículo

_____ **Depilación con pinzas**

4. No requiere tiras de tela para el retiro

_____ **Cera caliente**

5. Un rayo láser se aplica sobre la piel para impedir el crecimiento del folículo piloso

_____ **Depilación pinzas con electrónicas**

6. Sustancia que se utiliza para eliminar vello arrancándolo del folículo

_____ **Depilador**

7. Retorcer y enrollar hebras de algodón en la superficie de la piel, entrelazando el vello en la hebra y levantándolo del folículo

_____ **Afeitada**

8. Se usan comúnmente para darle forma a las cejas

_____ **Depilación con azúcar**

9. Tratamiento de depilación permanente que utiliza luz intensa para destruir los folículos pilosos

_____ **Fotodepilación**

10. Método de depilación temporal que utiliza una pasta espesa con base de azúcar

Procedimiento para la depilación de cejas con pinzas

Enumere los pasos para una depilación de las cejas con pinzas en el orden correcto.

Procedimiento

_____ Elimine los vellos que se encuentran entre las cejas

_____ Limpie el área de los párpados

_____ Cepille las cejas

_____ Cepille el vello de la ceja para regresarlo a su posición normal

_____ Suavice las cejas

_____ Limpie el área depilada con antiséptico

_____ Aplique tonificante suave

_____ Cepille el vello hacia abajo

_____ Humedezca el área con tonificante para aliviar la piel

_____ Cepille los vellos hacia arriba

Procedimiento para la depilación de cejas con cera caliente

Enumere los pasos para una depilación de las cejas con cera caliente en el orden correcto.

Procedimiento

_____ Dé un masaje suave en el área

_____ Retire la cera restante

_____ Cubra la parte superior del sillón

_____ Póngase guantes desechables

_____ Coloque una gorra para el cabello o una banda en la cabeza del cliente

_____ Unte la cera con una espátula

_____ Aplique un antiséptico y loción

_____ Aplique una tira de tela sobre el área con cera

_____ Derrita la cera en el calentador

_____ Retire la banda de tela

_____ Quite el maquillaje y limpie la zona

_____ Pruebe la cera en la región interna de la muñeca

_____ Repita el procedimiento sobre la otra ceja

Matrices de valoración básicas

Las matrices de valoración se utilizan en la educación para organizar e interpretar la información reunida a partir de las observaciones del desempeño del estudiante. Es un documento de evaluación claramente desarrollado para diferenciar entre los niveles de desarrollo del desempeño de una destreza específica o conducta. En esta guía de estudio se brinda una matriz de valoración como herramienta de autoevaluación para ayudarlo a desarrollar su comportamiento.

Califique su desempeño de acuerdo a la siguiente escala:

(1) Oportunidad de desarrollo: Hay poca o nula evidencia de competencia; se necesita ayuda; el desempeño presenta errores múltiples.

(2) Fundamental: Comienza a haber evidencia de competencia; la tarea se realiza de forma individual; el desempeño tiene pocos errores.

(3) Competente: Existe evidencia detallada y consistente de competencia; la tarea se realiza de forma individual; el desempeño tiene muy pocos errores.

(4) Fortaleza: Existe evidencia detallada de competencia altamente creativa, inventiva y desarrollada.

Se proporciona un espacio para hacer comentarios, ayudarlo a mejorar su desempeño y alcanzar una calificación más alta.

PROCEDIMIENTO PARA DEPILACIÓN CON PINZAS

Desempeño evaluado	1	2	3	4	Plan de mejoras
Limpió el área de los párpados con copos de algodón humedecidos con un desmaquillador suave de ojos					
Peinó las cejas con un cepillo pequeño para eliminar el polvo o la descamación					
Mojó dos apósitos de algodón o toalla con agua tibia y los puso sobre las cejas durante 1 ó 2 minutos					
Usó un copo de algodón para aplicar tonificante suave antes de depilar con pinzas					
Eliminó los vellos que se encuentran entre las cejas estirando bien la piel					

Matrices de valoración básicas continuación

Desempeño evaluado	1	2	3	4	Plan de mejoras
Agarró los vellos uno por uno con las pinzas y jaló con un movimiento rápido, siempre en dirección del crecimiento					
Eliminó primero el vello que se encuentra entre las cejas y arriba del arco					
Limpió con frecuencia la zona depilada con un algodón humedecido con una loción antiséptica para evitar infecciones					
Cepilló el vello hacia abajo					
Eliminó el exceso de vello sobre la línea de la ceja sin crear una línea dura					
Dio forma a la sección superior de una ceja y después a la otra					
Humedeció el área a menudo con tonificante					
Cepilló los vellos hacia arriba					
Eliminó los vellos que se encuentran debajo de la línea de la ceja					
Dio forma a la sección inferior de una ceja y después a la otra					
Aplicó tonificante o crema emoliente y masajeó las cejas					
Si correspondía, retiró la crema con almohadillas de algodón húmedas y frías					
Una vez que finalizó la depilación con pinzas, pasó una esponja con tonificante por la zona de las cejas y el área circundante					
Cepilló el vello de la ceja para regresarlo a su posición normal					

PROCEDIMIENTO PARA LA DEPILACIÓN DE CEJAS CON CERA CALIENTE

Desempeño evaluado	1	2	3	4	Plan de mejoras
Derritió la cera en un calentador hasta darle la consistencia del almíbar					
Puso una toalla limpia sobre la parte superior del sillón para faciales y luego una capa de papel desechable					
Colocó una gorra para el cabello o una banda en la cabeza del cliente					
Se puso guantes desechables					
Le quitó el maquillaje al cliente					
Limpió completamente el área con un limpiador suave					
Secó el área de tratamiento					
Verificó la temperatura y consistencia de la cera aplicándose una gota en la parte interna de la muñeca					
Con una espátula, extendió una capa delgada de cera sobre el área a tratar					
No introdujo dos veces en el recipiente					
Aplicó una tira de tela sobre el área con cera					
Paso el dedo sobre la banda de tres a cinco veces en la dirección del crecimiento del vello					
Aplicó presión suavemente en las bandas y las quitó rápidamente tirando en la dirección opuesta al crecimiento del vello					
No jaló la tira hacia arriba					

Matrices de valoración básicas continuación

Desempeño evaluado	1	2	3	4	Plan de mejoras
Dio un masaje suave en el área					
Eliminó los residuos de cera de la piel con un eliminador de cera suave					
Repitió el procedimiento sobre la otra ceja					
Limpió la piel con un limpiador emoliente suave y aplicó una loción emoliente o antiséptica					

PROCEDIMIENTO DE DEPILACIÓN DEL CUERPO CON CERA

Desempeño evaluado	1	2	3	4	Plan de mejoras
Derritió la cera en el calentador					
Cubrió la camilla de tratamiento con papel desechable o con una sábana y papel encima					
Si efectuó una depilación del área del bikini, le ofreció al cliente una prenda interior desechable o una toalla pequeña limpia					
Si realizó una depilación de las axilas, le pidió a la clienta que se quitara el sostén y la cubrió con una toalla					
Ofreció a la clienta una cobertura de toalla al depilar las piernas					
Ayudó al cliente a subir a la cama de tratamiento					
Cubrió al cliente con toallas					
Limpió completamente el área que iba a depilar con un limpiador suave					
Secó el área donde aplicaría la cera					
Aplicó una capa ligera de polvos					

Desempeño evaluado	1	2	3	4	Plan de mejoras
Verificó la temperatura y consistencia de la cera aplicándose una gota en la parte interna de la muñeca					
Con una espátula, extendió una capa delgada de cera en la dirección de crecimiento del vello en el área de tratamiento					
No introdujo dos veces en el recipiente					
Aplicó una tira de tela en la dirección de crecimiento del vello					
Presionó con suavidad deslizando la mano sobre la banda de tres a cinco veces					
Aplicó presión suavemente en la cera y la quitó rápidamente en la dirección opuesta al crecimiento del vello					
No jaló la tira de tela hacia arriba					
Aplicó una presión suave y dio un ligero masaje al área tratada					
Repitió los pasos usando una tira de tela nueva cada vez.					
Si depiló las piernas con cera, le pidió al cliente que se volteara y repitió el procedimiento en la parte posterior de las piernas					
Eliminó los residuos de polvos en la piel					
Limpió el área con un limpiador emoliente suave					
Aplicó una loción emoliente o antiséptica					
Destapó al cliente					
Llevó al cliente al vestidor					

Llene los espacios en blanco con las siguientes palabras para repasar el Capítulo 22, Depilación. Puede usar las palabras y los términos más de una vez.

abrasiones	colágeno	hipertrofia
acné	depilación con láser	hirsutismo
adhesivos	depilador	luz pulsada intensa
afeitarse	depilatorio	normal
agujas	electrólisis	opuesta
alergias	emoliente	procedimiento con un cliente
anágena	entrenamiento y experiencia	
baño de vapor	gel de aloe	prueba de la hebra
botox	herpes labial	prueba del parche
cejas	hidroquinona	rosácea
cera de abejas	hipertricosis	sensible

1. Otro término técnico para el hirsutismo es _____.

2. Tanto la cera caliente como la cera fría están fabricadas principalmente con resinas y _____.

3. Una consulta con el cliente antes de una depilación permite conocer los medicamentos tópicos y orales, así como cualquier trastorno de la piel o _____.

4. La depilación facial con cera o con pinzas no se debe efectuar en clientes que padezcan _____ o piel muy sensible.

5. Tener antecedentes de _____ o aftas se considera una contraindicación para una depilación facial con cera.

6. El uso de Retin-A®, Renova®, _____ o productos similares es un impedimento para los tratamientos de depilación.

7. La eliminación del vello mediante una corriente eléctrica que destruye la raíz se conoce como _____.

8. La fotodepilación utiliza luz intensa para destruir los folículos pilosos, produce efectos secundarios mínimos y no requiere el uso de _____.

9. El nuevo método para la depilación rápida y suave del vello indeseado, que consiste en aplicar un rayo sobre la piel, se conoce como _____.

10. La depilación con láser es más eficaz cuando se utiliza en folículos que se encuentran en la fase de crecimiento o fase _____.

11. _____ es la forma más común de depilación temporal, en particular para el vello facial de los hombres.

12. Las _____ modeladas correctamente tienen un impacto intenso y positivo en el atractivo general del rostro.

13. Es vital lavarse muy bien las manos con jabón y agua tibia antes y después de cada _____ que realice.

14. Al depilar las cejas con pinzas, elimine primero el vello que se encuentra entre las cejas y arriba de la línea de la ceja porque el área debajo es mucho más _____.

15. La depilación con hilos, con azúcar y la depilación especializada con cera, como la depilación brasileña del área del bikini, son técnicas avanzadas que requieren mayor _____.

16. Para incrementar la eficacia, la mayoría de los fabricantes de pinzas electrónicas sugieren aplicar primero un _____ en la zona.

17. Los depilatorios contienen detergentes para eliminar el sebo del vello y _____ para mantener los químicos en el tallo durante los 5 a 10 minutos necesarios para eliminar el vello.

18. Si un cliente utiliza un depilatorio, usted debe efectuar una _____ para determinar si el individuo es sensible a la acción del producto.

19. La cera es un _____ muy utilizado, ya sea aplicado en forma caliente o fría, según lo recomiende el fabricante.

20. La _____ tiene un promedio relativamente elevado de reacciones alérgicas.

21. Al realizar un servicio de depilación con cera, la banda de tela y la cera pegada a ésta se retiran jalándola en la dirección _____ al crecimiento del vello.

22. No aplique la cera encima de verrugas, lunares, _____, piel irritada o inflamada.

23. Aplique _____ para calmar y suavizar la piel sensible que se pone roja o se hincha por la depilación con cera.

24. La condición de crecimiento excesivo de vello o la formación de una cubierta de vello se denomina _____.

25. La _____ también se conoce como fotodepilación.

Conocimientos básicos y logros académicos

A continuación escriba en el espacio provisto algunos comentarios sobre los conceptos del capítulo más difíciles de comprender o recordar. Imagine que usted es el maestro y piense en lo que le diría a sus estudiantes sobre estos conceptos. Comparta sus Conocimientos básicos con sus compañeros de clase y pregúnteles si les parecen útiles. Si es necesario, revise sus apuntes de clase tomando las ideas de sus compañeros que le parezcan buenas.

Conocimientos básicos:

_____

_____

_____

_____

_____

_____

_____

_____

_____

_____

_____

Indique por lo menos tres cosas que haya aprendido en relación con los objetivos de su carrera profesional desde la última anotación.

Logros académicos:

_____

_____

_____

_____

_____

*Un momento de motivación: "El ayer es solo un sueño
y el mañana solo una visión. Pero el hoy bien vivido hace
de todo ayer un sueño de felicidad y de cada mañana
una visión de esperanza. Mira, pues, bien a este día".*
—Proverbio sánscrito

Objetivos básicos

Al terminar este capítulo y las secciones de Un complemento indispensable,
usted podrá:

1. Explicar la importancia del análisis de la piel y la consulta con el cliente.

2. Entender las contraindicaciones y el uso del formulario de evaluación
de salud para realizar tratamientos faciales.

3. Enumerar y describir diversos tipos y condiciones de la piel.

4. Describir los diferentes tipos de productos utilizados en los
tratamientos faciales.

5. Realizar la consulta con el cliente.

6. Identificar los distintos tipos de movimientos de masaje y sus efectos
fisiológicos.

7. Describir los tipos básicos de equipos eléctricos que se utilizan en los
tratamientos faciales.

8. Identificar los conceptos básicos de las técnicas de electroterapia
y terapia de luz.

Teoría básica del masaje

¿Por qué necesito aprender sobre la teoría fundamental del masaje?, ¿son tan importantes los faciales en mi profesión de cosmetólogo?

El término *masaje* es de origen árabe y se deriva de la palabra *masa,* que significa "acariciar" o "tocar". Los beneficios terapéuticos del masaje se utilizaban y disfrutaban en la Antigua Grecia y, en la actualidad, se aprovechan más que nunca gracias a la disponibilidad de los fisioterapeutas licenciados. Como cosmetólogo profesional, no sólo tendrá permiso para invadir las "zonas de comodidad" de sus clientes, sino que también deberá tocarlos al brindar distintos servicios. Por ejemplo, mediante un buen masaje del cuero cabelludo se puede ganar la lealtad del cliente para los próximos años. Si ofrece un masaje relajante y estimulante durante un facial, generará confianza y obtendrá un cliente frecuente. Un masaje firme proporcionado con manos flexibles asegurará que los clientes reciban el máximo beneficio de los servicios.

La generación del *baby boom*, cuyos miembros nacieron entre mediados de la década de 1940 y principios de la década de 1960, envejece a medida que ingresamos al siglo XXI (están entre los 40 entrados y los 60 años de edad). A medida que se da este envejecimiento de la sociedad, nos interesamos cada vez más en la salud y la belleza de la piel. Hombres y mujeres compran más productos para el cuidado de la piel que nunca antes. La industria para el cuidado de la piel se ha convertido en un negocio con ganancias de millones de dólares al año. Los consejos y servicios profesionales son fundamentales para asegurar resultados óptimos a los hombres y mujeres que desean mantener su piel con apariencia joven y saludable. Es ahí donde aparece el cosmetólogo profesional. Con sus conocimientos y destrezas experimentadas, puede brindar los servicios que los clientes desean y aumentar sus ingresos anuales de forma significativa.

Los cosmetólogos deben estudiar los tratamientos faciales y comprenderlos bien porque:

■ Realizar servicios de cuidado de la piel es sumamente gratificante, ayuda a los clientes atareados a relajarse, les permite mejorar su apariencia y les ayuda a sentirse mejor consigo mismos.

■ Conocer los aspectos fundamentales del análisis de la piel y la información básica de los productos para el cuidado de la piel le permitirá asesorar a sus clientes cuando le soliciten su opinión profesional.

■ Si bien no tratará enfermedades de la piel, debe ser capaz de reconocer las reacciones adversas en la piel y derivar a los clientes para que busquen asesoría médica.

Teoría básica del masaje
continuación

- Aprender las técnicas básicas de tratamiento facial y el masaje facial le darán una buena visión y la capacidad de realizar estos servicios fundamentales.

- Puede disfrutar esta categoría de servicios y puede considerar especializarse en servicios de cuidado de la piel. Este estudio creará la base perfecta para tomar dicha decisión.

Recuerde que aunque se enfaticen los beneficios de un servicio, lo más importante es que éste sea placentero para el cliente o, de lo contrario, la demanda disminuirá. Un facial acompañado de un buen masaje lo ayudará a ganarse el cariño de sus clientes durante los próximos años. Un cliente satisfecho representa más clientes, y más clientes satisfechos representan más ingresos para usted.

Conceptos básicos

¿Qué necesito saber sobre la teoría de los masajes y los faciales para brindar servicios de calidad a mis clientes?

Es fundamental que domine los movimientos básicos del masaje para asegurar un servicio satisfactorio y no dañar o lastimar al cliente. También le será útil comprender los efectos psicológicos que tiene un buen masaje en sus clientes. Usted dominará muchos movimientos para masajes y se familiarizará con los puntos nerviosos motores del rostro y del cuello.

Como cosmetólogo licenciado, estará en capacidad de realizar varios servicios relacionados con el cuidado de la piel y el maquillaje. Entre éstos están los faciales, los masajes faciales, las máscaras y las mascarillas. Siempre tenga presente que está a punto de ser un profesional de la industria de la imagen. Por tanto, es imprescindible que represente ese papel. Además de aprender a brindar los mejores servicios a sus clientes, debe ser un modelo a seguir en la industria que representa. Debe llevar el peinado más moderno, tener uñas y manos bien arregladas y una piel muy bien cuidada. Una vez que desarrolle las destrezas aplicables a esta área de especialidad, tendrá una gran demanda en salones de prestigio que ofrecen servicios integrales en el mercado.

Puntos nerviosos motores

En los siguientes diagramas, identifique los puntos nerviosos motores del rostro y el cuello.

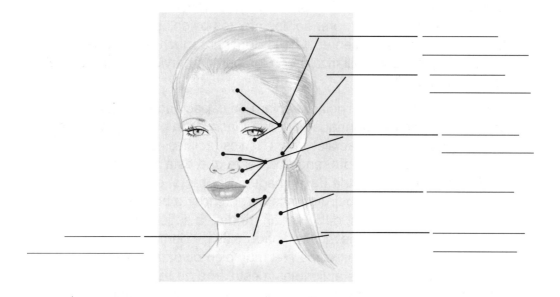

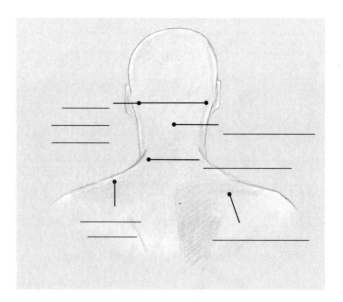

Ejercicio de relación de conceptos

Relacione los siguientes términos básicos con la frase o definición correspondiente.

_____ **Effleurage**

1. Golpeteos, palmadas y golpes con el canto

_____ **Pétrissage**

2. Movimiento con golpeteos suave y continuo

_____ **Fricción**

3. Movimiento de agitación

_____ **Percusión**

4. Movimiento de amasamiento

_____ **Vibración**

5. Movimiento profundo de fricción

_____ **Rotación**

6. Movimiento de picado realizado con los bordes de las manos

_____ **Amasamiento**

7. Otro término para percusión

_____ **Fricción profunda descendente**

8. Los tejidos se presionan y se retuercen usando un movimiento rápido hacia delante y hacia atrás

_____ **Tapotement**

9. Se toma firmemente la piel con una mano y se mueve la mano hacia arriba y abajo a lo largo del hueso, mientras la otra mano mantiene el brazo o la pierna en una posición fija

_____ **Golpe con el canto**

10. Movimiento enérgico que aplica un movimiento de torsión contra los huesos en la dirección contraria

Masajes

Use los espacios en blanco y etiquete cada movimiento.

1. _____

   _____

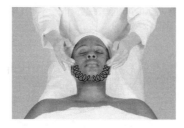

2. _____

   _____

3. _____

   _____

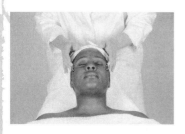

4. _____

   _____

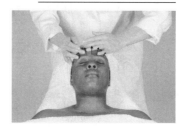

5. _____

   _____

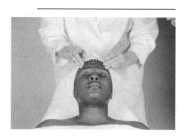

6. _____

   _____

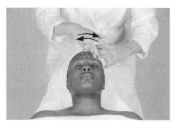

7. _____

   _____

8. _____

   _____

   _____

9. _____

   _____

10. _____

_____

_____

11. _____

_____

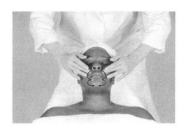

12. _____

_____

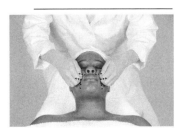

13. _____

_____

_____

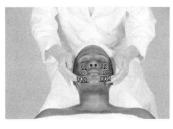

14. _____

_____

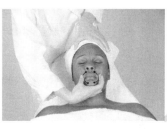

15. _____

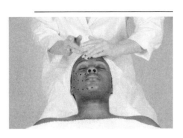

16. _____

_____

17. _____

_____

18. _____

_____

_____

Juego de palabras A

Descifre los siguientes términos siguiendo las pistas provistas.

Juego	Palabra correcta
agreleueff	_ _ _ _ _ _ _ _ _ _
	Pista: Movimiento suave y continuo.
atenotempt	_ _ _ _ _ _ _ _ _ _
	Pista: Golpeteos, palmadas y golpes con el canto.
cepnóirsu	_ _ _ _ _ _ _ _ _
	Pista: Golpeteos, palmadas y golpes con el canto.
oidomenrta	_ _ _ _ _ _ _ _ _
	Pista: Masajear los brazos.
riauóiltcnca	_ _ _ _ _ _ _ _ _ _ _
	Pista: Hueso móvil.
mesraaja	_ _ _ _ _ _
	Pista: Ejercita los músculos faciales.
iórviabcn	_ _ _ _ _ _ _ _
	Pista: Movimiento de agitación.
topnu toorm	_ _ _ _ _ _ _ _ _ _
	Pista: Cada músculo y nervio lo tienen.
niócfrci	_ _ _ _ _ _ _
	Pista: Movimiento profundo de fricción.
ragtéissep	_ _ _ _ _ _ _ _ _
	Pista: Movimiento de amasamiento.

Crucigrama A

Horizontal

Palabra

_____

_____

_____

_____

_____

_____

Pista

2. Movimiento enérgico en el que se colocan las manos un poco separadas

4. Hueso móvil

5. Ejercita los músculos faciales

7. Forma de masaje pétrissage que se utiliza principalmente para masajear los brazos

8. Movimiento de amasamiento

9. Movimiento profundo de fricción

Vertical

Palabra

_____

_____

_____

Pista

1. Masaje suave y continuo que se aplica con los dedos

3. Cada músculo y nervio tiene uno

6. Movimiento de agitación que se logra con contracciones musculares rápidas de sus brazos

Movimientos de los masajes

En la siguiente tabla, describa cada movimiento de masaje y enumere las partes del cuerpo donde se utilizan.

Nombre del movimiento	Descripción del movimiento	Dónde se usa
Effleurage		
Petrissage		
Fricción		
Percusión		
Vibración		

Juego de palabras B

Descifre los siguientes términos siguiendo las pistas provistas.

Juego	Palabra correcta
dabneaj arpa majqealilu	__ __ __ __ __ __ __ __ __ __ __ __ __ __ __ __ __ __ __ __ __ *Pista:* contiene cosméticos.
áasnba mlpiai	__ __ __ __ __ __ __ __ __ __ __ __ *Pista:* cobertura que se usa durante un masaje facial.
arzoodrvapi clfiaa	__ __ __ __ __ __ __ __ __ __ __ __ __ __ __ __ __ *Pista:* humecta y suaviza la piel del rostro.
rmcásaa	__ __ __ __ __ __ __ *Pista:* productos concentrados para el tratamiento facial.
aetcuorbr apra al eacbaz	__ __ __ __ __ __ __ __ __ __ __ __ __ __ __ __ __ __ __ __ __ *Pista:* protege el cabello.
tsalola	__ __ __ __ __ __ __ *Pista:* puede usarse como reemplazo de las bandas para la cabeza.
sepoajsn	__ __ __ __ __ __ __ __ *Pista:* se usan para retirar el maquillaje.
taal ercfniuaec	__ __ __ __ __ __ __ __ __ __ __ __ __ *Pista:* usa electrodos para su aplicación.
insntaretge	__ __ __ __ __ __ __ __ __ __ __ *Pista:* ayuda a equilibrar el pH.
mplaraá nrroarfaji	__ __ __ __ __ __ __ __ __ __ __ __ __ __ __ __ *Pista:* se usa para calentar la piel y aumentar el flujo sanguíneo.
rláaapm ocn ulap	__ __ __ __ __ __ __ __ __ __ __ __ __ __ *Pista:* se usa en el análisis de la piel.
taab ed lónas	__ __ __ __ __ __ __ __ __ __ __ *Pista:* protege la ropa.

puleaásst

_ _ _ _ _ _ _ _

Pista: se utilizan para tomar el producto del envase.

rnahtitdea

_ _ _ _ _ _ _ _ _

Pista: ayuda a aumentar el contenido de humedad de la piel.

ioitcatpsén

_ _ _ _ _ _ _ _ _ _

Pista: se usa para limpiarse las manos.

tcaiee ncerilutba

_ _ _ _ _ _   _ _ _ _ _ _ _ _ _ _

Pista: facilita los movimientos de los masajes.

oshispo ed oglnadó

_ _ _ _ _ _ _   _ _   _ _ _ _ _ _

Pista: se utilizan para quitar el producto de la piel.

saag

_ _ _ _

Pista: tela delgada de algodón.

Mapa didáctico sobre faciales

Al realizar un mapa didáctico creamos un resumen diagramático libre con objetos o información. Piense en el punto clave de los faciales de conservación y correctivos y realice un diagrama del propósito y los beneficios de estos tratamientos. Use palabras, dibujos y símbolos según lo prefiera. El uso de colores reforzará su capacidad de retención. Piense libremente y no se preocupe por la ubicación de los trazos ni de las palabras. Verá que el mapa se organiza por sí solo.

Consulta con el cliente

Elija a otro estudiante como compañero y realicen mutuamente una consulta para tratamiento facial. Anoten los resultados en la tarjeta de registro de muestra que se encuentra a continuación. Después de las consultas, realicen mutuamente el servicio facial apropiado. Pidan a un instructor que evalúe el procedimiento.

Departamento de cuidado de la piel

Formulario de evaluación de salud

Historial del cliente

Nombre_____

Dirección_____

Ciudad_____ Estado_____ Código postal_____

Teléfono particular_____ Teléfono del trabajo_____

Ocupación_____ Recomendado por_____ Fecha de nacimiento_____

¿Este es su primer tratamiento facial?   SÍ___   NO___

Utilizó alguna vez:

¿Retin-A®?   SÍ___   NO___

¿Accutane® (isotretinoína)?   SÍ___   NO___

¿Utiliza ácidos glicólicos o alfahidroxiácidos?   SÍ___   NO___

¿Fuma?   SÍ___   NO___

¿Está embarazada?   SÍ___   NO___

¿Tiene acné o manchas frecuentes?   SÍ___   NO___

¿Está amamantando?   SÍ___   NO___

¿Toma anticonceptivos?   SÍ___   NO___ Si su respuesta es afirmativa, ¿desde cuándo?_____

¿Tuvo cáncer de piel?   SÍ___   NO___

¿Siente estrés?   SÍ___   NO___ Si su respuesta es afirmativa, ¿con qué frecuencia?_____

¿Usa lentes de contacto?   SÍ___   NO___

¿Recibe tratamiento médico?   SÍ___   NO___

Nombre del médico_____

¿Tiene alergias a los cosméticos, los alimentos o los medicamentos?   SÍ___   NO___

¿Cuáles?_____

¿Actualmente toma medicamentos (orales o tópicos/dermatológicos)?   SÍ___   NO___

¿Cuáles?_____

¿Qué productos usa actualmente?_____

Encierre en un círculo: Jabón   Leche limpiadora   Tonificante   Filtro solar diario   Cremas

Otro_____

Indique si tiene alguna de las siguientes condiciones encerrándola en un círculo:

Se realizó una histerectomía	Marcapasos/problemas cardíacos	Trastornos inmunológicos
Depresión o ansiedad	Herpes	Problemas urinarios o renales
Seborrea/psoriasis/eccema	Dolores de cabeza crónicos	Hepatitis
Asma	Herpes labial	Lupus
Presión arterial alta	Clavos o placas metálicas en los huesos	Epilepsia
Toma medicamentos para la depresión/alteraciones del estado de ánimo	Problemas de sinusitis	Otros trastornos de la piel

Explique los problemas anteriores o enumere otros problemas importantes:

_____

_____

Entiendo que los servicios que se me ofrecen no reemplazan la atención médica y que toda

la información suministrada por el terapeuta es sólo con fines educativos y no es de naturaleza

prescriptiva ni un diagnóstico. Entiendo que la información de este documento es para ayudar

al técnico a brindar un mejor servicio y es completamente confidencial.

POLÍTICAS DEL SALÓN

1. Se requiere la consulta profesional antes de administrar los productos por primera vez.
2. Nuestra tasa de descuentos activos sólo está vigente para los clientes que tienen una consulta cada 4 semanas.
3. No hacemos reembolsos en efectivo.

Comprendo todo y estoy de acuerdo con las anteriores políticas del salón.

_____   _____

Firma del cliente   Fecha

Crucigrama B

Horizontal

Palabra   **Pista**

_____   **3.** Corregir afecciones de la piel del rostro

_____   **4.** Lámpara que se utiliza en tratamientos
                               faciales

_____   **8.** Mantiene la salud de la piel

_____   **10.** Gasa que se utiliza para mantener
                               en el rostro ciertos ingredientes de las
                               máscaras

_____   **12.** Se utiliza para ablandar las líneass
                               uperficiales y aumentar la circulación
                               sanguínea

_____   **13.** Trastorno de las glándulas sebáceas

Vertical

Palabra	**Pista**
_____	**1.** Cubierta para proteger el cabello
_____	**2.** Se utilizan para sostener la toalla en un lugar
_____	**5.** Acné miliar
_____	**6.** Pueden estar hechas de vegetales, frutas, productos lácteos, hierbas o aceites
_____	**7.** Tipo de piel que se debe al flujo insuficiente de sebo
_____	**9.** Se utiliza para tomar el producto del envase
_____	**11.** Espinillas

Investigación sobre productos para el cuidado de la piel

Realice una investigación sobre los diversos productos para el cuidado de la piel disponibles en su escuela y en las tiendas de insumos locales. Incluya limpiadores, tonificantes, hidratantes, astringentes, etc. Anote los resultados en la siguiente tabla.

Nombre del producto	Aroma agradable (Sí/No) Identificar	Textura: ¿Cómo se siente el producto?	Finalidad del producto	¿En qué tipo de piel se utiliza el producto?

Tratamiento facial con vapor

El vapor en el rostro abre los poros, estimula la circulación y hace que las mascarillas y cremas sean más efectivas. El vapor en el rostro no se debe aplicar más de una vez a la semana y debe acompañarse de un buen hidratante para evitar que la piel se seque.

Realícelo en casa lavando su rostro completamente y sosteniendo el cabello con horquillas (o use una gorra de baño). Ponga a hervir un recipiente grande con agua y coloque un manojo de hierbas de acuerdo con los ingredientes de su investigación. Por ejemplo, la manzanilla, la salvia, la menta, el eucalipto y la lavanda desinfectan y suavizan la piel. También tienen aceites benéficos para los senos nasales. Puede usar aceites a base de hierbas de las tiendas naturistas. Coloque el recipiente sobre una mesa o mueble con la altura adecuada donde pueda sentarse cómodamente y mantener la cabeza sobre el mismo. Inclínese, coloque el rostro por encima del recipiente y cúbrase la cabeza con una toalla grande, de modo que el vapor no escape. Ahora, relájese y disfrute de una experiencia sumamente rejuvenecedora. Realice el tratamiento por no más de 10 minutos. Al terminar, seque su rostro con un paño suave. Ahora, la piel está lista para un tratamiento efectivo de exfoliación o máscara. Si no continúa con estos tratamientos, refresque la piel con agua fría para cerrar los poros. En los espacios en blanco, registre los resultados, la reacción de la piel y cómo se sintió con el procedimiento.

_____

_____

_____

_____

_____

_____

_____

Matrices de valoración básicas

Las matrices de valoración se utilizan en la educación para organizar e interpretar la información reunida a partir de las observaciones del desempeño del estudiante. Es un documento de evaluación claramente desarrollado para diferenciar entre los niveles de desarrollo del desempeño de una destreza específica o conducta. En esta guía de estudio se brinda una matriz de valoración como herramienta de autoevaluación para ayudarlo a desarrollar su comportamiento.

Califique su desempeño de acuerdo a la siguiente escala:

- **Oportunidad de desarrollo:** Hay poca o nula evidencia de competencia; se necesita ayuda; el desempeño presenta errores múltiples.

- **Fundamental:** Comienza a haber evidencia de competencia; la tarea se realiza de forma individual; el desempeño tiene pocos errores.

- **Competente:** Existe evidencia detallada y consistente de competencia; la tarea se realiza de forma individual; el desempeño tiene muy pocos errores.

- **Fortaleza:** Existe evidencia detallada de competencia altamente creativa, inventiva y desarrollada.

Se proporciona un espacio para hacer comentarios, ayudarlo a mejorar su desempeño y alcanzar una calificación más alta.

PROCEDIMIENTO PARA FACIAL BÁSICO

Desempeño evaluado	1	2	3	4	Plan de mejoras
Retiró las joyas					
Llevó al cliente al vestidor					
Ofreció ayuda					
Colocó una toalla limpia en el respaldo de la mesa o sillón para faciales					
Ayudó al cliente a subirse en la cama para faciales					
Colocó una toalla sobre el pecho y una sábana sobre el cuerpo y dobló el extremo superior de la toalla sobre éste					

Desempeño evaluado	1	2	3	4	Plan de mejoras
Le quitó los zapatos al cliente y le cubrió los pies con el cobertor					
Usó zapatillas desechables si había disponibles					
Ajustó la banda o la toalla alrededor de la cabeza del cliente para proteger el cabello					
Retiró los tirantes de ropa interior de los hombros o los enrolló en la parte superior de la bata					
Retiró el maquillaje					
Aplicó limpiador					
Retiró el limpiador con una toalla suave, húmeda y tibia, almohadillas de algodón húmedas o esponjas faciales					
Comenzó en la frente y siguió el contorno de la cara					
Retiró todo el limpiador de un área del rostro antes de seguir con la siguiente					
Terminó con el cuello, el pecho y los hombros					
Analizó la piel					
Vaporizó la cara utilizando toallas tibias y húmedas o el vaporizador facial					
Cubrió los ojos del cliente con almohadillas de algodón humedecidas con loción de hamamélide o un refrescante sin alcohol					

Desempeño evaluado	1	2	3	4	Plan de mejoras
En el caso de una piel no sensible, aplicó un exfoliante granular sobre el rostro					
Masajeó suavemente con movimientos circulares					
No lo usó cerca del área de los ojos					
Hizo masaje en el rostro utilizando las manipulaciones faciales básicas					
Retiró la crema para masaje con toallas húmedas y tibias, almohadillas de limpieza húmedas o esponjas					
Pasó apósitos de algodón humedecidos con tonificante o refrescante por la cara					
Aplicó una máscara de tratamiento formulada para la condición de la piel del cliente					
Quitó la máscara con apósitos de algodón, esponjas o toallas húmedas					
Aplicó tonificante, astringente o refrescante					
Aplicó hidratante o filtro solar					

Matrices de valoración básicas
continuación

PROCEDIMIENTO PARA FACIAL PARA PIEL SECA

Desempeño evaluado	1	2	3	4	Plan de mejoras
Cubrió la silla y al cliente de manera apropiada					
Desmaquilló los ojos					
Aplicó limpiador					
Retiró los residuos de limpiador					
Aplicó vapor en el rostro					
Exfolió el rostro					
Aplicó crema para ojos debajo de éstos					
Aplicó hidratante o crema para masajes					
Realizó los masajes faciales básicos					
Retiró la crema para masajes					
Opción 1: Realizó el tratamiento con corriente galvánica					
Opción 2: Realizó un tratamiento de alta frecuencia					
Aplicó hidratante adicional					
Aplicó la máscara					
Aplicó almohadillas frías de algodón para los ojos					
Retiró la máscara					
Aplicó tonificante					
Aplicó hidratante o filtro solar					
Continuó con el servicio adicional deseado					
Realizó la limpieza posterior al servicio y programó la cita					

**PROCEDIMIENTO PARA FACIAL PARA PIEL GRASOSA
CON COMEDONES ABIERTOS**

Desempeño evaluado	1	2	3	4	Plan de mejoras
Cubrió la silla y al cliente de manera apropiada					
Desmaquilló los ojos					
Aplicó limpiador					
Retiró los residuos de limpiador					
Aplicó vapor en el rostro					
Exfolió el rostro					
Aplicó loción o gel de desincrustación					
Extrajo los comedones					
Aplicó astringente					
Aplicó corriente de alta frecuencia					
Si los poros estaban tapados, continuó con el paso de la máscara					
Si no estaban tapados, aplicó fluido hidratante y masajeó					
Aplicó la máscara					
Retiró la máscara					
Aplicó tonificante					
Aplicó hidratante o filtro solar					
Continuó con el servicio adicional deseado					
Realizó la limpieza posterior al servicio y programó la cita					

Matrices de valoración básicas
continuación

PROCEDIMIENTO PARA FACIAL PARA PIEL PROBLEMÁTICA Y PROPENSA AL ACNÉ

Desempeño evaluado	1	2	3	4	Plan de mejoras
Cubrió la silla y al cliente de manera apropiada					
Desmaquilló los ojos					
Aplicó limpiador					
Retiró los residuos de limpiador					
Aplicó vapor en el rostro					
Aplicó y retiró la loción o el gel de desincrustación					
Extrajo los comedones					
Aplicó el tratamiento de corriente de alta frecuencia					
Aplicó corriente galvánica positiva					
Realizó masajes faciales					
Aplicó la máscara					
Retiró la máscara					
Aplicó tonificante					
Aplicó hidratante o filtro solar					
Continuó con el servicio adicional deseado					
Realizó la limpieza posterior al servicio y programó la cita					

Llene los espacios en blanco con las siguientes palabras para repasar el Capítulo 23, Faciales. Puede usar las palabras y los términos más de una vez.

5 a 7	fricción profunda descendente	modelaje
7 a 10		motor
abrir los poros de la piel	gasa	normal
	golpe con el canto de la mano	origen
aceites esenciales		parafina
astringentes	gommage	percusión
consulta con el cliente	grasa	pétrissage
	humectantes	refrescantes
crema para masajes de conservación	leche limpiadora	relajación
	loción limpiadora	rodamiento
desde la inserción hasta el origen	lociones tónicas	rotación
	manos suaves	seca
deshidratación	manos y brazos	toallas húmedas y calientes
effleurage	masaje	
emolientes	máscaras de barro	tratamiento
exfoliación	microdermoabrasión	vibración
exfoliaciones con enzimas	mixta	

1. Las cremas de _____ se utilizan para hidratar y acondicionar la piel durante la noche, cuando se repara el tejido normal.

2. La _____ se puede utilizar la para mantener en un su lugar los ingredientes de las máscaras que se escurren.

3. La _____ es un movimiento enérgico en el que se colocan las manos un poco separadas a ambos lados del brazo o de la pierna del cliente. Mientras se trabaja hacia abajo, se aplica un movimiento de torsión contra los huesos en la dirección contraria.

4. La _____ se utiliza para lograr un buen deslizamiento durante el masaje.

5. La emulsión a base de agua que se puede utilizar dos veces al día en piel normal o mixta para desmaquillar y quitar la suciedad se conoce como _____.

6. La loción sin espuma para limpiar el rostro es la _____.

7. El masaje suave y continuo aplicado con los dedos y con las palmas en forma lenta, rítmica y sin presión se conoce como _____.

8. La forma de masaje pétrissage en el que se toma el tejido, se levanta suavemente, se masajea hacia fuera y se utiliza principalmente para los brazos se conoce como _____.

9. El movimiento de agitación que se logra con contracciones musculares rápidas de los brazos del cosmetólogo, mientras que las yemas de los dedos se presionan firmemente en el punto de aplicación se conoce como _____.

10. Los ingredientes aceitosos o grasosos que mantienen la humedad en la piel se conocen como _____.

11. La exfoliación con enzimas en la cual se aplica una crema en la piel antes de aplicar el vapor y se forma una costra endurecida que se masajea o se "elimina" de la piel, se conoce como _____.

12. Otro nombre para los procedimientos de exfoliación química es _____.

13. La aromaterapia es el uso terapéutico de _____.

14. Las preparaciones de arcilla utilizadas para estimular la circulación y contraer temporalmente los poros de la piel son _____.

15. La crema limpiadora se quita de la piel con pañuelos desechables, almohadillas de algodón humedecidas, esponjas faciales o _____.

16. Los servicios cosmetológicos por lo general se limitan al cuero cabelludo, el rostro, el cuello, los hombros; la parte superior del pecho, la espalda, los pies, la parte inferior de las piernas y _____.

17. Cada músculo y nervio tiene un punto _____ que se encuentra por encima del músculo donde la presión o la estimulación causarán la contracción de dicho músculo.

18. Los refrescantes, tonificantes y astringentes se utilizan para eliminar el exceso de limpiadores y residuos de éstos y se conocen como _____.

19. Además de movimientos firmes y seguros y tener manos fuertes y flexibles, un masaje de calidad requiere autocontrol y _____.

20. Mantener la salud de la piel del rostro mediante métodos adecuados de limpieza, aumento de la circulación, relajación de los nervios y activación de las glándulas de la piel y del metabolismo a través del masaje se conoce como tratamiento facial _____.

21. Las máscaras que se funden a una temperatura un poco mayor a la corporal antes de la aplicación son las máscaras de _____.

22. Las máscaras que contienen cristales especiales de yeso que se endurecen al mezclarse con agua fría inmediatamente antes de la aplicación son las máscaras de _____.

23. Algunos ejemplos de exfoliantes mecánicos que funcionan mediante la eliminación de la acumulación de células muertas son los exfoliantes granulares, las mascarillas de eliminación y el uso de la _____.

24. La piel que tiene zonas grasosas y normales o normales y secas se conoce como _____.

25. La piel a la que le falta grasa y que se deshidrata con frecuencia se considera piel _____.

26. La piel con exceso de sebo se considera piel _____.

27. La piel en buen estado y con un suministro adecuado de sebo y humedad se considera piel _____.

28. Vaporice la cara suavemente utilizando toallas tibias y húmedas o el vaporizador facial para _____.

29. La unión fija del músculo al hueso o al tejido se conoce como _____ del músculo.

30. El masaje más estimulante que consiste en movimientos de golpeteos, palmadas y golpes en forma de tajos se conoce como _____ o tapotement.

31. Por lo general, las lociones _____ y astringentes son productos más fuertes, a menudo con más alcohol y se utilizan para tratar tipos de piel más grasosas.

32. La manipulación manual o mecánica del cuerpo mediante diversos movimientos para aumentar el metabolismo y la circulación, estimular la absorción y aliviar el dolor es _____.

33. La dirección de los movimientos del masaje siempre debe ser _____.

34. El resultado que se logra mediante movimientos suaves pero firmes, lentos y rítmicos o mediante vibraciones manuales muy lentas y suaves sobre los puntos motores por un tiempo breve es la _____.

35. El movimiento de _____ presiona y retuerce los tejidos usando un movimiento rápido hacia delante y hacia atrás.

36. El trastorno que provoca que la piel se sienta seca y escamosa debido a una cantidad insuficiente de agua en el cuerpo es la

_____.

37. El primer paso de los tratamientos faciales es la

_____.

38. El uso de las muñecas y los bordes externos de las manos con movimientos rápidos, suaves, firmes y flexibles contra la piel de modo alternado se conoce como _____.

39. Las emulsiones a base de agua que se absorben rápidamente sin dejar residuos en la superficie de la piel reciben el nombre de

_____.

40. Tomar la piel entre los dedos y las palmas de las manos y levantar los tejidos de las estructuras subyacentes apretando, enrollando o pellizcando mediante una presión suave y firme se denomina

_____.

Conocimientos básicos y logros académicos

A continuación escriba en el espacio provisto algunos comentarios sobre los conceptos del capítulo más difíciles de comprender o recordar. Imagine que usted es el maestro y piense en lo que le diría a sus estudiantes sobre estos conceptos. Comparta sus Conocimientos básicos con sus compañeros de clase y pregúnteles si les parecen útiles. Si es necesario, revise sus apuntes de clase tomando las ideas de sus compañeros que le parezcan buenas.

Conocimientos básicos:

_____

_____

_____

_____

_____

_____

_____

_____

_____

_____

_____

Indique por lo menos tres cosas que haya aprendido en relación con los objetivos de su carrera profesional desde la última anotación.

Logros académicos:

_____

_____

_____

_____

_____

Maquillaje facial

Un momento de motivación: "Mantén tu rostro hacia la luz del sol y no verás la sombra"
—Helen Adams Keller

Objetivos básicos

Al terminar este capítulo y las secciones de Un complemento indispensable, usted podrá:

1. Describir los diversos tipos de cosméticos y sus usos.

2. Demostrar conocimiento sobre la teoría del color en cosméticos.

3. Realizar una consulta para un maquillaje básico para cualquier ocasión.

4. Comprender el uso del maquillaje para ocasiones especiales.

5. Identificar los diferentes tipos faciales y demostrar los procedimientos del maquillaje correctivo básico.

6. Demostrar cómo aplicar y quitar las pestañas artificiales.

Maquillaje facial básico

¿Qué hace que el maquillaje sea tan importante en mi carrera como cosmetólogo?

Ya habíamos comentado el hecho de que la sociedad actual está envejeciendo. A medida que las personas envejecen, harán lo que sea por sentirse y lucir más jóvenes. Las mujeres tienen la oportunidad de aplicarse cosméticos que ayudan mucho a enfatizar los rasgos faciales más atractivos y a suavizar los que no lo son o están fuera de equilibrio. Aunque hoy en día la sociedad le da mucha importancia a este aspecto tan particular de la vida, no es un concepto nuevo. La historia muestra que, durante el Período Neolítico, hombres y mujeres decoraban sus cuerpos con tatuajes y pintura corporal. El maquillaje se ha utilizado como identificación de las tribus, en ceremonias religiosas, en preparación para la guerra (recuerden a Mel Gibson en la película *Corazón valiente*), y en muchos otros acontecimientos. Los egipcios eran realmente innovadores y el maquillaje solía combinar alabastro molido o almidón con tintes vegetales y sales minerales.

Debemos agradecer a Elizabeth Arden y Max Factor por convertir al maquillaje en una industria en la década de 1930. Sin duda alguna, el maquillaje llegó para quedarse. Para un cosmetólogo, significa más oportunidades y más dinero.

Los cosmetólogos deben estudiar el maquillaje facial y comprenderlo bien porque:

- Los clientes confiarán en usted para que los asesore en los consejos y las técnicas que les ayudarán a verse bien.

- Usará técnicas de maquillaje básicas para resaltar el cabello y los servicios químicos que proporciona a sus clientes, ofreciéndoles una apariencia total armónica y equilibrada.

- Deberá comprender las diversas categorías de productos para maquillaje facial disponibles de manera que sepa cuándo y en quiénes se pueden usar.

- También aprenderá acerca de los procedimientos de realce y contorno, métodos que sirven para acentuar las características faciales agradables, ocultar las que no lo son tanto y cambiar la apariencia de la forma facial de sus clientes.

Conceptos básicos

¿Qué debo saber sobre el maquillaje facial para brindar un servicio de calidad?

Necesita considerar la estructura del rostro del cliente, el color de ojos, la piel y el cabello, así como la manera en que quiere lucir el cliente, teniendo en cuenta los resultados razonables que puede alcanzar. Por ejemplo, no puede convertir una nariz muy grande en una nariz pequeña. Sin embargo, puede aplicar maquillaje artística y científicamente y arreglar el cabello para reducir el tamaño de la nariz. Será un verdadero artista cuando sea capaz de aplicar color, sombras y realces y crear las ilusiones más favorecedoras para la apariencia del cliente. Necesitará conocer todas las técnicas que se utilizan para las formas y características del rostro y, como cosmetólogo profesional, podrá aplicar todas las técnicas combinándolas con el color apropiado de cabello y el peinado para hacer que su cliente luzca lo mejor posible.

Cosméticos comerciales

Elija un compañero y realicen un proyecto de investigación. El objetivo es crear un collage de cosméticos comerciales en dos categorías como mínimo, como cosméticos para el día, para la noche, piel normal, piel seca o piel grasosa.

Busque en revistas de la industria y de moda y elija anuncios publicitarios que muestren diversos tipos de cosméticos como labiales, sombras, hidratantes, bases, rimel, etc. Recórtelos y utilice marcadores de colores además de otros implementos para crear una representación artística de la categoría que escogió.

El collage, creado sobre una cartulina grande o un fondo adecuado, debe representar un régimen cosmético y de cuidado de la piel completo para la categoría que eligió.

Prepárese para hacer una presentación oral de su proyecto a sus compañeros de clase, explicando el propósito de cada producto y su uso.

Cuadro por cuadro: Formas faciales

Cuadro por cuadro consiste en transformar manualmente en imágenes los elementos, puntos o pasos clave de una lección plasmándolas en los cuadros o *paneles* de una matriz. Piense en imágenes y dibuje los conceptos básicos impresos en los siguientes cuadros. No se preocupe por el aspecto artístico. Use líneas y figuras lineales para ilustrar los conceptos anotados.

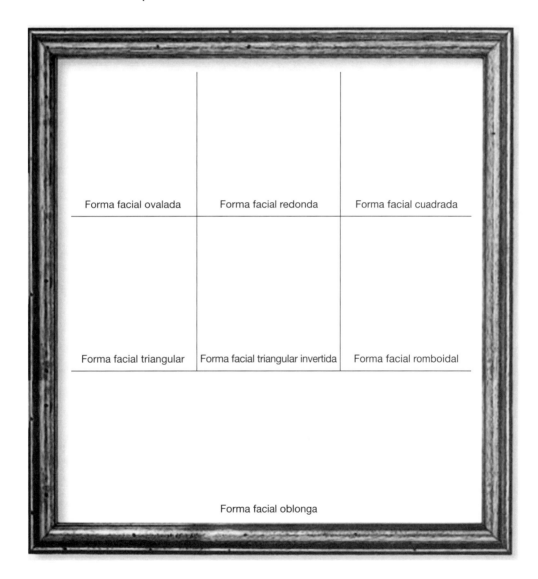

Forma facial ovalada	Forma facial redonda	Forma facial cuadrada
Forma facial triangular	Forma facial triangular invertida	Forma facial romboidal

Forma facial oblonga

Juego de palabras

Descifre los siguientes términos siguiendo las pistas provistas.

Juego	Palabra correcta

inarz raegdn

_ _ _ _ _   _ _ _ _ _ _

Pista: Aplique una base más oscura en la nariz y una más clara en las mejillas a los lados de la nariz.

nrazi ahcta

_ _ _ _ _   _ _ _ _ _

Pista: Aplique una base más clara desde el centro hasta la punta de la nariz.

joos myu dnsuoi

_ _ _ _   _ _ _   _ _ _ _ _ _

Pista: Aplique sombra ligeramente hacia arriba, a partir del borde exterior.

bdnaíamul otsngaa

_ _ _ _ _ _ _ _   _ _ _ _ _ _ _

Pista: Realce aplicando una base de tono más claro sobre la parte prominente de la mandíbula.

paorpásd ospsdea

_ _ _ _ _ _ _ _   _ _ _ _ _ _ _

Pista: Sombree el párpado de forma uniforme y ligera desde el contorno de las pestañas hasta el pequeño pliegue de la órbita del ojo.

**loeluc orcto
y uorseg**

_ _ _ _ _ _   _ _ _ _ _
_   _ _ _ _ _ _

Pista: Utilice una base más oscura en el cuello que la que se usó sobre el rostro.

zrnai aanch

_ _ _ _ _   _ _ _ _ _

Pista: Use una base más oscura a los lados de la nariz y las fosas nasales.

joos oesradaps

_ _ _ _   _ _ _ _ _ _ _ _ _

Pista: Extienda la línea de las cejas hacia la comisura interna de los ojos.

íbdaulamn ahnac

_ _ _ _ _ _ _ _ _   _ _ _ _ _

Pista: Aplique una base más oscura sobre el área gruesa de la mandíbula, comenzando por las sienes.

sojo taossnel

— — — —   — — — — — — — —

Pista: Se disimulan matizando la sombra con cuidado sobre la parte prominente del párpado superior.

ceoull goalr
legdoad

— — — — —   — — — — —

— — — — — — — —

Pista: Aplique una base de tono más claro sobre el cuello que la que usó sobre el rostro.

ojso ndsroeod

— — — —   — — — — — — — —

Pista: Se pueden alargar mediante la extensión de la sombra más allá de la comisura externa de los ojos.

Tratamiento correctivo para labios

En los siguientes diagramas, utilice colores para demostrar cómo se aplica un lápiz labial para crear la ilusión de unos labios más equilibrados y proporcionados.

Labio inferior fino

Labio superior fino

Labios delgados

Boca pequeña

Comisuras caídas

Labios ovalados

Labios con puntas afiladas

Labios disparejos

Crucigrama

Horizontal

Palabra	Pista
_____	**2.** Se utiliza para oscurecer, definir y engrosar las pestañas
_____	**4.** Base o película protectora
_____	**5.** Se utiliza para cubrir las manchas
_____	**8.** Se utilizan para tomar el maquillaje de los envases
_____	**10.** Pestañas artificiales individuales

Vertical

Palabra   **Pista**

                                     1. Se utiliza para fines escénicos

_____

                                     2. Se utiliza para dar color a las mejillas
_____

                                     3. Se utiliza para acentuar los párpados
_____

                                     6. Forman parte de una aplicación de
_____   maquillaje completa y eficaz si están
                                         bien arregladas

                                     7. Se utiliza para darle al rostro un
_____   acabado mate

                                     9. Se utilizan para eliminar el exceso de
_____   vello facial

Procedimiento para las pestañas postizas en tiras

Enumere en el orden correcto los siguientes pasos de preparación, procedimiento y actividades de limpieza para aplicar pestañas postizas en tiras.

Procedimiento

_____ Aplique el adhesivo. Aplique una línea delgada de adhesivo en la base de las pestañas y déjelo fijar durante unos segundos.

_____ Prepare las pestañas. Peine las pestañas del cliente para asegurarse de que estén limpias y sin sustancias extrañas, como partículas de rímel. Si las pestañas del cliente son rectas, se pueden encrespar con un rizador de pestañas antes de aplicar las pestañas artificiales.

_____ Saque con cuidado las pestañas en tiras del paquete.

_____ Abra las pestañas. Separe las pestañas usando las puntas de sus tijeras. Esto crea una apariencia más natural.

_____ Aplique las pestañas inferiores. La aplicación de las pestañas inferiores es opcional, ya que su aspecto es menos natural. Recorte las pestañas según sea necesario y aplique adhesivo de la misma manera que lo hizo con las pestañas superiores. Coloque las pestañas sobre las pestañas inferiores del cliente. Coloque las pestañas más cortas hacia el centro del ojo y las más largas hacia la parte exterior del párpado.

_____ Dé forma a las pestañas. Comience con las pestañas superiores. Si la pestaña es demasiado larga y no coincide con la curva del párpado superior, recorte el borde exterior. Use los dedos para doblar la pestaña en forma de herradura y hacerla más flexible para que coincida con el contorno del párpado.

_____ Aplique las pestañas. Comience con la parte más corta de la pestaña y ubíquela en la comisura interior del ojo, hacia la nariz. Aplique el resto de las pestañas artificiales lo más cerca posible de las pestañas naturales del cliente. Use el extremo redondeado del pincel delineador o las pinzas para presionar la pestaña. Sea muy cuidadoso y delicado al aplicar las pestañas. Si se va a utilizar delineador de ojos, la línea se suele trazar en el párpado antes de aplicar la pestaña y se retoca una vez colocada la pestaña artificial.

Matrices de valoración básicas

Las matrices de valoración se utilizan en la educación para organizar e interpretar la información reunida a partir de las observaciones del desempeño del estudiante. Es un documento de evaluación claramente desarrollado para diferenciar entre los niveles de desarrollo del desempeño de una destreza específica o conducta. En esta guía de estudio se brinda una matriz de valoración como herramienta de autoevaluación para ayudarlo a desarrollar su comportamiento.

Califique su desempeño de acuerdo a la siguiente escala:

(1) Oportunidad de desarrollo: Hay poca o nula evidencia de competencia; se necesita ayuda; el desempeño presenta errores múltiples.

(2) Fundamental: Comienza a haber evidencia de competencia; la tarea se realiza de forma individual; el desempeño tiene pocos errores.

(3) Competente: Existe evidencia detallada y consistente de competencia; la tarea se realiza de forma individual; el desempeño tiene muy pocos errores.

(4) Fortaleza: Existe evidencia detallada de competencia altamente creativa, inventiva y desarrollada.

Se proporciona un espacio para hacer comentarios, ayudarlo a mejorar su desempeño y alcanzar una calificación más alta.

PROCEDIMIENTO PARA LA APLICACIÓN PROFESIONAL DE MAQUILLAJE

Desempeño evaluado	1	2	3	4	Plan de mejoras
Cubrió al cliente					
Limpió el rostro y retiró el limpiador					
Aplicó astringente o tonificante					
Aplicó hidratante					
Arregló las cejas de ser necesario					
Aplicó la base					
Matizó la base					
Aplicó el corrector					
Aplicó los polvos					
Aplicó la sombra de ojos					

Matrices de valoración básicas continuación

Desempeño evaluado	1	2	3	4	Plan de mejoras
Aplicó el delineador					
Aplicó el color para cejas					
Aplicó el rímel					
Aplicó el rubor					
Aplicó el labial					

PROCEDIMIENTO PARA LA APLICACIÓN DE PESTAÑAS POSTIZAS EN TIRAS

Desempeño evaluado	1	2	3	4	Plan de mejoras
Cubrió al cliente					
Quitó los lentes de contacto, si correspondía					
Retiró el maquillaje					
Cepilló las pestañas					
Sacó las pestañas del paquete					
Recortó las pestañas en tiras para ajustarlas a los ojos					
Abrió las pestañas si era necesario					
Aplicó una línea delgada de adhesivo					
Aplicó las pestañas postizas en tiras de la parte superior					
Aplicó las pestañas postizas en tiras inferiores, si se deseaba					

Repaso básico

Llene los espacios en blanco con las siguientes palabras para repasar el Capítulo 24, Maquillaje facial. Puede usar las palabras y los términos más de una vez.

amarilla	complementarios	más claro
amarillos o dorados	contorno	más gruesas
antiséptico	corra	mate
aplicación de pestañas postizas individuales	correctores	modelar
	crema	parafina
arco alto	decoloraciones	pasta
azules	delineador de ojos	polvos faciales
base	ensanchar	rectas
base de polvo	esfume	rosa
borde interno	labios	sumergirlo dos veces
colorete	limadas	tiras
	marco	

1. La colocación de pestañas individuales a los clientes se conoce como _____.

2. El cosmético con color que se utiliza como base o película protectora antes de aplicar los polvos se conoce como _____.

3. La base de _____, también conocida como base de aceite, es un producto bastante más espeso y a menudo se vende en frasco o lata que puede o no contener agua.

4. La _____ mineral se aplica con una brocha grande y suave y contiene mucho pigmento para la cobertura.

5. Los _____ vienen en latas, frascos o tubos con aplicador y en diferentes colores para coordinarse o emparejarse con los tonos naturales de la piel.

6. Los _____ son un polvo cosmético, en ocasiones matizado y perfumado, que se utiliza para agregar un acabado mate o no brillante al rostro.

7. El _____ proporciona brillo natural a las mejillas, pero también añade color al rostro.

8. Al aplicar colorete, _____ hacia fuera y hacia arriba en dirección a las sienes.

9. El labial es un cosmético en forma de _____, generalmente en un tubo metálico o plástico, fabricado en una gran variedad de colores.

10. Además de delinear los labios, el lápiz labial ayuda a evitar que el labial se _____ en las líneas pequeñas alrededor de la boca.

11. Las sombras se aplican en los párpados para acentuar o marcar el contorno y se encuentran en una gran variedad de acabados, incluidos metálicos, _____, escarchados, brillantes o frescos.

12. Un color de realce es _____ que el tono de la piel del cliente y puede tener cualquier acabado, incluido el mate o iridiscente.

13. Un color de _____ es más profundo y oscuro que el tono de piel del cliente y se aplica para reducir un área determinada y crear contorno.

14. El cosmético utilizado para delinear y realzar los ojos es el

_____.

15. Los lápices delineadores contienen cera de _____ o una base de aceite solidificado con varias sustancias adicionales para crear color.

16. Según la Asociación Médica Estadounidense (American Medical Association), el delineador de ojos nunca se debe utilizar para dar color al _____ de los ojos.

17. Los lápices o sombras para cejas también se usan para oscurecer las cejas, rellenar las áreas con vello escaso o para _____ las cejas.

18. El rímel mejora la apariencia de las pestañas naturales, logrando que se vean _____ y largas.

19. En los colores cálidos predominan los tonos _____.

20. Los colores fríos sugieren frialdad y en ellos predominan los

_____.

21. Al escoger la sombra de ojos, considere contrastar el color de los ojos con colores _____ para enfatizar el color de forma más eficaz.

22. Al elegir el maquillaje, coordine el color de las mejillas y el de los _____ dentro de la misma familia de colores.

23. Al aplicar rímel a un cliente, debe utilizar un aplicador de varilla desechable y sumergirlo en un tubo de rímel limpio, sin _____.

24. Si los ojos están muy unidos, se puede lograr que parezcan más separados al _____ la distancia entre las cejas y extenderlas ligeramente hacia fuera.

25. Al arquear las cejas para un rostro largo, las cejas casi _____ crearán la ilusión de un rostro más corto.

26. El rostro cuadrado parecerá más ovalado si hay un _____ en los extremos de las cejas.

27. Para la piel rojiza, aplique una base _____ o verde sobre las zonas afectadas y matice con cuidado.

28. Para la piel cetrina, aplique una base _____ o violeta en las zonas afectadas y matice con cuidado hacia la mandíbula y el cuello.

29. Las pestañas postizas en tiras también se conocen como pestañas en _____.

30. Una precaución de seguridad al realizar un facial es mantener las uñas _____ y evitar rasguñar la piel del cliente.

Conocimientos básicos y logros académicos

A continuación escriba en el espacio provisto algunos comentarios sobre los conceptos del capítulo más difíciles de comprender o recordar. Imagine que usted es el maestro y piense en lo que le diría a sus estudiantes sobre estos conceptos. Comparta sus Conocimientos básicos con sus compañeros de clase y pregúnteles si les parecen útiles. Si es necesario, revise sus apuntes de clase tomando las ideas de sus compañeros que le parezcan buenas.

Conocimientos básicos:

_____

_____

_____

_____

_____

_____

_____

_____

_____

_____

_____

_____

Indique por lo menos tres cosas que haya aprendido en relación con los objetivos de su carrera profesional desde la última anotación.

Logros académicos:

_____

_____

_____

_____

_____

Manicura y pedicura

Este capítulo contiene información y actividades del Capítulo 25, Manicura y del Capítulo 26, Pedicura de *Cosmetología Estándar de Milady*, edición 2012.

Un momento de motivación: "El optimista es aquel que ve una luz verde en todas partes. El pesimista es aquel que solamente ve la luz roja. Sin embargo, quien es verdaderamente sabio es el daltónico".
—Dr. Albert Schweitzer

Objetivos básicos

Al terminar este capítulo y las secciones de Un complemento indispensable, usted podrá:

1. Identificar los cuatro tipos de implementos y herramientas para el cuidado de las uñas que se necesitan para hacer una manicura o pedicura.

2. Explicar la diferencia entre los implementos reutilizables y los implementos desechables.

3. Describir la importancia del lavado de las manos en los servicios de uñas.

4. Explicar por qué se necesita una consulta cada vez que el cliente se atiende en el salón.

5. Nombrar las cinco formas de uña básicas para las mujeres y la forma de uña más popular para los hombres.

6. Enumerar los tipos de movimientos más apropiados para el masaje de las manos y los brazos.

7. Explicar la diferencia entre una manicura básica y una manicura de spa.

8. Describir en qué forma se usa la aromaterapia en los servicios de manicura.

9. Explicar el uso y los beneficios de la cera de parafina en la manicura.

10. Nombrar el procedimiento de limpieza y desinfección correcto para los implementos, las herramientas y los baños de pedicura.

11. Describir la correcta preparación de la mesa de manicura/pedicura.

12. Enumere los pasos del procedimiento posterior al servicio.

13. Enumerar los pasos que se deben seguir en caso de un incidente de exposición en el salón.

14. Enumerar los pasos en una manicura básica.

15. Describir la técnica apropiada para la aplicación del esmalte de uñas.

16. Describir el procedimiento para un tratamiento de las manos con cera de parafina previo a la manicura.

17. Describir un suavizante de callos e indicar cómo se utiliza de mejor manera.

18. Explicar las diferencias entre una pedicura básica y una pedicura de spa.

19. Describir la reflexología y su uso en la pedicura.

20. Describir la herramienta y la técnica adecuadas para reducir una uña encarnada.

21. Demostrar los procedimientos adecuados para una pedicura básica y un masaje de pies y piernas.

Manicura y pedicura básicas

¿Por qué son tan importantes la manicura y la pedicura en mi profesión de cosmetólogo?

Con el fin de comprender su importancia en la sociedad moderna, vamos a hablar brevemente sobre la historia de la manicura. La palabra manicura proviene del latín *manus* (que significa mano), y de la palabra *cura* (que significa cuidado). Por tanto, manicura significa simplemente eso, mejorar la apariencia de las manos y las uñas. Usted debe ser capaz de ofrecer este importante servicio a sus clientes, pero también debe conservar sus propias manos y uñas en las mejores condiciones posibles. Después de todo, tocará a sus clientes con las manos durante cada servicio que brinde. Es importante que sus uñas estén suaves y no rasguñen la piel o el cuero cabelludo del cliente.

Las antiguas sociedades de Egipto y China consideraban que las uñas largas, esmaltadas y coloreadas distinguían a la gente común de los aristócratas. Se les daba forma a las uñas con piedras pómez y se coloreaban con tintes vegetales. A finales del siglo XIX, las uñas pintadas se convirtieron en la tendencia de la moda entre la élite de París. La manicura y el uso de esmalte de uñas se hizo tan popular en la década de 1920, que las barberías comenzaron a ofrecer servicios para uñas a hombres y mujeres. Hacia fines de la década de 1950, la mayoría de los estados empezaron a exigir la obtención de licencias para ofrecer este servicio.

Los cosmetólogos deben estudiar y comprender muy bien la manicura y la pedicura porque:

- Le permitirá ofrecer a sus clientes la variedad de servicios que buscan y que disfrutan.

- Como profesional, debe ser capaz de reconocer fácilmente las herramientas de manicura y pedicura y su uso correcto.

- Será capaz de realizar una manicura o pedicura correctamente y de manera segura.

Conceptos básicos

¿Qué debo saber sobre la manicura y pedicura para brindar un servicio de calidad?

Al igual que con los demás servicios que ofrece, necesita consultar al cliente con el fin de conocer qué espera obtener del servicio para las uñas. Debe saber limar y dar forma a las uñas según lo desee el cliente y ser capaz de seleccionar y usar los implementos y el equipo necesarios para los distintos servicios para las uñas. Conocerá la importancia de saber ofrecer un masaje efectivo para las manos, los brazos o los pies como parte de los servicios de manicura y pedicura.

Cuadro por cuadro: Formas de las uñas

Cuadro por cuadro consiste en transformar manualmente en imágenes los elementos, puntos o pasos clave de una lección plasmándolas en los cuadros o *paneles* de una matriz. Piense en imágenes y dibuje los conceptos básicos impresos en los siguientes cuadros. No se preocupe por el aspecto artístico. Use líneas y figuras lineales para ilustrar los conceptos anotados.

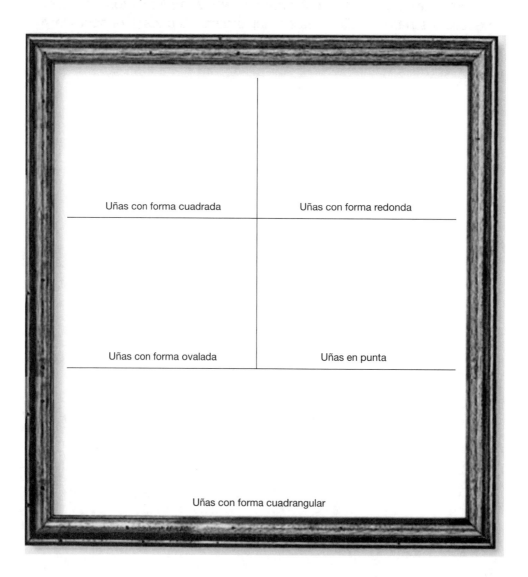

Uñas con forma cuadrada

Uñas con forma redonda

Uñas con forma ovalada

Uñas en punta

Uñas con forma cuadrangular

Implementos

Identifique los implementos para manicura ilustrados a continuación.

Cortesía de European Touch

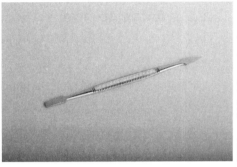

© Milady, una división de Cengage Learning.
Fotografía de Dino Petrocelli

© Milady, una división de Cengage Learning.
Fotografía de Dino Petrocelli

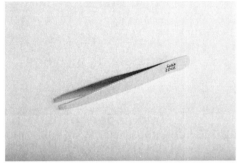

© Milady, una división de Cengage Learning.
Fotografía de Dino Petrocelli

© Milady, una división de Cengage Learning.
Fotografía de Dino Petrocelli

Cortesía de purespadirect.com

Ejercicio de relación de conceptos

Relacione los siguientes términos básicos con la frase o definición correspondiente.

_____ **Aceite esencial**

_____ **Pulidor de gamuza**

_____ **Abrasivos suaves**

_____ **Copos de algodón**

_____ **Polvo pómez**

_____ **Bandeja de insumos**

_____ **Empujador de madera**

_____ **Pinzas**

_____ **Escobilla de uñas**

_____ **Cortaúñas**

1. Se utiliza para dar brillo a la uña y suavizar crestas

2. Contiene cosméticos

3. Se utilizan para levantar pequeños residuos de la lámina ungueal

4. Se utiliza para limpiar las uñas de las manos

5. Se utiliza para recortar la superficie de la uña

6. Se utiliza para remover el tejido cuticular de la lámina ungueal

7. Aceites que se extraen por medio de diferentes formas de destilación de las semillas, la corteza, las raíces, las hojas, la madera y/o la resina de las plantas

8. Se usan para suavizar las uñas y la piel

9. Se usa retirar el esmalte

10. Abrasivo derivado de rocas volcánicas

Experiencia básica

Juego de palabras

Descifre los siguientes términos siguiendo las pistas provistas.

Juego	Palabra correcta
amli ed suañ	_ _ _ _ _ _ _ _ _ _ _
	Pista: Se utiliza para dar forma y suavizar el borde libre.
saclteia ed cucalíut	_ _ _ _ _ _ _ _ _ _ _ _ _ _ _ _ _ _
	Pista: Se utilizan para recortar la cutícula.
lpiourd ed ñuas	_ _ _ _ _ _ _ _ _ _ _ _ _
	Pista: Se utiliza para pulir y dar brillo a la uña.
magaluian	_ _ _ _ _ _ _ _ _
	Pista: Contiene agua tibia jabonosa.
rdjmepoua ed cusuclaít	_ _ _ _ _ _ _ _ _ _ _ _ _ _ _ _ _ _ _ _
	Pista: Afloja y retrae la cutícula.
rlaadnecot ocrcéeitl	_ _ _ _ _ _ _ _ _ _ _ _ _ _ _ _ _ _
	Pista: Calienta el aceite.
ilpleoc ed suña	_ _ _ _ _ _ _ _ _ _ _ _ _ _
	Pista: Se utiliza para limpiar las uñas y la punta de los dedos.
aabdenj ed nsimuos	_ _ _ _ _ _ _ _ _ _ _ _ _ _ _ _ _
	Pista: Contiene los cosméticos para las uñas.
izpsna	_ _ _ _ _ _
	Pista: Se utilizan para levantar pequeños trozos de cutícula.
eernteicpi	_ _ _ _ _ _ _ _ _ _
	Pista: Contiene algodón absorbente y limpio.

Procedimiento de preparación de la mesa

Ordene en la secuencia correcta los siguientes pasos del procedimiento de preparación de la mesa antes del servicio.

_____ Colocar los esmaltes

_____ Colocar el aguamanil

_____ Preparar el recipiente para desechos

_____ Preparar el apoyabrazos acolchado

_____ Preparar el cajón

_____ Llenar el recipiente de desinfectante

_____ Limpiar la mesa y el cajón

_____ Poner abrasivos y pulidores

Procedimiento previo al servicio

Ordene en la secuencia correcta los siguientes pasos del procedimiento previo al servicio.

_____ Lavarse las manos

_____ Retirar los implementos

_____ Guardar los implementos

_____ Limpiar los implementos

_____ Enjuagar los implementos

_____ Sumergir los implementos

_____ Usar guantes

Procedimiento de manicura

Ordene en la secuencia correcta los siguientes pasos de una manicura básica.

_____ Elegir un color de esmalte

_____ Secar las manos

_____ Repetir los pasos 5 a 10 en la otra mano

_____ Limpiar los residuos

_____ Aflojar y remover las cutículas

_____ Pulir con un pulidor de alto brillo

_____ Aplicar aceite para uñas

_____ Cepillar las uñas

_____ Quitar los restos de aceite

_____ Limpiar debajo del borde libre

_____ Aplicar eliminador de cutículas

_____ Aplicar blanqueador

_____ Desfilar las uñas

_____ Quitar el esmalte

_____ Aplicar loción y hacer masaje

_____ Dar forma a las uñas

_____ Suavizar el eponiquio

_____ Cortar papilomas de piel muerta

_____ Aplicar esmalte

Parejas para la pedicura

Elija un compañero de trabajo para hacerse mutuamente una pedicura. Después, evalúen el procedimiento de cada uno con base en el siguiente formulario. Encierre en un círculo la calificación numérica que desea asignar al servicio que recibió tomando en cuenta la siguiente escala.

1 = Malo; 2 = Bajo el promedio; 3 = Promedio; 4 = Bueno; 5 = Excelente

1 2 3 4 5   **1.** Se le ofreció un asiento cómodo y se le pidió que se quitara el calzado y los calcetines o medias.

1 2 3 4 5   **2.** Todo el equipo, los implementos y los materiales necesarios estaban bien ordenados.

1 2 3 4 5   **3.** El especialista puso sus pies sobre un posapiés cubierto con toallas de papel limpias.

1 2 3 4 5   **4.** El especialista en uñas se lavó y desinfectó las manos.

1 2 3 4 5   **5.** Había dos palanganas llenas con agua tibia suficiente para cubrirle hasta los tobillos.

1 2 3 4 5   **6.** El especialista puso antiséptico o jabón antibacterial en una de las palanganas y luego le pidió poner los pies en remojo durante tres a cinco minutos.

1 2 3 4 5   **7.** El especialista sacó sus pies del agua, se los enjuagó y se los secó.

1 2 3 4 5   **8.** El especialista eliminó completamente el esmalte antiguo de las uñas de ambos pies.

1 2 3 4 5   **9.** El especialista recortó las uñas del pìe izquierdo.

1 2 3 4 5   **10.** El especialista puso los separadores de dedos.

1 2 3 4 5   **11.** El especialista limó las uñas transversalmente, redondeándolas levemente en las esquinas para adaptarlas a la forma de los dedos.

1 2 3 4 5   **12.** El especialista utilizó una escofina para limar la almohadilla y el talón del pie con el fin de eliminar la piel seca y suavizar las formaciones callosas.

1 2 3 4 5   **13.** El especialista removió los separadores de dedos y puso el pie izquierdo en agua tibia jabonosa.

1 2 3 4 5   **14.** El especialista repitió los pasos 9 a 13 en el pie derecho.

1 2 3 4 5   **15.** El especialista sacó su pie izquierdo de la palangana, lo enjuagó, lo secó y le puso los separadores de dedos.

1 2 3 4 5 **16.** El especialista le aplicó solvente de cutículas debajo del borde libre de todas las uñas del pie izquierdo utilizando un palillo de naranjo con punta de algodón.

1 2 3 4 5 **17.** La cutícula se ablandó con cuidado con el palillo de naranjo con punta de algodón. La cutícula se conservó húmeda con loción o agua adicional. No se aplicó presión excesiva. La cutícula no se cortó.

1 2 3 4 5 **18.** El pie izquierdo se enjuagó y se secó.

1 2 3 4 5 **19.** Se aplicaron cremas y lociones.

1 2 3 4 5 **20.** El especialista masajeó el pie izquierdo y lo puso en el piso sobre toallas de papel limpias.

1 2 3 4 5 **21.** El especialista repitió los pasos 15 a 20 en el pie derecho.

1 2 3 4 5 **22.** Se limpiaron las cremas y lociones de las uñas.

1 2 3 4 5 **23.** Le aplicó una capa base, dos capas de color y una capa protectora.

1 2 3 4 5 **24.** Se cumplieron los pasos posteriores al servicio.

Seleccione a un compañero y llenen los espacios en blanco en
la siguiente tabla sobre reflexología. Es posible que deba realizar
investigaciones en Internet u otras fuentes para obtener información
precisa.

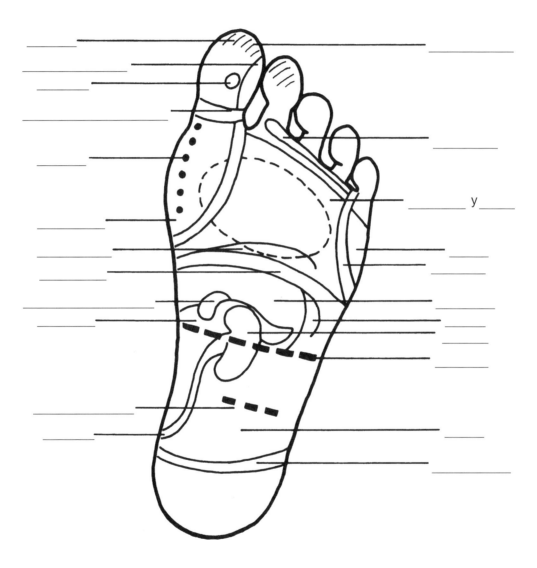

y

Matrices de valoración básicas

Las matrices de valoración se utilizan en la educación para organizar e interpretar la información reunida a partir de las observaciones del desempeño del estudiante. Es un documento de evaluación claramente desarrollado para diferenciar entre los niveles de desarrollo del desempeño de una destreza específica o conducta. En esta guía de estudio se brinda una matriz de valoración como herramienta de autoevaluación para ayudarlo a desarrollar su comportamiento.

Califique su desempeño de acuerdo a la siguiente escala:

(1) Oportunidad de desarrollo: Hay poca o nula evidencia de competencia; se necesita ayuda; el desempeño presenta errores múltiples.

(2) Fundamental: Comienza a haber evidencia de competencia; la tarea se realiza de forma individual; el desempeño tiene pocos errores.

(3) Competente: Existe evidencia detallada y consistente de competencia; la tarea se realiza de forma individual; el desempeño tiene muy pocos errores.

(4) Fortaleza: Existe evidencia detallada de competencia altamente creativa, inventiva y desarrollada.

Se proporciona un espacio para hacer comentarios, ayudarlo a mejorar su desempeño y alcanzar una calificación más alta.

PROCEDIMIENTO DE PREPARACIÓN DE LA MESA DE MANICURA

Desempeño evaluado	1	2	3	4	Plan de mejoras
Limpió la mesa con una solución desinfectante					
Preparó el apoyabrazos acolchado					
Llenó el recipiente para desinfección					
Colocó los abrasivos					
Colocó el aguamanil y el cepillo					
Dispuso los elementos para la eliminación de residuos					
Ubicó los esmaltes de uñas					
Preparó el cajón					

Matrices de valoración básicas continuación

PROCEDIMIENTO PREVIO AL SERVICIO

Desempeño evaluado	1	2	3	4	Plan de mejoras
Utilizó guantes					
Limpió los implementos					
Enjuagó los implementos					
Sumergió los implementos					
Retiró los implementos					
Guardó los implementos					
Se lavó las manos					
Recibió al cliente					
El cliente se lavó las manos					
Usó toallas limpias					
Se aseguró de que el cliente estaba cómodo					
Realizó la consulta					

PROCEDIMIENTO POSTERIOR AL SERVICIO

Desempeño evaluado	1	2	3	4	Plan de mejoras
Aconsejó al cliente acerca del adecuado mantenimiento en el hogar					
Sugirió los productos de venta minorista necesarios					
Programó la próxima cita					
Agradeció al cliente					
Registró la información					
Preparó el área de trabajo					
Siguió los procedimientos previos al servicio					
Reordenó el área de trabajo					

Matrices de valoración básicas continuación

PROCEDIMIENTO DE MASAJE PARA MANOS

Desempeño evaluado	1	2	3	4	Plan de mejoras
Aplicó loción para masaje					
Realizó un movimiento relajante					
Realizó movimientos en las articulaciones de los dedos					
Realizó movimientos circulares en la palma de la mano					
Realizó movimientos circulares en la muñeca					
Realizó el movimiento de transición y masaje en los dedos					
Realizó masaje en el brazo					
Realizó masaje debajo del brazo					
Realizó movimientos en el codo					
Jaló y presionó los dedos y realizó el movimiento de pluma					
Cubrió las manos del cliente					

PROCEDIMIENTO DE MANICURA BÁSICO

Desempeño evaluado	1	2	3	4	Plan de mejoras
Removió el esmalte					
Dio forma a las uñas					
Suavizó el eponiquio					
Limpió las uñas					
Secó las manos					
Aplicó eliminador de cutículas					

Desempeño evaluado	1	2	3	4	Plan de mejoras
Ablandó y removió las cutículas					
Eliminó los papilomas de piel muerta					
Limpió debajo del borde libre					
Retiró la mano del aguamanil					
Limpió los residuos					
Repitió los pasos en la otra mano					
Aplicó blanqueador (opcional)					
Pulió las uñas con un pulidor de alto brillo					
Aplicó aceite para uñas					
Limó las puntas al sesgo					
Aplicó loción y masajeó					
Eliminó los restos de aceite					
Seleccionó el color de esmalte					
Aplicó una capa base					
Aplicó el esmalte de color					
Aplicó una capa protectora					

PROCEDIMIENTO DE PEDICURA BÁSICO

Desempeño evaluado	1	2	3	4	Plan de mejoras
Revisó la temperatura del agua					
Remojó los pies					
Secó bien los pies					
Retiró el esmalte existente					
Cortó las uñas					
Limó las uñas					
Enjuagó el pie					

Desempeño evaluado	1	2	3	4	Plan de mejoras
Envolvió el pie en una toalla					
Repitió los pasos en el otro pie					
Eliminó el tejido muerto del primer pie					
Exfolió el pie con una escobilla					
Usó la escofina					
Cepilló las uñas					
Enjuagó y secó bien el pie					
Repitió los pasos en el otro pie					
Aplicó eliminador de cutículas					
Eliminó el tejido cuticular y los papilomas de piel muerta					
Usó la cucharilla para empujar suavemente el tejido blando de los bordes de la lámina ungueal					
Enjuagó, cepilló y secó el pie					
Aplicó loción, crema o aceite					
Masajeó el pie					
Repitió los pasos en el otro pie					
Removió los restos de loción					
Colocó los separadores de dedos					
Aplicó el esmalte					
Roció con secador rápido de esmalte					
Colocó los pies en una toalla para que sequen					

Matrices de valoración básicas continuación

MASAJE EN LOS PIES Y LAS PIERNAS

Desempeño evaluado	1	2	3	4	Plan de mejoras
Realizó movimientos relajantes en las articulaciones del pie					
Masaje effleurage en la parte superior del pie					
Masaje effleurage en el empeine					
Masaje effleurage en el talón					
Compresión con torsión de puño (masaje intenso)					
Movimiento effleurage en los dedos del pie					
Movimiento de las articulaciones en los dedos del pie					
Repitió todos los movimientos en el otro pie y pierna					
Realizó el movimiento de pluma					
Masaje effleurage en el frente de la pierna					
Masaje effleurage en la parte posterior de la pierna					

Repaso básico

Complete el siguiente repaso del Capítulo 25, Manicura, y del Capítulo 26, Pedicura. Encierre en un círculo la respuesta correcta.

1. Cuando realiza servicios para el cuidado de uñas, las herramientas permanentes que utiliza se denominan _____.

    a) equipo
    b) implementos
    c) materiales
    d) cosméticos

2. Entre los implementos desechables se encuentran _____.

    a) los cortaúñas
    b) los empujadores metálicos
    c) las pinzas
    d) los empujadores de madera

3. Durante el servicio de manicura, el borde libre de la uña se modela con un(a) _____.

    a) empujador de madera
    b) empujador metálico
    c) lima abrasiva
    d) pinza

4. Si el cliente sangra durante un servicio de manicura, el implemento debe _____.

    a) limpiarse y desinfectarse
    b) enjuagarse con agua
    c) desecharse en una bolsa
    d) limpiarse con un algodón

5. La ventaja de utilizar cortaúñas para disminuir el largo de la uña es que _____.

    a) logra más brillo
    b) fortalece las uñas débiles
    c) reduce el tiempo de limado
    d) reduce la rotura de uñas

6. Para suavizar las crestas de las uñas y producir un alto brillo se utiliza un(una) _____.

    a) pulidor de gamuza
    b) relleno de imperfecciones
    c) lima abrasiva
    d) cortaúñas

7. Los insumos utilizados para el servicio de cuidado de las uñas que deben cambiarse entre un cliente y otro se denominan _____.

    a) equipo
    b) implementos
    c) materiales
    d) cosméticos

8. La bombilla de las lámparas fijas de la mesa de manicura debe ser de _____ vatios.

a) 25 a 30

b) 30 a 35

c) 40 a 60

d) 60 a 75

9. Después de utilizar los implementos de metal y antes de ponerlos en un desinfectante, es necesario _____.

a) limpiarlos con una toalla

b) limpiarlos en un autoclave

c) enjuagarlos con alcohol

d) lavarlos con agua y jabón

10. La manicura con aceite se recomienda para el tratamiento de _____.

a) cutículas flexibles

b) uñas quebradizas

c) uñas cortas

d) hongos de las uñas

11. El implemento que se utiliza para limpiar las uñas y retirar los residuos se llama _____.

a) lima de uñas

b) cepillo de uñas

c) empujador de madera

d) pulidor de gamuza

12. Todos los implementos no desechables deben _____ en una solución desinfectante.

a) enjuagarse rápidamente

b) mojarse ligeramente

c) limpiarse meticulosamente

d) sumergirse completamente

13. Para retirar los cosméticos para uñas de sus envases, se utiliza un(a) _____.

a) empujador de madera

b) espátula de plástico o metal

c) empujador metálico

d) hisopo de algodón

14. Productos como el alcohol, el esmalte de uñas, los monómeros y los imprimantes para uñas se consideran _____.

a) nocivos

b) esterilizadores

c) autodesinfectantes

d) fortalecedores

15. Cuando se ofrece como servicio extra de manicura, el masaje de manos se aplica antes de _____.

a) aplicar el esmalte

b) repujar las cutículas

c) mojar los dedos

d) limar las uñas

16. Después de la manicura con aceite y antes de aplicar la capa base usted debe _____ .

a) sumergir los dedos en un aguamanil

b) eliminar todos los restos de aceite

c) aplicar removedor de cutículas

d) lavar bien las manos

17. Para quitar el esmalte de las uñas con resinas de envoltura se recomienda utilizar un producto _____ .

a) con acetona

b) grasoso

c) sin acetona

d) con potasio

18. La mejor manera de evitar los olores excesivos en el salón y controlar los vapores en los servicios de manicura consiste en utilizar _____ .

a) un recipiente plástico para residuos

b) un receptáculo con ventilación y tapas

c) varias bolsas de papel

d) un receptáculo de metal con tapa de cierre automático a pedal

19. Los productos diseñados para acelerar el secado del esmalte se aplican por aerosol o con un _____ .

a) empujador de madera

b) hisopo de algodón

c) empujador metálico

d) gotero

20. Una de las funciones de la capa protectora o sellador es hacer que el esmalte _____ .

a) se seque más rápido

b) se adhiera a la superficie de la uña

c) resista el astillado

d) se vea más grueso y suave

21. Entre los endurecedores se encuentran productos que contienen fibras reforzadas como el nailon, proteínas y _____ .

a) potasio

b) formaldehído

c) acetona

d) geles UV

22. La capa base crea una capa incolora en la uña natural que mejora _____.

a) la adhesión del esmalte

b) y suaviza las crestas

c) la decoloración y las manchas

d) la resistencia y la rigidez

23. El esmalte de uñas también se conoce por el nombre de _____.

a) loción

b) crema

c) laca

d) aceite

24. La decoloración o las manchas amarillentas de la superficie de las uñas se puede eliminar con _____.

a) removedor de cutículas

b) aceite penetrante

c) quitaesmaltes

d) blanqueador de uñas

25. Los productos utilizados para suavizar la piel seca que rodea la superficie de la uña y aumentar la flexibilidad de las uñas naturales son _____.

a) removedores de cutículas

b) aceites penetrantes

c) quitaesmaltes

d) blanqueadores de uñas

Conocimientos básicos y logros académicos

A continuación escriba en el espacio provisto algunos comentarios sobre los conceptos del capítulo más difíciles de comprender o recordar. Imagine que usted es el maestro y piense en lo que le diría a sus estudiantes sobre estos conceptos. Comparta sus Conocimientos básicos con sus compañeros de clase y pregúnteles si les parecen útiles. Si es necesario, revise sus apuntes de clase tomando las ideas de sus compañeros que le parezcan buenas.

Conocimientos básicos:

_____

_____

_____

_____

_____

_____

_____

_____

_____

_____

_____

Indique por lo menos tres cosas que haya aprendido en relación con los objetivos de su carrera profesional desde la última anotación.

Logros académicos:

_____

_____

_____

_____

_____

Técnicas avanzadas de uñas

Este capítulo contiene información y actividades de los Capítulos 27, 28 y 29 de *Cosmetología Estándar de Milady*, edición 2012.

Un momento de motivación: "No hay malos pensamientos a excepción de uno: el rechazo a pensar".
—Ayn Rand

Objetivos básicos

Al terminar este capítulo y las secciones de Un complemento indispensable, usted podrá:

1. Identificar los insumos, aparte de su mesa básica de manicura, que necesita para la colocación de uñas postizas.

2. Mencionar y describir los tipos de uñas postizas disponibles y por qué es importante que éstas se adapten correctamente a las uñas del cliente.

3. Mencionar los tipos de telas utilizados en los apliques de uñas y explicar los beneficios de usar cada tipo.

4. Demostrar el método de hacer tope, asegurar y sostener para colocar uñas postizas.

5. Demostrar el procedimiento de colocación de uñas postizas.

6. Demostrar el procedimiento de remoción de uñas postizas.

7. Demostrar el procedimiento de colocación de apliques de uñas.

8. Demostrar la principal diferencia entre el mantenimiento quincenal de apliques de tela y mantenimiento mensual de apliques de tela.

9. Demostrar cómo se deben retirar los apliques de tela y lo que se debe evitar.

10. Explicar la química del monómero líquido y el polímero en polvo, y cómo funciona.

11. Describir el vértice, el área de resistencia y el borde lateral e indicar su ubicación en los realces para uñas.

12. Demostrar los procedimientos apropiados para colocar realces para uñas de monómero líquido y polímero en polvo sobre las uñas postizas o naturales.

13. Demostrar los procedimientos apropiados para poner los apliques de monómero líquido y polímero en polvo de dos colores sobre las uñas postizas o naturales usando moldes.

14. Describir cómo se realiza el servicio de mantenimiento de los apliques de uñas de un color con monómero líquido y polímero en polvo.

15. Demostrar cómo realizar los procedimientos de reparación de roturas.

16. Implementar el procedimiento adecuado para remover los apliques para uñas de monómero líquido y polímero en polvo.

17. Describir la composición química y los principales ingredientes de los geles UV.

18. Describir cuándo usar los métodos de uno y dos colores para la aplicación de geles UV.

19. Nombrar y describir los tipos de geles UV que se usan en los sistemas actuales.

20. Identificar los insumos necesarios para una aplicación de gel UV.

21. Determinar cuándo usar geles UV.

22. Analizar las diferencias entre las unidades de luz UV y las lámparas UV.

23. Describir cómo aplicar gel UV de un color en uñas postizas y naturales.

24. Describir cómo aplicar geles UV en moldes.

25. Describir cómo mantener los apliques para uñas de gel UV.

26. Explicar cómo retirar correctamente los geles UV duros.

27. Explicar cómo retirar correctamente los geles UV blandos.

Técnicas avanzadas básicas de uñas

¿Por qué debo aprender las técnicas avanzadas de uñas para tener éxito?

La industria del cuidado de uñas experimentó un enorme crecimiento a principios de la década de los 70 cuando salieron al mercado las primeras extensiones de uñas artificiales de acrílico. La actriz y cantante popular Cher puso de moda las uñas muy largas con extremos cuadrados. Para la década de 1980, los fabricantes ya estaban creando uñas postizas de apariencia muy natural, y fue entonces que la industria de uñas se convirtió en el área de más rápido crecimiento de todo el campo de la cosmetología, el cual aún continúa. Los cosmetólogos que perfeccionan sus destrezas con las técnicas avanzadas de manicura, pedicura y uñas obtienen muy buenos ingresos.

Los cosmetólogos deben estudiar las técnicas avanzadas de uñas y comprenderlas bien porque:

- Ofrecer servicios avanzados de uñas aumenta su gama de servicios y permite que los clientes tengan una experiencia integral en el salón.

- Aprender la técnica adecuada para aplicar y retirar uñas postizas ayudará a su cliente a mantener sus uñas naturales en las mejores condiciones y lo más saludables posibles.

- Comprender los tipos y usos de los apliques de uñas también le permitirá determinar el aplique adecuado para las necesidades específicas de su cliente.

- Conocer la química de los productos de gel UV le permitirá seleccionar los mejores sistemas y productos para usar en el salón.

- Conocer cómo se elaboran, aplican y curan las uñas de gel UV le permitirá ofrecer un servicio de salón seguro y eficiente.

- Los clientes a menudo se vuelven leales y estables cuando reciben excelentes servicios avanzados de mantenimiento y remoción.

Conceptos básicos

¿Por qué necesito conocer las técnicas avanzadas de uñas para brindar servicios de calidad?

Necesitará familiarizarse y experimentar la variedad de técnicas avanzadas de uñas, desde uñas postizas y apliques, hasta aplicaciones de uñas de acrílico. Se dice que con la tecnología actual no hay motivos para que las personas que quieren uñas largas y hermosas no las tengan. Como cosmetólogo profesional, necesita prepararse para ofrecer los servicios que cubran esa necesidad.

Cuadro por cuadro: Monómero líquido y polímero en polvo (MLPP)

Cuadro por cuadro consiste en transformar manualmente en imágenes los elementos, puntos o pasos clave de una lección plasmándolas en los cuadros o *paneles* de una matriz. Piense en imágenes y dibuje los conceptos básicos impresos en los siguientes cuadros. No se preocupe por el aspecto artístico. Use líneas y figuras lineales para ilustrar los conceptos anotados.

Coloque los moldes de uñas

Forme una esfera suave de MLPP

Coloque una mezcla húmeda en la mitad inferior de la uña y distribúyala de manera uniforme

Coloque material de MLPP adicional en el centro de la uña

Coloque la esfera de MLPP en la punta del borde libre

Aplique esmalte a las uñas

Procedimiento previo al servicio

Enumere en orden los siguientes pasos para el procedimiento previo de la técnica avanzadas de uñas.

Limpieza

_____ Enjuagar los implementos

_____ Use guantes

_____ Sumergir los implementos en desinfectante

_____ Limpiar los implementos con jabón, agua tibia y una escobilla para uñas

_____ Quitarse los guantes y lavarse las manos

_____ Guardar los implementos en un recipiente limpio y seco

_____ Llenar el recipiente con desinfectante y sumergir los implementos limpios

_____ Poner el aguamanil con agua tibia y el cepillo de uñas sobre la mesa

_____ Preparar el cajón con materiales completamente limpios

_____ Pedirle al cliente que se lave las manos

_____ Saludar al cliente

_____ Retirar los implementos, enjugarlos y secarlos

_____ Limpiar la mesa de manicura y el cajón

_____ Preparar el apoyabrazos acolchado

_____ Poner abrasivos y pulidores

_____ Preparar el recipiente para desechos

_____ Colocar los esmaltes

_____ Realizar la consulta

_____ Usar toallas limpias

_____ Asegurarse de que el cliente esté cómodo

Procedimiento posterior al servicio

Enumere en orden los siguientes pasos para el procedimiento posterior a la técnica avanzadas de uñas.

_____ Registrar la información. Registre la información del servicio, los productos utilizados, las observaciones y las recomendaciones de los productos de venta al por menor en el formulario de consulta del cliente.

_____ Mantenimiento en el hogar. Un mantenimiento adecuado en casa garantizará que el servicio de uñas luzca bello hasta que el cliente regrese para otro servicio.

_____ Programar la próxima cita. Acompañe al cliente a la recepción para que programe la siguiente cita y pague por el servicio. Fije la fecha, hora y servicios para la siguiente cita con su cliente. Escriba toda la información en su tarjeta de presentación y entréguesela al cliente.

_____ Productos de venta minorista. Dependiendo del servicio prestado, existen muchos productos al por menor que puede recomendarle al cliente para que use en su hogar. Este es el momento para hacerlo. Explíquele la importancia de éstos y cómo usarlos.

_____ Agradecer al cliente. Antes de regresar a la estación y de que el cliente abandone el salón, asegúrese de agradecerle por su preferencia.

_____ Procedimientos de seguimiento previos al servicio. Siga los pasos para desinfectar los implementos que aparecen en Procedimiento previo al servicio. Vuelva a preparar el área de trabajo con las herramientas desinfectadas.

_____ Prepare el área de trabajo. Retire sus productos y herramientas y luego limpie su área de trabajo y deseche adecuadamente los materiales usados.

Juego de palabras

Descifre los siguientes términos siguiendo las pistas provistas.

Juego Palabra correcta

betoimucserrin

— — — — — — — — — — — — — — — —

Pista: Apliques, acrílico o gel que se aplica en la superficie de las uñas naturales o postizas.

neamiirmtp

— — — — — — — — — —

Pista: Se utiliza para ayudar a que los realces se adhieran a la uña natural.

edasardettnih

— — — — — — — — — — — — — —

Pista: Sustancia que se utiliza para eliminar la humedad y las cantidades pequeñas de oleosidad que quedan en la superficie de la lámina ungueal natural.

omómoern

— — — — — — — —

Pista: Sustancia formada por muchas moléculas pequeñas que no están unidas entre sí.

ónrcaiuc

— — — — — — — —

Pista: Proceso de endurecimiento que ocurre al combinar acrílico en polvo y líquido para formar las uñas.

usañ sospizta

— — — —   — — — — — — —

Pista: Uñas postizas premoldeadas que se aplican en las puntas de las uñas naturales.

ooeílmpr

— — — — — — — —

Pista: Sustancia dura formada al combinar varias moléculas pequeñas, por lo general para dar lugar a estructuras muy largas en forma de cadena.

nealreacb

— — — — — — — — —

Pista: Redefinición de la forma de la uña de acrílico durante el procedimiento de relleno.

sldscupiae

— — — — — — — — — —

Pista: Uñas artificiales creadas al combinar un monómero líquido y polímero en polvo para formar un realce.

elgse

_ _ _ _ _

Pista: Uñas artificiales fuertes y duraderas que se colocan sobre la superficie de la uña.

qliepaus

_ _ _ _ _ _ _ _

Pista: Tratamientos correctivos que forman una capa protectora para las uñas dañadas o frágiles.

dztriacolaa

_ _ _ _ _ _ _ _ _ _ _

Pista: Cualquier sustancia que tenga la capacidad para aumentar la velocidad de una reacción química.

Búsqueda de palabras

Forme la palabra correcta siguiendo las pistas provistas y después encuentre las palabras en la sopa de letras.

Palabra	Pista
_____	Hace referencia a la familia de miles de sustancias diferentes que comparten propiedades estrechamente relacionadas
_____	Proceso de endurecimiento de las uñas de acrílico
_____	Gel para uñas que se endurece al ser expuesto a una fuente especial de luz ultravioleta o de halógeno
_____	Sustancia compuesta de muchas moléculas pequeñas que no están unidas entre sí
_____	Tratamiento correctivo que forma una capa protectora para las uñas dañadas o frágiles
_____	Gel para uñas que se endurece al rociar o aplicar un activador o acelerador
_____	Cualquier aplique, acrílico o gel que se aplica en la superficie de las uñas naturales
_____	Sustancia dura formada al combinar varias moléculas pequeñas, por lo general para dar lugar a estructuras muy largas en forma de cadena
_____	Punto donde la lámina ungueal hace tope con la uña postiza antes que se pegue la misma a la uña
_____	Sustancia que mejora la adhesión y prepara la superficie para la unión
_____	Redefinición de la forma de las uñas de acrílico durante el procedimiento de relleno

Z	U	L	N	O	C	O	D	A	R	U	C	L	E	G
A	P	L	I	Q	U	E	S	D	E	U	Ñ	A	S	G
E	G	R	M	T	L	L	F	K	Q	E	O	I	E	E
M	I	C	O	A	C	O	M	V	S	R	A	L	N	C
U	A	E	N	C	U	N	C	X	E	E	S	O	S	A
E	R	C	Ó	N	U	M	A	M	T	I	R	O	C	D
I	R	N	M	N	E	R	Í	Z	N	E	E	R	S	P
E	I	A	E	L	N	L	A	L	A	E	Í	O	L	M
A	O	L	R	S	O	H	U	C	M	L	R	P	L	L
E	N	A	O	P	L	Z	Y	Z	I	A	I	T	A	H
A	I	B	L	S	D	N	W	C	R	Ó	E	T	C	L
M	O	E	T	N	P	G	O	O	P	A	N	A	A	M
S	S	R	E	C	U	B	R	I	M	I	E	N	T	O
A	O	O	P	L	P	B	O	N	I	N	R	N	E	G
E	P	O	T	E	D	N	Ó	I	C	I	S	O	P	B

Consulta con el cliente

Escriba en el espacio en blanco varias preguntas abiertas que usted usaría en una consulta con el cliente antes del servicio de técnica avanzada de uñas.

1. _____
_____

2. _____

3. _____
_____

4. _____

5. _____

6. _____
_____
_____
_____

7. _____
_____
_____

8. _____
_____

9. _____
_____

Pasos para poner apliques de uñas de MLPP de dos colores con moldes

En el espacio proporcionado, describa con sus propias palabras los pasos para poner los apliques de monómero líquido y polímero en polvo de dos colores usando moldes.

1. _____

2. _____
_____

3. _____
_____

4. _____

5. _____
_____
_____
_____
_____
_____
_____
_____
_____
_____
_____

6. _____
_____
_____
_____
_____
_____
_____
_____
_____
_____

7. _____

8. _____

9. _____

10. _____

11. _____

_____

12. _____

_____

_____

_____

_____

_____

13. _____

14. _____

_____

_____

_____

_____

_____

_____

15. _____

16. _____

_____

_____

_____

17. _____

_____

_____

18. _____

_____

19. _____

20. _____
_____
_____
_____
_____

21. _____

22. _____

23. _____
_____

24. _____
_____

25. _____
_____

Matrices de valoración básicas

Las matrices de valoración se utilizan en la educación para organizar e interpretar la información reunida a partir de las observaciones del desempeño del estudiante. Es un documento de evaluación claramente desarrollado para diferenciar entre los niveles de desarrollo del desempeño de una destreza específica o conducta. En esta guía de estudio se brinda una matriz de valoración como herramienta de autoevaluación para ayudarlo a desarrollar su comportamiento.

Califique su desempeño de acuerdo a la siguiente escala.

(1) Oportunidad de desarrollo: Hay poca o nula evidencia de competencia; se necesita ayuda; el desempeño presenta errores múltiples.

(2) Fundamental: Comienza a haber evidencia de competencia; la tarea se realiza de forma individual; el desempeño tiene pocos errores.

(3) Competente: Existe evidencia detallada y consistente de competencia; la tarea se realiza de forma individual; el desempeño tiene muy pocos errores.

(4) Fortaleza: Existe evidencia detallada de competencia altamente creativa, inventiva y desarrollada.

Se proporciona un espacio para hacer comentarios, ayudarlo a mejorar su desempeño y alcanzar una calificación más alta.

PROCEDIMIENTO DE COLOCACIÓN DE UÑAS POSTIZAS

Desempeño evaluado	1	2	3	4	Plan de mejoras
Removió el esmalte					
Limpió las uñas					
Retrajo el eponiquio					
Eliminó el tejido cuticular					
Pulió las uñas y les quitó el brillo					
Aplicó el deshidratante					
Midió y ajustó el tamaño de las uñas postizas					
Aplicó el adhesivo					
Colocó las uñas con el procedimiento de hacer tope, asegurar y sostener					
Recortó las uñas postizas					
Terminó de uniformar usando una barra pulidora de grano fino a mediano					
Le dio forma a las uñas					

Matrices de valoración básicas continuación

PROCEDIMIENTO DE REMOCIÓN DE UÑAS POSTIZAS

Desempeño evaluado	1	2	3	4	Plan de mejoras
Remojó las uñas postizas y naturales en acetona					
Usó un repujador para retirar suavemente la uña postiza ablandada					
No hizo palanca para retirar la uña postiza					
Pulió la uña con una barra pulidora fina					

PROCEDIMIENTO DE APLICACIÓN DE APLIQUES PARA UÑAS

Desempeño evaluado	1	2	3	4	Plan de mejoras
Retiró el esmalte existente					
Limpió las uñas					
Retrajo el eponiquio y eliminó la cutícula					
Removió el brillo aceitoso puliendo suavemente con un abrasivo medio o fino					
Dio forma a los cuatro bordes de las uñas naturales para hacer coincidir la forma de las uñas postizas con el punto de tope					
Retiró el polvo con una escobilla de uñas limpia y desinfectada					
Aplicó el deshidratante de uñas					
Aplicó uñas artificiales si así se deseaba					
Cortó la tela del ancho y la forma de la lámina ungueal o de la uña postiza					
Aplicó una capa de resina para apliques en toda la superficie					
Evitó que la resina entrara en contacto con la piel					
Retiró el reverso de la tela y la colocó suavemente sobre sobre la lámina ungueal					
Puso tela a $\frac{1}{16}$ pulgada (1,5 mm) del borde lateral y del eponiquio					

Matrices de valoración básicas continuación

Desempeño evaluado	1	2	3	4	Plan de mejoras
Presionó la superficie de la uña para emparejarla usando un trozo de plástico					
Recortó la tela si fue necesario					
Con un aplicador de punta extensible, extendió una fina capa de resina en el centro de la uña					
No tocó la piel					
Usó plástico para asegurarse de que la resina estuviera distribuida de manera uniforme					
Aplicó acelerador de resina para apliques según las instrucciones del fabricante					
Evitó que el acelerador de resina para apliques entrara en contacto con la piel					
Aplicó una segunda capa de resina para apliques					
Selló el borde libre con la resina pasando el aplicador sobre el borde de la uña					
Aplicó una segunda capa de acelerador de resina para apliques					
Dio forma y pulió las uñas usando un abrasivo medio/fino					
Aplicó aceite para uñas					
Pulió los apliques hasta lograr un brillo intenso usando un pulidor fino					
Aplicó loción y masajeó la mano y el brazo					
Le pidió al cliente que se lavara las manos para remover restos de aceite, polvo y contaminantes					
Aplicó el esmalte					

Matrices de valoración básicas continuación

PROCEDIMIENTO DE MANTENIMIENTO QUINCENAL DE APLIQUES DE TELA

Desempeño evaluado	1	2	3	4	Plan de mejoras
Quitó el esmalte existente con un quitaesmaltes sin acetona					
Limpió las uñas naturales					
Empujó hacia atrás el eponiquio y eliminó con cuidado la cutícula de la superficie de la uña					
Limó ligeramente la superficie de la uña para eliminar el brillo grasoso					
Removió el polvo con un cepillo de uñas					
Aplicó el deshidratante de uñas					
Colocó resina para apliques en la nueva área de crecimiento de la uña					
Distribuyó la resina para apliques con la punta extensible					
No tocó la piel					
Aplicó acelerador de resina para apliques según las instrucciones del fabricante					
Aplicó resina en toda la lámina ungueal para fortalecer y volver a sellar el aplique					
Aplicó una segunda capa de acelerador de resina para apliques					
Dio forma y pulió el aplique con un abrasivo de grano medio/fino para eliminar las manchas					
Aplicó aceite para uñas					
Pulió los apliques hasta lograr un brillo intenso usando un pulidor fino					
Aplicó loción para manos y masajeó la mano y el brazo					
Utilice un pequeño trozo de algodón o una almohadilla de algodón con fondo de plástico para eliminar los restos de aceite					
Aplicó el esmalte					

Matrices de valoración básicas continuación

PROCEDIMIENTO DE MANTENIMIENTO MENSUAL DE APLIQUES DE TELA

Desempeño evaluado	1	2	3	4	Plan de mejoras
Retiró el esmalte existente					
Limpió las uñas con un cepillo de uñas, jabón líquido y agua tibia					
Retrajo el eponiquio y eliminó cuidadosamente la cutícula					
Pulió la uña con un abrasivo de grano medio/fino para suavizarla y eliminar el brillo					
No limó la superficie de la uña natural					
Removió el polvo con un cepillo					
Aplicó el deshidratante de uñas					
Cortó un trozo de tela lo suficientemente grande para cubrir la nueva área de crecimiento y para superponerse levemente a la tela antigua					
Aplicó resina de envoltura en el área de relleno					
Esparció el adhesivo con el aplicador o con pincel					
No tocó la piel					
Colocó suavemente el aplique sobre el área de nuevo crecimiento y lo emparejó					
Aplicó resina para apliques					
No tocó la piel					
Aplicó acelerador de resina para apliques según las instrucciones del fabricante					
Aplicó una segunda capa de resina para apliques					
Aplicó una segunda capa de acelerador de resina para apliques					
Aplicó resina en toda la uña para fortalecer y sellar el aplique					
Aplicó acelerador de resina					

Matrices de valoración básicas continuación

Desempeño evaluado	1	2	3	4	Plan de mejoras
Dio forma a las uñas y las pulió con un abrasivo de grano medio/fino para eliminar las imperfecciones					
No cortó ni dañó la piel alrededor del eponiquio y los bordes laterales					
Aplicó aceite para uñas					
Pulió las uñas hasta darles un alto nivel de brillo					
Aplicó loción para manos y masajeó la mano y el brazo					
Eliminó los residuos de aceite con un pequeño trozo de algodón o una almohadilla con la parte posterior de plástico con quitaesmalte sin acetona					

PROCEDIMIENTO DE REMOCIÓN DE APLIQUES DE TELA

Desempeño evaluado	1	2	3	4	Plan de mejoras
Remojó las uñas en acetona					
Usó un repujador para deslizar y retirar los apliques ablandados de la lámina ungueal					
No hizo palanca para retirar el aplique					
Pulió suavemente la uña natural con un abrasivo fino para eliminar los restos de resina para apliques					
Acondicionó la piel que rodea la lámina ungueal con lociones o aceites para uñas					

Complete el siguiente repaso de los capítulos 27 al 29, Técnicas avanzadas de uñas. Encierre en un círculo la respuesta correcta.

1. Los apliques de gel UV contienen ingredientes de la familia de _____.

   a) activadores de resina para apliques

   b) monómero líquido polímero en polvo

   c) acrilonitrilo butadieno estireno

   d) materiales para apliques de fibra de vidrio

2. Los geles UV contienen _____, los cuales son líquidos.

   a) monómeros

   b) polímeros

   c) oligómeros

   d) imprimantes

3. Los acrilatos y metacrilatos se utilizan para fabricar _____.

   a) apliques de fibra de vidrio

   b) uñas esculpidas

   c) geles UV

   d) uñas postizas

4. El paso que distingue la aplicación de uñas postizas de gel UV de las demás uñas postizas es el(la) _____.

   a) remojo

   b) limado

   c) recorte

   d) curación

5. La intensidad de la lámpara UV o la concentración es más importante que calificar una unidad de luz UV según _____.

   a) el voltaje

   b) los ohmios

   c) los amperios

   d) el vatage

6. El gel UV se sostiene y extiende con _____.

   a) pinceles sintéticos

   b) empujadores de madera

   c) pinceles naturales

   d) empujadores metálicos

7. El producto que mejora la adherencia de los geles UV a la superficie de la uña natural se denomina _____.

   a) adhesivo para geles UV

   b) engrudo para geles UV

   c) imprimante para geles UV

   d) pulidor para geles UV

8. El abrasivo de grano medio (180) se usa para _____.

   a) imprimación de la punta

   b) preparación de la uña natural

   c) deshidratación del eponiquio

   d) acondicionamiento de la uña

9. El gel UV N.º 1 se denomina _____.

a) gel de capa base

b) gel de construcción

c) gel de capa imprimante

d) gel sellador

10. Cuando están curados, los geles UV tienen una superficie pegajosa que se conoce como _____.

a) capa integumentaria

b) capa agresiva

c) contorno

d) capa de inhibición

11. ¿Qué producto se utiliza para aumentar la adherencia de las uñas de acrílico?

a) deshidratante

b) imprimante

c) iniciador

d) catalizador

12. El proceso por el cual los monómeros se unen con otros para formar largas cadenas de polímeros se conoce como _____.

a) rebalance

b) reacción molecular

c) reacción en cadena

d) reacción positiva

13. Los catalizadores se agregan al _____ y se utilizan para controlar el tiempo de fijación o de curado.

a) polvo

b) líquido

c) adhesivo

d) deshidratante

14. El peróxido de benzoilo es un _____ que se agrega al polvo para comenzar una reacción en cadena que produce largas cadenas de polímeros.

a) iniciador

b) deshidratante

c) catalizador

d) imprimante

15. Si utiliza el polvo equivocado para el líquido elegido puede dar como resultado uñas _____.

a) muy gruesas y turbias

b) muy delgadas y turbias

c) que no están adecuadamente curadas

d) que no están listas para el esmalte

16. La cantidad de monómero y de polímero que se utiliza para formar una perla se denomina _____.

a) densidad

b) consistencia

c) mezcla

d) proporción de mezcla

17. Si se utilizan cantidades iguales de líquido y de polvo para formar una perla, ésta se denomina _____.

a) perla húmeda   b) perla media

c) perla seca   d) perla aceitosa

18. Si la perla contiene el doble de líquido que de polvo, ésta se denomina _____.

a) perla húmeda   b) perla media

c) perla seca   d) perla aceitosa

19. Usar la mezcla correcta de polvo y líquido asegura la correcta fijación y la máxima _____ del aplique para uñas.

a) flexibilidad   b) durabilidad

c) adaptabilidad   d) resistencia

20. Si se utiliza una cantidad insuficiente de polvo, el aplique para uñas puede quedar _____.

a) más fuerte   b) quebradizo

c) decolorado   d) más débil

21. El imprimante _____ es corrosivo para la piel y potencialmente peligroso para los ojos.

a) de base alcalina   b) a base de monómeros

c) a base de ácido   d) a base de alcohol

22. El uso de platillos auxiliares para colocar los productos de acrílico ayuda a _____.

a) minimizar la evaporación   b) maximizar la evaporación

c) minimizar la condensación   d) maximizar la condensación

23. Los mejores pinceles para usar con los productos de acrílico se fabrican de _____.

a) pelo de marta   b) pelo de visón

c) fibra sintética   d) fibra de cerda

24. Para las aplicaciones de uñas que se realizan en el salón, los guantes más adecuados son los de _____.

a) poliéster de nitrilo   b) polímero de nitrilo

c) polímero de benzoilo   d) monómero de benzoilo

25. Las mejoras de uñas están lo suficientemente duras para _____ cuando hacen un ruido seco al ser golpeadas suavemente con el mango del pincel.

a) ser recortadas
b) ser cortadas
d) aplicar el esmalte y acabado
d) ser limadas y darles forma

26. Los apliques de uñas que no reciben el mantenimiento adecuado tienen mayor tendencia a _____.

a) levantarse y romperse
b) partirse y descascararse
c) crecer y fortalecerse
d) crecer más lentamente

27. El método de mantenimiento de la belleza, durabilidad y vida útil de los apliques de uñas postizas se conoce como _____.

a) servicio
b) rebalance
c) reconstrucción
d) reestructuración

28. Hacer palanca con las uñas de acrílico perpetuará el problema del levantamiento y puede dañar el(la) _____.

a) lecho ungueal
b) eponiquio
c) hiponiquio
d) lámina ungueal

29. Los productos inodoros se endurecen más lentamente y forman una capa pegajosa denominada _____.

a) capa de exhibición
b) capa de aserción
c) capa de inhibición
d) capa pegajosa

30. Para crear la mezcla adecuada de polvo y líquido, es posible que sea necesario realizar _____ en el polvo con el pincel, en el caso de productos de poco olor.

a) varios movimientos circulares
b) mínimos movimientos circulares
c) un solo movimiento
d) múltiples inmersiones verticales

31. Al manipular adhesivo para uñas, el especialista en el cuidado de uñas debe _____.

a) evitar el contacto con la piel
b) aplicarlo en el borde libre solamente
c) aplicarlo al eponiquio
d) aplicarlo en los bordes laterales

32. El producto que actúa como un secador que acelera el proceso de endurecimiento del recubrimiento adhesivo se conoce como _____.

a) activador de resina
b) deshidratante de resina
c) acelerador de cianoacrilato
d) acelerador para apliques

33. El aceite y brillo natural de la uña se eliminan de la superficie con un _____.

   a) jabón antibacteriano

   b) abrasivo

   c) adhesivo

   d) aplique de uñas

34. Las uñas postizas se aplican a la lámina ungueal utilizando _____.

   a) un empujador de madera con punta de algodón

   b) un cepillo de uñas

   c) el procedimiento de apoyar, desplazar y sostener

   d) el procedimiento de apoyar, desplazar y deslizar

35. Las uñas postizas ablandadas se remueven _____.

   a) frotándolas

   b) cortándolas

   c) tirando de ellas

   d) deslizándolas

36. Una lima delgada y alargada con una superficie áspera se denomina _____.

   a) abrasivo

   b) adhesivo

   c) pulidor

   d) lima

37. Las piezas de tela o papel del tamaño de la uña que se adhieren a la parte superior de la superficie de la uña con adhesivo para uñas se denominan _____.

   a) parches de reparación

   b) apliques de uñas

   c) geles sin luz

   d) apliques pulidores

38. Un trozo de tela cortado para cubrir por completo una grieta o rotura en la uña se denomina _____.

   a) parche de reparación

   b) aplique para uñas

   c) gel sin luz

   d) resina de fibra de vidrio

39. El material natural fino con una trama cerrada que se vuelve transparente cuando se le aplica el adhesivo es _____.

   a) lino

   b) fibra de vidrio

   c) seda

   d) papel

40. El implemento que se usa exclusivamente para recortar uñas postizas es el _____.

   a) cortaúñas

   b) alicate

   c) cortador de uñas

   d) cortaúñas para uñas postizas

Conocimientos básicos y logros académicos

A continuación escriba en el espacio provisto algunos comentarios sobre los conceptos del capítulo más difíciles de comprender o recordar. Imagine que usted es el maestro y piense en lo que le diría a sus estudiantes sobre estos conceptos. Comparta sus Conocimientos básicos con sus compañeros de clase y pregúnteles si les parecen útiles. Si es necesario, revise sus apuntes de clase tomando las ideas de sus compañeros que le parezcan buenas.

Conocimientos básicos:

_____

_____

_____

_____

_____

_____

_____

_____

_____

_____

_____

Indique por lo menos tres cosas que haya aprendido en relación con los objetivos de su carrera profesional desde la última anotación.

Logros académicos:

_____

_____

_____

_____

_____

30

Búsqueda de empleo

Un momento de motivación: "El éxito no se mide por lo que ha logrado sino por la oposición que ha encontrado y el valor con que ha librado la lucha contra las adversidades abrumadoras".
—Orison Swett Marden

Objetivos básicos

Al terminar este capítulo y las secciones de Un complemento indispensable, usted podrá:

1. Comprender lo que incluye obtener las credenciales obligatorias para la cosmetología en su estado y comprender el proceso realizar y aprobar el examen para la obtención de la licencia estatal.

2. Comenzar a establecer redes de contacto y a prepararse para encontrar un empleo utilizando el Inventario de características personales y destrezas técnicas.

3. Describir las diferentes categorías de salones como negocio.

4. Escribir una carta de presentación, un currículum vitae y preparar una carpeta de antecedentes laborales.

5. Saber cómo se debe explorar el mercado laboral, investigar posibles empleadores y cómo funcionar dentro de los aspectos legales del empleo.

Búsqueda básica de empleo

¿Por qué debo saber cómo buscar un empleo si todavía me estoy capacitando?

Aprender sobre la búsqueda de empleo forma parte de su carrera, la cual es un aspecto fundamental de la planificación de su vida. Si desde el primer día de escuela se fija la meta de convertirse en un exitoso propietario de salón o un especialista reconocido internacionalmente, debe iniciar la jornada hacia esa meta a través del primer empleo relacionado con su carrera. Es importante que reconozca que, al finalizar sus estudios, su capacitación apenas comienza; se ha convertido en un estudiante de por vida. Por tanto, ese primer empleo tiene que ajustarse a sus intereses, talentos y objetivos, además de brindarle la oportunidad de continuar creciendo y desarrollándose profesionalmente. No es realista creer que puede obtener su licencia y encontrar exactamente lo que desea en su primera búsqueda. Al iniciar la búsqueda cuando aún se encuentra en la escuela, tendrá más posibilidades de conseguir un empleo adecuado después de graduarse.

Los cosmetólogos deben estudiar y comprender bien cómo prepararse y buscar empleo porque:

- Debe aprobar el examen del consejo estatal para obtener una licencia y debe contar con ella para que lo contraten; por lo tanto, prepararse para la licencia y aprobar el examen es el primer paso para el éxito laboral.

- Una búsqueda de empleo exitosa también es un trabajo y existen muchas herramientas que le otorgarán una ventaja, así como también errores que pueden costarle una entrevista o un empleo.

- La capacidad de determinar el salón correcto para usted y apuntarlo como posible empleador es fundamental para el éxito laboral.

- Preparar proactivamente los materiales adecuados (como un buen currículum vitae) y practicar la entrevista le darán la confianza necesaria para obtener un trabajo en el salón que desea.

Conceptos básicos

¿Qué debo saber sobre la búsqueda empleo para tener éxito en mi profesión?

Además de desarrollar características personales importantes como una actitud positiva, disposición y dedicación, debe conocer sus talentos, destrezas e intereses para determinar el tipo de salón más adecuado para usted. Debe aprender a buscar esos salones y observarlos en funcionamiento para confirmar si desea solicitar una entrevista laboral. Debe aprender a elaborar un currículum orientado hacia las actividades realizadas, el cual pueda captar la atención de un posible empleador en unos segundos, y prepararse adecuadamente para la entrevista, la cual es muy importante. En nuestra sociedad, la primera impresión es de suma importancia. Quizás ya haya aprendido que en la vida el solicitante mejor preparado no siempre es el que obtiene el mejor empleo; en realidad, a menudo el empleo es para el solicitante que proyecta una mejor imagen y causa la mejor impresión en la entrevista. Por consiguiente, es fundamental aprender a prepararse para la entrevista y proyectar su personalidad para conseguir el empleo más adecuado después de graduarse.

Página con información personal

Como preparativo para llenar una solicitud de empleo de manera expedita y precisa, es conveniente elaborar una página con información personal, que por lo general contiene la misma información que la solicitud. Recabe toda la información necesaria con anticipación y anótela en el formulario provisto, así le será fácil transferir los datos que se apliquen a la solicitud utilizada por su posible empleador.

Nombre _____ ¿Es mayor de 18 años? _____ Sí _____ No

Dirección _____

Teléfono _____ Correo electrónico _____

Puesto deseado _____ Fecha de inicio _____

Educación

Preparatoria o bachillerato _____ ¿Graduado? _____ Sí _____ No

Enseñanza superior _____ ¿Cuenta con diploma? _____ Sí _____ No

Enseñanza superior _____ ¿Cuenta con diploma? _____ Sí _____ No

Enseñanza superior _____ ¿Cuenta con diploma? _____ Sí _____ No

Antecedentes laborales

¿Dónde? _____ ¿Cuándo? _____

Puesto _____ Motivo de finalización _____

¿Dónde? _____ ¿Cuándo? _____

Puesto _____ Motivo de finalización _____

¿Dónde? _____ ¿Cuándo? _____

Puesto _____ Motivo de finalización _____

Destrezas importantes _____

_____

Premios y reconocimientos _____

Mapa didáctico sobre los pasos en la búsqueda de empleo

Al realizar un mapa didáctico creamos un resumen diagramático libre con objetos o información. Piense en el punto clave de la búsqueda de empleo y dibuje un diagrama de los diferentes pasos del procedimiento que deberá efectuar con el fin de obtener el mejor empleo posible. Use palabras, dibujos y símbolos según lo prefiera. El uso de colores reforzará su capacidad de retención. Piense libremente y no se preocupe por la ubicación de los trazos ni de las palabras. Verá que el mapa se organiza por sí solo.

Cuadro por cuadro: Logros en la práctica

Cuadro por cuadro consiste en transformar manualmente en imágenes los elementos, puntos o pasos clave de una lección plasmándolas en los cuadros o *paneles* de una matriz. Piense en imágenes y dibuje los conceptos básicos impresos en los siguientes cuadros. No se preocupe por el aspecto artístico. Use líneas y figuras lineales para ilustrar los conceptos requeridos con el fin de elaborar un currículum orientado hacia los logros.

Número total de clientes regulares	Clientes atendidos por semana	% de práctica en servicios de textura
Promedio de facturación de clientes	Promedio de retención de clientes	% de práctica en venta minorista
% de práctica en coloración	Registro de asistencia	Otros logros

Carta de presentación

Usando el formato descrito en el Capítulo 30, Búsqueda de empleo, página 976, *Cosmetología Estándar de Milady*, edición 2012, escriba una carta de presentación para adjuntar a su currículum cuando vaya a solicitar un empleo.

Fecha _____

Su nombre _____

Su dirección _____

Ciudad y estado _____

Nombre del salón _____

Dirección del salón _____

Ciudad y estado _____

Estimado _____ ,

_____

_____

_____

_____

_____

_____

_____

_____

Muy atentamente,

(Firme aquí)

Su nombre

Documento adjunto

Preparación para la entrevista

A continuación se enumeran varias preguntas que quizás le podrían hacer durante la entrevista. Responda las preguntas de la mejor manera posible en los espacios en blanco. Este ejercicio lo ayudará a estar mejor preparado para esa entrevista tan importante.

¿Qué es lo que más le agradó de su capacitación? _____

_____

¿Es puntual y asiste en forma regular? _____

A su parecer, ¿cuáles son sus mejores destrezas? _____

_____

¿Cuáles considera que son las destrezas en las que menos destaca? _____

_____

¿Es bueno para trabajar en equipo? _____ Especifique: _____

_____

¿Es flexible? _____ Especifique: _____

_____

¿Cuáles son sus metas profesionales? _____

_____

¿Qué días y en qué horario puede trabajar? _____

¿Tiene transporte propio? _____

¿Hay algún obstáculo que le impediría cumplir con su obligación de empleo de tiempo completo? _____

_____

¿Qué podría aportar al salón y al puesto? _____

_____

¿Quién es la persona más importante que ha conocido a través de su experiencia laboral o educativa y por qué? _____

_____

Explique algunas estrategias que utilizaría para manejar a un cliente difícil. _____

_____

¿Cuál es su opinión de la venta minorista? _____

_____

¿Qué piensa sobre asistir a seminarios, clases y programas de educación continua? _____

_____

¿Está dispuesto a invertir por su cuenta en su desarrollo profesional?

_____

_____

Describa de qué manera considera que brinda un servicio de atención de excelencia al cliente.

_____

_____

Por favor, proporcione algunos ejemplos de las preguntas de consulta que le haría al cliente. _____

_____

Enumere los pasos que daría para crear una sólida relación con el cliente y asegurarse de que regrese. _____

_____

Juego de palabras

Descifre los siguientes términos siguiendo las pistas provistas.

Juego	Palabra correcta
ovduictde ainnoteamzor	_ *Pista:* Se aplica con el fin de llegar a conclusiones lógicas.
ctarepa ncteetaeneds llesaobar	_ _ _ _ _ _ _ _ *Pista:* Compendio de documentos que reflejan sus destrezas.
ícumuclrur itave	_ _ _ _ _ _ _ _ _ _ _ _ _ _ _ *Pista:* Resumen de educación y experiencia.
écati anesfoploir	_ _ _ _ _ _ _ _ _ _ _ _ _ _ _ *Pista:* Compromiso de brindar un servicio de calidad a cambio del pago recibido.
oelmep	_ _ _ _ _ _ *Pista:* Algo que desea encontrar después de graduarse.
iccmnicoónua	_ _ _ _ _ _ _ _ _ _ _ _ *Pista:* Algo que necesita para relacionarse eficazmente con los clientes.
triedgaind	_ _ _ _ _ _ _ _ _ _ *Pista:* Compromiso con un código sólido de valores morales y artísticos.
qafaciirnu	_ _ _ _ _ _ _ _ _ _ *Pista:* Contar con el mismo nombre e imagen nacional de una cadena de negocios.
lacieteeionmtsb	_ _ _ _ _ _ _ _ _ _ _ _ _ _ *Pista:* Lugar donde puede obtener empleo.
rtnievaest	_ _ _ _ _ _ _ _ _ _ *Pista:* Reunión donde se evalúan sus cualidades.

¿Por qué elegí la carrera de cosmetología?

Una de las actividades más importantes que puede realizar al elaborar su carpeta de antecedentes laborales y prepararse para una entrevista efectiva es escribir una carta de intención breve sobre los motivos por los que eligió la carrera de cosmetología. Escriba su carta en el espacio provisto y recuerde anotar razones que expliquen por qué le gusta su nueva profesión; una descripción de su filosofía sobre la importancia del trabajo en equipo y cómo se ve a sí mismo como miembro colaborador en un equipo, así como una descripción de los métodos que emplearía para incrementar las ganancias por la venta minorista y los servicios.

_____

_____

_____

_____

_____

_____

_____

_____

_____

_____

_____

Llene los espacios en blanco con las siguientes palabras para repasar el Capítulo 30, Búsqueda de empleo. Puede usar las palabras y los términos más de una vez.

10 segundos	conclusiones	legales
2 minutos	confianza en sí mismo	más difíciles
20 segundos		más fáciles
20	contactos	medio millón
30	contenido del curso	metas profesionales
50	control del tiempo	motivación
60	currículum vitae	negativo
70	de opción múltiple	neutras
80	de verdadero o falso	obstinación
90	dibujos	orientado a los exámenes
370.000	documentos	
amplio	dos millones	práctica
apropiado	estudio	red
apropiarse de anotaciones	ética profesional	responsabilidades
	familiar	solidificado
atención	hacer trampa	suposiciones
autobiografía	ideales	tiempo muerto
automotivación	ilegales	transferibles
calificativas	inglés	velocidad
carpeta de antecedentes laborales	integridad	voluntad
	la sonrisa	

1. Los mejores profesionales en el campo de la cosmetología no nacen con éxito, sino que lo logran con su _____, energía y tenacidad.

2. De todos los factores que afectan su desempeño en el examen de autorización, el más importante es su dominio del _____.

3. Un estudiante calificado comienza a prepararse para la prueba mediante la práctica diaria de hábitos y la administración del tiempo ya que son una parte importante del _____ efectivo.

4. El día del examen llegue temprano con una actitud de _____; manténgase atento, calmado y listo para el desafío.

5. Cuando presente un examen, responda primero las preguntas _____.

6. El razonamiento deductivo es el proceso de alcanzar _____ lógicas mediante el razonamiento lógico.

7. Cuando aplique el razonamiento deductivo en un examen, esté atento a las palabras o términos clave y busque afirmaciones o condiciones _____.

8. Cuando conteste un examen _____, lea detenidamente la pregunta completa, incluyendo todas las opciones.

9. Un consejo efectivo cuando se prepare para el examen práctico es participar en "simulaciones" de exámenes de autorización, incluyendo el _____ de los criterios de evaluación aplicables.

10. El inventario personal de características y destrezas le será de utilidad para identificar las áreas que necesitan más _____, y determinar hacia dónde dirigir el resto de la capacitación.

11. Una característica personal clave que no sólo lo ayudará a obtener el empleo que desea, sino que lo ayudará a mantenerlo es la _____.

12. Usted tiene una _____ sólida cuando está convencido de que el trabajo es bueno y se compromete a ofrecer un servicio de calidad a cambio del pago recibido de su empleador.

13. Tan solo en los Estados Unidos el negocio de salones profesionales cuenta con más de _____ establecimientos y le da empleo a más de 1.682.600 cosmetólogos activos.

14. Un salón con servicios básicos a precios razonables podría ser un buen lugar de inicio para un estudiante recién graduado, ya que le permite practicar diversos tipos de cortes de cabello, lo cual aumentará su confianza en sí mismo y su _____.

15. El resumen escrito de su formación académica y su experiencia laboral es el _____.

16. El tiempo promedio que un posible empleador dedica a revisar su currículum vitae para determinar si le concederá una entrevista, es aproximadamente de _____.

17. Al redactar su currículum vitae, es más importante concentrarse en los logros que en las _____.

18. Las destrezas que ya ha dominado en otros trabajos y que puede utilizar en un nuevo puesto se denominan _____.

19. Una carpeta de antecedentes laborales es un conjunto, normalmente encuadernado, de fotografías y _____ que reflejan las habilidades, los logros y las capacidades que posee en la profesión que ha elegido.

20. Una forma de determinar si su carpeta de antecedentes laborales lo describe tanto a usted como a sus destrezas profesionales de la manera más positiva posible es recurrir a personas _____ en busca de opiniones y sugerencias sobre cómo hacerla más interesante y precisa.

21. Cuando visite salones antes de solicitar una entrevista laboral, recuerde que debe evitar cerrar puertas, más bien debe elaborar una _____ de contactos que tengan una opinión favorable de usted.

22. El lenguaje universal es _____.

23. En una solicitud de empleo, las preguntas relacionadas con la raza, la religión o el país de origen se consideran _____.

24. Asegúrese que su currículum vitae se centre en información que es importante para sus _____.

25. Tener un completo y sólido conocimiento de la materia objeto de estudio y comprender las estrategias para aprobar exámenes quiere decir que usted está _____.

Conocimientos básicos y logros académicos

A continuación escriba en el espacio provisto algunos comentarios sobre los conceptos del capítulo más difíciles de comprender o recordar. Imagine que usted es el maestro y piense en lo que le diría a sus estudiantes sobre estos conceptos. Comparta sus Conocimientos básicos con sus compañeros de clase y pregúnteles si les parecen útiles. Si es necesario, revise sus apuntes de clase tomando las ideas de sus compañeros que le parezcan buenas.

Conocimientos básicos:

_____

_____

_____

_____

_____

_____

_____

_____

_____

_____

_____

_____

Indique por lo menos tres cosas que haya aprendido en relación con los objetivos de su carrera profesional desde la última anotación.

Logros académicos:

_____

_____

_____

_____

_____

31 En el empleo

Un momento de motivación: "Las relaciones personales
empiezan con uno mismo, con aquellos que forman
parte de nuestro círculo de influencia, con nuestro
propio carácter".
—Stephen R. Covey

Objetivos básicos

Al terminar este capítulo y las secciones de Un complemento indispensable,
usted podrá:

1. Describir lo que se espera de un nuevo empleado y lo que esto
   significa en términos de su comportamiento diario.

2. Enumerar los hábitos que debe adoptar un buen miembro del equipo
   del salón.

3. Describir tres modos diferentes de remunerar a los profesionales
   del salón.

4. Explicar los principios de la venta de productos y servicios en el salón.

5. Enumerar las maneras más efectivas de armarse de una clientela.

En el trabajo, conceptos básicos

¿Por qué debo aprender sobre la transición de la escuela al mundo laboral?

Se dice que hasta un 80% del éxito de su carrera se basa en sus cualidades personales, como sus habilidades interpersonales, su capacidad para comunicarse con los demás, su integridad visual y la orientación de sus metas. Entonces, si tan sólo el 20% de su éxito profesional depende de su capacidad técnica, es lógico pensar que existen muchas cualidades más en las que necesita trabajar para lograr el éxito deseado. Todos los cosmetólogos que logran el éxito, que perseveran en el ejercicio de la profesión más que los demás, que poseen o trabajan en salones exitosos y que disfrutan las recompensas de su éxito, empezaron por soñar. Sin embargo, sabían que era necesario mucho más. Sabían que era necesario establecer un compromiso y trabajar arduamente, por lo que se prepararon para aprovechar cada oportunidad que tocara a su puerta.

Como profesionales en capacitación asistían a la escuela desde temprano y se quedaban tan tarde como fuera necesario. Eran ellos quienes aceptaban a los últimos clientes sin queja alguna, quienes practicaban una y otra vez con los maniquíes para asegurarse de adquirir una rapidez y calidad competente. Leían las revistas del ramo y se mantenían actualizados sobre los cambios cotidianos en el campo de la cosmetología. Sin embargo, lo que es importante recordar es que como profesional en capacitación, usted está a punto de convertirse en un profesional certificado con todas las de la ley.

Si se considera a sí mismo como parte de esta clase de élite, sabe perfectamente que no nació para lo que hoy es, sino se hizo a sí mismo con base en sus deseos, su energía y su perseverancia. Reconoce que para un estilista no hay trabajos de 9 de la mañana a 5 de la tarde 4 días a la semana. Se trata de estar ahí siempre que su cliente lo necesite. Sabe que hay que hacer un esfuerzo adicional, aceptar a un cliente más, morderse los labios para no dejar salir las palabras cuando un cliente se comporta de manera grosera o un compañero de trabajo despliega una conducta injusta. Se trata de forjarse un camino, de dominar su oficio, de desarrollar confianza en sí mismo, de sentir un fuerte orgullo personal por sus logros profesionales.

Los cosmetólogos deben estudiar lo que significa estar "en el empleo" y comprenderlo bien porque:

■ El trabajo en un salón exige que cada miembro del personal pertenezca y trabaje como miembro de un equipo del salón. Aprender esto es un aspecto importante del éxito en el ambiente de salón.

■ Existen muchas formas en las que un salón puede remunerar a los empleados. Familiarizarse con cada una de ellas y conocer su funcionamiento ayudará a determinar si el sistema de remuneración de un salón en particular puede ser adecuado para usted y qué esperar de él.

En el trabajo, conceptos básicos continuación

■ Cuando comience a trabajar como profesional de un salón, tendrá obligaciones y responsabilidades financieras, de modo que es sumamente importante conocer los principios básicos de administración financiera mientras establece el negocio y la clientela.

■ A medida que establece la clientela y se acostumbra a su vida profesional, tendrá muchas oportunidades para utilizar varias técnicas para aumentar sus ingresos, como los servicios de venta al por menor y la venta de servicios adicionales. Conocer y usar estas técnicas lo ayudarán a promocionarse, a establecer una clientela fiel y a crearse un futuro financiero sólido.

Conceptos básicos

¿Qué necesito saber acerca de la transición de la escuela al mundo laboral con el fin de sentirme siempre satisfecho y exitoso en el trabajo?

Si bien es probable que se sienta muy emocionado acerca de su primer trabajo remunerado en su nueva profesión, es cierto que tendrá que cumplir con numerosas responsabilidades para ganarse su cheque. El ambiente de la escuela es un ambiente relativamente seguro y cómodo. En la escuela usted tiene la oportunidad de practicar un servicio tras otro hasta obtener los resultados deseados. Sin embargo, ya en el trabajo sus clientes esperarán obtener los resultados deseados desde la primera vez. En la escuela tiene que seguir las políticas sobre retardos de la institución, las cuales probablemente son permisivas comparadas con las de un salón. Los clientes no son precisamente benévolos cuando usted no se encuentra en su lugar de trabajo a la hora de la cita para ofrecerles el servicio.

Es probable que en la escuela tenga una mayor flexibilidad para ajustar sus quehaceres personales a su horario de clases. Por otro lado, en el trabajo será su deber presentarse a trabajar todos los días de acuerdo con su horario, de manera puntual y listo para trabajar. En la escuela quizás tenga tiempo de arreglarse el cabello o maquillarse después de llegar, lo cual no será posible en el trabajo. Y si un día no se sintió con deseos de ir a la escuela, quizás simplemente no fue. El trabajo remunerado conlleva la expectativa de una madurez mucho mayor.

Por esto, es necesario comprender que en el trabajo usted será responsable de tomar muchas decisiones y de comportarse de manera profesional en todo momento, aún cuando no esté de humor. En el trabajo necesitará concentrarse constantemente en atraer clientes en lugar de mirar cada minuto el reloj para saber cuánto falta para la hora de salida. También necesita dedicarse a ampliar sus conocimientos y habilidades y mantenerse al día con las nuevas tendencias, herramientas y técnicas de su nueva profesión. Una oportunidad con muchas recompensas... y muchas responsabilidades.

Evalúe sus destrezas. ¿Está preparado para el trabajo?

Invierta unos minutos para pensar en la capacitación por la que pasó y su experiencia de práctica y reflexione sobre todo lo que ha aprendido y que no sabía cuando empezó. Primero, felicítese por sus logros y después evalúe sus destrezas y marque aquellas con las que se siente seguro. Si necesita practicar más, márquelo en la columna de mejora. A continuación comprométase a mejorar en esas áreas.

Área temática	Competente	Se necesitan mejoras
Control de infecciones	_____	_____
Conocimiento de los productos	_____	_____
Química del cabello	_____	_____
Lavado con champú	_____	_____
Corte de cabello		
Cortes rectos	_____	_____
Cortes graduados	_____	_____
Cortes en capas	_____	_____
Cortes con maquinilla	_____	_____
Otras técnicas de corte	_____	_____
Texturización del cabello		
Servicios de textura	_____	_____
Servicios de alisado	_____	_____
Mezcla de soluciones	_____	_____
Envolturas	_____	_____
Procesamiento	_____	_____
Coloración del cabello		
Rueda de colores	_____	_____
Niveles de color	_____	_____
Aplicación con pincel	_____	_____
Un solo proceso	_____	_____
Dos procesos	_____	_____

Área temática	Competente	Se necesitan mejoras
Retoque	_____	_____
Realces laminados	_____	_____
Mezcla de colores (en tubo y líquido)	_____	_____
Acabado de peinados		
Secado con secador	_____	_____
Cepillo redondo	_____	_____
Rizador	_____	_____
Fijación en húmedo	_____	_____
Productos para realizar peinados	_____	_____
Comunicación con el cliente		
Contacto visual	_____	_____
Apretón de manos	_____	_____
Preguntas abiertas	_____	_____
Escucha activa	_____	_____
Desarrollo de relaciones	_____	_____
Consulta con el cliente		
Saludo	_____	_____
Análisis	_____	_____
Recomendaciones	_____	_____
Registros de los clientes	_____	_____
Evolución de la clientela	_____	_____
Retención de clientes	_____	_____
Referencias de clientes	_____	_____
Reservaciones futuras	_____	_____
Ventas minoristas	_____	_____
Mejoramiento de la factura	_____	_____
Trabajo en equipo dentro del salón y la clínica	_____	_____
Ética profesional	_____	_____

Área temática	Competente	Se necesitan mejoras
Productividad	_____	_____
Responsabilidades de la recepcionista	_____	_____
Conocimiento de la industria	_____	_____
Gestión del tiempo	_____	_____
Establecimiento de metas	_____	_____
Finanzas personales	_____	_____
Destrezas en la búsqueda de trabajo	_____	_____
Planificación profesional	_____	_____

Experiencia básica

Mejoramiento de las destrezas técnicas

Con base en el análisis que efectuó de la Experiencia básica 1, diseñe un plan de acción de todas las áreas que marcó en las que necesita mejorar. Escriba el plan en el espacio en blanco.

_____

_____

_____

_____

_____

_____

_____

_____

_____

_____

_____

_____

_____

_____

_____

Administración de la carrera

En el mercado actual, hay más plazas disponibles que estilistas que las llenen. Por eso, tanto usted como su nuevo empleador potencial se merecen la mejor concordancia posible. Una vez que haya tomado esa decisión, manténgase firme y haga su mejor esfuerzo por tanto tiempo como le sea posible, pues pasar de un empleo a otro tan pronto en su carrera no es bueno para su desarrollo profesional ni para su reputación. A continuación encontrará varios consejos que le serán útiles desde el principio. En la columna Plan de acción, explique cómo piensa aprovechar al máximo cada sugerencia.

Indicador	Plan de acción
Domine las técnicas que aprendió en el Capítulo 30, Búsqueda de empleo, para asegurarse de encontrar el empleo adecuado a sus fortalezas y preferencias.	
Comprenda que sus ingresos aumentan cuando trabaja duro, reúne una clientela sólida, se ofrece como voluntario para atender a más clientes, concreta ventas al menudeo y muestra iniciativa y ambición.	
Llegue al trabajo por lo menos 15 minutos antes que su primer cliente, ya vestido y arreglado, listo para trabajar.	
Prepare su estación de trabajo para que esté lista para el servicio agendado antes de que llegue el cliente.	
Sus clientes y el salón cuentan con que usted estará presente; repórtese enfermo solamente cuando esté enfermo de verdad.	
Mantenga expectativas realistas acerca de cuánto dinero puede ganar en su primer año. Toma tiempo crear una clientela leal.	
Calcule un presupuesto personal realista y respételo. ¡No gaste más de lo que gana!	
Siga estudiando, capacitándose y expandiendo sus destrezas técnicas y personales.	
Inscríbase en su asociación de cosmetología local y asista a las reuniones con regularidad.	

Trabajo en equipo

Como miembro del equipo del salón, se le pedirá que atienda una variedad de problemas o situaciones de manera regular. Para desarrollar sus habilidades de trabajo en equipo mientras está en la escuela, trabaje con un par de compañeros de clase. Considere las siguientes situaciones y cómo las manejaría en el lugar de trabajo. Anote los resultados en los espacios en blanco.

1. Cada quien llega a trabajar con una agenda llena para ese día. El gerente y otros dos estilistas contraen un resfriado y no pueden asistir a trabajar, así que usted y sus compañeros de equipo deben decidir cómo manejar a los clientes de los otros tres estilistas. ¿Qué haría usted?

   _____

   _____

   _____

2. El dueño del salón está remodelando las instalaciones, lo que incluye reorganizar el espacio y asignar nuevas estaciones de trabajo a todos. Con un compañero, discuta y plantee criterios que el dueño pueda considerar al asignar estaciones nuevas, pues algunos lugares son más deseables que otros.

   _____

   _____

   _____

3. El gerente del salón anuncia que quiere implementar un plan de comisiones por ventas para todos los estilistas, y le pide su ayuda para desarrollar esta política. Con un compañero, elabore un plan de comisiones por ventas para recomendarle.

   _____

   _____

   _____

Descripción del cargo

Asuma el papel de dueño de un salón exitoso y escriba una descripción del cargo para un estilista principiante, enumerando todos los factores que considere que son apropiados para el cargo.

_____

_____

_____

_____

_____

_____

_____

_____

_____

_____

_____

_____

_____

_____

_____

_____

Llene los espacios en blanco con las siguientes palabras para repasar el Capítulo 31, En el trabajo. Puede usar las palabras y los términos más de una vez.

agradecido	consultas con el cliente	financieros	salón
aumentar		inmaduro	servicio
cliente	descripción del cargo	matemática	tentación
comisiones		mejoramiento de la factura	transición
compensación	deseos o sentimientos		venta al por menor
conflictos	duda	por hora	
		respeto	

1. Cuando ingresa como empleado en un salón se espera que ponga las necesidades del _____ y del _____ por encima de las suyas.

2. Realizar la _____ de la escuela al mundo laboral puede resultar difícil.

3. Lo primero que debe recordar cuando trabaja en una empresa de servicios es que su trabajo gira en torno al _____ que le entrega a sus clientes.

4. Tendrá que acostumbrarse rápidamente a dejar de lado sus propios _____ y poner las necesidades del salón y del cliente en primer lugar.

5. Llegar puntualmente al trabajo demuestra _____ no sólo por los clientes, sino también por los compañeros de trabajo, que deben hacerse cargo de sus clientes si usted llega tarde.

6. Recuerde que es un honor tener un trabajo que le otorga a usted y a su familia estabilidad financiera, por lo tanto sea muy _____.

7. Aunque no esté de acuerdo con el gerente del salón ni con sus reglas, debe darle el beneficio de la _____.

8. Pensar que una vez egresado de la escuela no tendrá que aprender nada más es _____ y limitante.

9. Dado el estrés que suele haber en los salones, se presentarán muchas oportunidades para volverse negativo o tener conflictos con sus compañeros del equipo. Resista la _____ de caer en comentarios maliciosos y chismes.

10. La parte más difícil de una relación, ya sea personal o profesional, se da cuando surgen _____.

11. Al asumir el nuevo puesto, usted acepta cumplir todo lo que está escrito en la _____, por lo que si tiene dudas acerca de algo o necesita mayor información, es responsabilidad suya preguntar.

12. Por lo general, el pago _____ es lo más conveniente para un profesional que recién comienza.

13. Las _____ se pagan según porcentaje del dinero total que ingresa por servicios y puede variar del 25 al 60, de acuerdo con el tiempo que lleve trabajando en el salón y con sus niveles de rendimiento.

14. Al decidir si un método de _____ en particular es adecuado para usted, es importante que considere sus gastos mensuales y que tenga elaborado un plan y presupuesto financiero personal.

15. Solicite a un estilista experimentado que esté presente en alguna de sus _____ y que le haga notar las áreas en las que puede mejorar.

16. Aunque tener una carrera en la industria de la belleza es algo artístico y creativo, también requiere comprender y planificar los aspectos _____.

17. Muchas personas le temen a la palabra "presupuesto" porque se imaginan que les impondrá demasiadas restricciones a los gastos o porque piensan que necesitan ser genios en _____ para trabajar con un presupuesto.

18. Deseará pensar en otras maneras de incrementar sus ingresos, incluyendo gastar menos dinero y _____ los precios de los servicios.

19. El _____ o vender más servicios es la práctica de recomendar y vender servicios adicionales a sus clientes, que puede realizar usted u otra persona del salón.

20. La _____ es el acto de recomendar y vender productos a sus clientes para el cuidado del cabello, la piel y las uñas en el hogar.

Conocimientos básicos y logros académicos

A continuación escriba en el espacio provisto algunos comentarios sobre los conceptos del capítulo más difíciles de comprender o recordar. Imagine que usted es el maestro y piense en lo que le diría a sus estudiantes sobre estos conceptos. Comparta sus Conocimientos básicos con sus compañeros de clase y pregúnteles si les parecen útiles. Si es necesario, revise sus apuntes de clase tomando las ideas de sus compañeros que le parezcan buenas.

Conocimientos básicos:

_____

_____

_____

_____

_____

_____

_____

_____

_____

_____

_____

Indique por lo menos tres cosas que haya aprendido en relación con los objetivos de su carrera profesional desde la última anotación.

Logros académicos:

_____

_____

_____

_____

32

El salón como negocio

Un momento de motivación: "Si considera sus problemas como experiencias y recuerda que cada experiencia sirve para desarrollar una fuerza latente en su interior, se convertirá en una persona vigorosa y feliz, sin importar qué tan adversas parezcan las circunstancias".
—John Homer Miller

Objetivos básicos

Al terminar este capítulo y las secciones de Un complemento indispensable, usted podrá:

1. Identificar dos opciones para lograr la independencia comercial.
2. Comprender las responsabilidades de un arrendatario de estación.
3. Enumerar los factores básicos que se deben tener en cuenta al abrir un salón.
4. Distinguir los tipos de propietarios de un salón.
5. Identificar la información que se debe incluir en un plan de negocios.
6. Comprender la importancia de llevar registros.
7. Reconocer los elementos de las operaciones de salón exitosas.
8. Explicar por qué la venta de servicios y productos es un aspecto vital del éxito de un salón.

El salón como negocio, conceptos básicos

¿En realidad es tan importante que alguien que solamente quiere ser un estilista conozca cómo funciona un negocio?

¡Desde luego! Incluso si nunca llega a ser propietario de un salón, necesita comprender los principios clave de establecer y operar un negocio con el fin de asegurar su propio éxito. La mayoría de las personas que ingresan a este emocionante campo sueñan con ser dueñas de su propio salón algún día. De hecho, muchos de los cosmetólogos graduados llegan a hacer ese sueño realidad. Cuanto más conozca sobre la administración y operación de un negocio eficaz, más valioso será para sus futuros empleadores.

Los cosmetólogos deben estudiar el salón como negocio y comprenderlo bien porque:

- A medida que se vuelve más eficiente en su oficio y en su habilidad para manejar a otras personas y a usted mismo, podrá decidirse a alquilar una estación en forma independiente o incluso abrir su propio salón. De hecho, la mayoría de los propietarios son antiguos estilistas.

- Aunque toda su carrera profesional sea empleado del salón de un tercero, debe estar familiarizado con las normas comerciales que se aplican al salón.

- Para convertirse en un empresario exitoso, necesitará atraer empleados y clientes a su negocio y conservar su fidelidad durante períodos prolongados.

- Aunque crea que participará por siempre en el aspecto artístico de los salones, el conocimiento comercial le será de gran utilidad para administrar su carrera y sus finanzas personales, además de sus prácticas comerciales.

Conceptos básicos

¿Qué debo saber sobre el salón como negocio para tener éxito?

Existen muchos factores que se deben considerar antes de dar el primer paso para ser propietario o incluso gerente de un negocio. Es vital que el propietario o el gerente de un salón exitoso conozcan sobre principios de administración, contabilidad, leyes comerciales, seguros, técnicas de venta y psicología. Brindar servicios a las personas es una cosa; manejar gente es algo completamente diferente. Saber solamente sobre negocios no es suficiente, tendrá que desarrollar capacidad de liderazgo, autocontrol y sensibilidad. Esta área de los negocios requiere planeación, supervisión, control, evaluación y, sobre todo, trabajo en equipo.

Investigación de salones

Investigue por lo menos cinco salones del área donde desearía trabajar. Su misión es determinar cuál de esos salones se adapta mejor a sus necesidades. Califique cada categoría en una escala de 1 a 10, en donde 10 es la mejor calificación. Explique su calificación. Anote los resultados en la siguiente tabla.

Categoría	Salón 1	Salón 2	Salón 3	Salón 4	Salón 5
Ubicación/cercanía de otros negocios					
Demografía/ingresos de la zona					
Estacionamiento adecuado					
Competencia directa cercana					
Apariencia y diseño exteriores (atractivos)					
Apariencia y diseño interiores (atractivos y eficientes)					
Ventas minoristas					

Ejercicio de relación de conceptos

Relacione los siguientes términos básicos con la definición correspondiente.

_____ **Políticas del salón**

1. Resume su plan y estipula sus objetivos

_____ **Resumen ejecutivo**

2. Panorama a largo plazo de lo que llegará a ser el negocio

_____ **Plan de comercialización**

3. Descripción de las influencias estratégicas clave del negocio

_____ **Declaración de la visión**

4. Describe los niveles de empleados y de administración, también describe cómo se manejará el negocio

_____ **Declaración de la misión**

5. Describe la investigación obtenida con respecto a los clientes a los que estará orientada la empresa

_____ **Documentos de respaldo**

6. Incluye informes financieros proyectados

_____ **Plan organizacional**

7. Incluye el currículum vitae del propietario, información personal y contratos legales

_____ **Documentos financieros**

8. Aseguran que todos los clientes y empleados sean tratados de manera justa y coherente

Ingresos y gastos

Asuma los siguientes hechos:

- Su meta de ingresos mensuales es de $10.000.

- El promedio de facturación en su salón es de $20 por cliente.

- Su salón abre 5 días a la semana o un promedio de 22 días al mes.

Use la información anterior y determine a cuántos clientes tendrá que atender al día y a cuántos estilistas tendrá que contratar para alcanzar su meta de ingresos.

_____

_____

_____

_____

Después de obtener la información anterior, aplique los porcentajes del presupuesto del Capítulo 32, El salón como negocio, Tabla 32–1, página 1018 del texto a los ingresos brutos de $10.000 para determinar sus ganancias netas mensuales.

Salarios:	$10.000 × 53,5%	= $ _____
Alquiler:	$10.000 × 13%	= $ _____
Insumos:	$10.000 × 5%	= $ _____
Publicidad:	$10.000 × 3%	= $ _____
Depreciación:	$10.000 × 3%	= $ _____
Lavandería:	$10.000 × 1%	= $ _____
Limpieza:	$10.000 × 1%	= $ _____
Iluminación y electricidad:	$10.000 × 1%	= $ _____
Reparaciones:	$10.000 × 1,5%	= $ _____
Seguro:	$10.000 × 0,75%	= $ _____
Teléfono:	$10.000 × 0,75%	= $ _____
Varios:	$10.000 × 1,5%	= $ _____
	Gastos totales:	$ _____
	Ganancia neta:	$ _____

Ahora, considere lo que sucedería si no pudiera respetar lo que estipuló en su presupuesto. Tal vez el alquiler supera la cantidad antes mencionada. Es posible que deba pagar más por el personal de limpieza o que tenga varias líneas telefónicas y su recibo telefónico sea de alrededor de $300 mensuales. Es importante tomar en cuenta todos estos factores al establecer un negocio, ya que la única manera de ganar más dinero es aumentar los ingresos o reducir los gastos, o una combinación de ambas opciones.

Experiencia básica

Sistemas computacionales para salones

Investigue al menos tres sistemas computacionales para salones diferentes que se utilicen para gestionar el punto de venta y hacer seguimiento de los clientes. Indique las características y beneficios de cada sistema e infórmele al resto de la clase cuáles son sus recomendaciones de compra.

Sistema 1:

_____

_____

_____

_____

_____

Sistema 2:

_____

_____

_____

_____

_____

Sistema 3:

_____

_____

_____

_____

_____

_____

Descripciones de cargos

Redacte una descripción del cargo para un estilista y una recepcionista en su salón. Sea minucioso y específico. Describa sus responsabilidades generales y deberes específicos. Use más hojas si es necesario.

Estilista: _____

_____

_____

_____

_____

_____

_____

_____

_____

Recepcionista:

_____

_____

_____

_____

_____

_____

_____

_____

_____

Publicidad

Use el siguiente cuadro y diseñe un anuncio para periódico de 3″× 5″ para su salón.

En el espacio provisto escriba un anuncio para la radio de 30 segundos para promocionar el salón y sus servicios.

_____

_____

_____

_____

_____

_____

_____

_____

_____

Experiencia básica

Crucigrama

Horizontal

Palabra

_____

_____

_____

_____

_____

Pista

4. Es el "mariscal de campo" del salón

7. Publicidad que permite el contacto cercano con el posible cliente

8. Productos que se venden a los clientes

9. El propietario es el dueño y el gerente

11. A menudo, las quejas se manejan por este medio

Vertical

Palabra	Pista
_____	**1.** La propiedad es compartida por los accionistas
_____	**2.** Debe representar el 3% del ingreso bruto
_____	**3.** Son los insumos que se utilizan todos los días en el negocio
_____	**5.** Debe indicar todas las provisiones que conciernen al arrendador y al inquilino
_____	**6.** La propiedad es compartida por dos o más personas
_____	**10.** Es el mayor gasto del salón

Entrevistas al personal

Elija un compañero y haga una dramatización de una entrevista para un empleo en su salón. Prepare por adelantado una lista de las preguntas que desea hacerle. Enumere las preguntas y sus respuestas a continuación.

_____

_____

_____

_____

_____

_____

_____

_____

_____

_____

_____

_____

_____

_____

_____

_____

_____

_____

_____

_____

_____

_____

_____

_____

Repaso básico

Llene los espacios en blanco con las siguientes palabras para repasar el Capítulo 32, El salón como negocio. Puede usar las palabras y los términos más de una vez.

actitud general	**excelente atención al cliente**	**partes iguales**
acuerdo de no competencia	**hipoteca**	**plan de negocios**
alquiler de estación	**indispensable**	**propiedad única**
buena gramática	**insumos de consumo**	**publicidad**
capital	**inventario de calidad**	**salud**
capital de inversión	**llamadas entrantes**	**ubicación**
centro nervioso	**mariscal de campo**	
diplomacia	**minorista**	

1. Los materiales utilizados durante el trabajo diario se conocen como _____.

2. Un aspecto importante del éxito financiero de un salón gira en torno a la venta _____.

3. Un cliente satisfecho es la mejor manera de hacer _____.

4. La línea vital de un salón son las _____.

5. Al manejar quejas telefónicas, responda con tranquilidad, _____ y amabilidad.

6. Cuando use el teléfono, debe emplear una voz agradable, hablar claramente y usar una _____.

7. Se dice que una recepcionista bien capacitada es el _____ del salón.

8. Se dice que la recepción es el _____ del salón.

9. Al entrevistar a posibles empleados, tenga en cuenta su nivel de destreza, aseo personal, habilidades comunicativas y _____.

10. El dinero necesario para iniciar un nuevo negocio se conoce como _____.

11. En un negocio exitoso, contar con un buen contador y un buen sistema contable es _____.

12. Una adecuada operación de la empresa depende de muchos factores, incluyendo un _____ suficiente.

13. Otro factor fundamental en un negocio exitoso consiste en brindar una _____.

14. Si compra un salón existente a otro individuo, es imperativo que el acuerdo incluya un _____.

15. En una sociedad de personas la propiedad no se divide necesariamente en _____.

16. Cuando el salón es propiedad de una sola persona, quien en la mayoría de los casos es el administrador del negocio, se le conoce como _____.

17. La descripción escrita de su negocio como lo ve en la actualidad y como prevé que será en los próximos 5 años se conoce como _____.

18. Uno de los factores más importantes que se debe considerar al anticipar el éxito de su salón es la _____.

19. El _____ es una situación ideal para muchos profesionales que cuentan con una clientela considerable, constante y que no dependen del salón para mantenerse ocupados.

20. Entre las diversas obligaciones del inquilino de una estación se incluyen llevar registros, pagar impuestos, mantener un inventario, hacer publicidad y hacerse cargo del seguro correspondiente de _____ y mala praxis.

Conocimientos básicos y logros académicos

A continuación escriba en el espacio provisto algunos comentarios sobre los conceptos del capítulo más difíciles de comprender o recordar. Imagine que usted es el maestro y piense en lo que le diría a sus estudiantes sobre estos conceptos. Comparta sus Conocimientos básicos con sus compañeros de clase y pregúnteles si les parecen útiles. Si es necesario, revise sus apuntes de clase tomando las ideas de sus compañeros que le parezcan buenas.

Conocimientos básicos:

_____

_____

_____

_____

_____

_____

_____

_____

_____

_____

_____

Indique por lo menos tres cosas que haya aprendido en relación con los objetivos de su carrera profesional desde la última anotación.

Logros académicos:

_____

_____

_____

_____

_____